Deep Learning 장교수의

딥러닝

장병탁 지음

홍릉과학출판사

PREFACE

Deep Learning

구글 자율주행차, 아이비엠 왓슨, 소프트뱅크 페퍼, 애플 시리, 페이스북 챗봇, 아마존 에코, 에스케이티 누구, 네이버 파파고, 삼성 빅스비 등 최근들어 인공지능이 화두가 되고 있다. 그런데 인공지능의 이러한 급격한 발전과 산업화를 촉발한 핵심 원천기술은 도대체 무엇일까? 그것은 바로 지난 30년 동안 조용한 혁명을 준비해 온 머신러닝이다. 특히 최근의 딥러닝 기술은 영상 인식, 음성 인식, 기계 번역, 자율주행 자동차, 감성 로봇을 만드는 핵심기술일 뿐만 아니라 가상 비서, 로보 어드바이저, 추천 에이전트 등에 이미 사용되고 있다. 또한 ABCI (AI, Big Data, Cloud, IoT)와 제4차 산업혁명의 핵심기술로서도 딥러닝이 주목받고 있다.

머신러닝은 기계가 사람처럼 경험으로부터 학습하여 스스로 성능이 향상되도록 하는 인공지능 기술이다. 딥러닝은 신경망 기반의 머신러닝 방법으로서 많은 수의 신경망층으로 구성된 복잡한 머신러닝 모델이다. 복잡한 학습 모델은 단순한 모델에 비해서 일반화 성능이 저하되는 것이 보통이나, 최근 학습 데이터가 커지고 컴퓨팅 파워가 증가하면서 딥러닝 모델의 복잡도를 높여도 성능이 계속 향상될 수 있음이 발견되었다. 딥러닝을 통해서, 사람이 소프트웨어를 프로그래밍하는 시대에서 컴퓨터가 스스로 프로그래밍하는 시대로 넘어가고 있다.

인공지능은 사람과 달리 새로운 것을 창조하는 창의성은 발휘할 수 없다는 것이 지금까지의 상식이었다. 그러나 최근 머신러닝과 딥러닝의 발전은 기계가 새로운 개념을 형성하고, 사람의 직관을 흉내내고, 새로운 전략도 구상할 수 있다는 것을 보여준다. 이세돌과의 바둑 대결에서 이긴 구글딥마인드의 인공지능 알파고가 그러한 예이다. 이는 기계가 연역법적 추론을 넘어서 귀납적인 추론을 하기 시작하고 스스로 끊임없이 학습할 수 있기 때문이다. 종단학습 딥러닝 기반 자동프로그래밍 기술은 최근 이러한 진화의 속도를 더욱 가속화하고 있다. 머지않아 인간수준의 인공지능 또는 인간 수준을 넘는 수퍼지능 또는 하이퍼지능이 나타날 것이라고 예측하는 사람도 있다.

이 책은 딥러닝에 관심이 있는 모든 사람들을 위해서 쓰여졌다. 딥러닝의 기본 개념과 특성 및 다양한 모델들과 그 활용 분야를 폭 넓게 우리말로 접할 수 있는 개론서이다. 이 책에서는 지난 60년 이상의 머신러닝 연구의 역사를 4개의 시대로 구분하여 기술함으로써 딥러닝 뿐만 아니라 머신러닝 전반의 역사와 발전 동향을 제시하였다(아마도 이러한 구분을 시도한 것은 세계적으로도 처음있는 일일 것이다). 따라서 머신러닝에 대한 연구 경험이 없는 사람들도 이 책을 통해서 머신러닝에 대한 기술 기반과 인사이트 및 연구 아이디어를 얻을 수 있다. 한편, 머신러닝에 익숙한 전문가들에게는 빠르게 발전하고 있는 딥러닝에 대한 최신 연구 동향을 알 수 있도록 최근에 나온 딥러닝 모델들과 응용 사례들을 포함하였다.

이 책은 비전문가도 이해하기 쉽도록 수식의 사용을 최소화하였다. 그러나 수식이 더욱 편하고 머신러닝과 딥러닝에 대한 수학적인 이론에 관심이 있는 사람들은 수식과 알고리듬을 중심으로 설명된 절들을 선택적으로 공부할 수 있도록 구성하였다. 이 책은 서울대학교에서 컴퓨터공학부의 학부 4학년 <기계학습 개론> 수업의 교재와 <인공지능> 수업의 부교재로 사용되고 있다. 대학원의 인공지능, 인지과학, 뇌과학, 생물정보학 관련의 협동과정 수업에서도 참고서와 부교재로 사용되고 있다. 책의 내용은 기업체의 연구개발자들을 위한 인공지능과 딥러닝 교육에도 활용되었으며, 소개된 실제적인 활용 사례들은 현장에서 실무에 딥러닝을 응용하고자 하는 사람들에게도 유용할 것으로 기대된다.

많은 사람들의 도움이 없었다면 이 책은 탄생하지 못하였을 것이다. 자료 조사부터 초고 작성과 교정까지의 전 출판 과정에 동참하여 준 서울대학교 바이오지능 연구실(BI Lab)과 인지로봇 인공지능 연구센터(CRAIC) 모든 연구원들에게 이 자리를 빌어서 깊은 감사의 마음을 전한다. 편의상 가나다순으로 열거하자면 강우영, 곽동현, 곽하녹, 김경민, 김기범, 김병희, 김은솔, 김지섭, 김진화, 박경화, 손성호, 온경운, 이범진, 이상우, 이충연, 장하영, 조휘열, 천효선, 최진영, 한동식, 한철호, 허민오, 허유정 연구원이 노고를 아끼지 않았다. 그리고 비록 여기에는 이름이 없지만 그 동안 BI 연구실에서 공부하거나 내 수업에 참석하였거나 학회 등 모임을 통해서 토론한 모든 연구자들이 이 책의 저술에 직간접적으로 기여하였다. 책의 최종 편집 단계까지 원고를 꼼꼼하게 교정하고 수정에 많은 시간을 할애해준 김병희 연구원에게 특별한 감사의 인사를 전한다. 마지막으로 오늘의 이 책이 있기까지 나를 인공지능과 머신러닝 분야의 학문의 길로 인도하고 지도편달해 주신 김영택 교수님과 유석인 교수님께 감사의 말씀을 올리고자 한다.

2017년 4월 7일

관악산 연구실에서

장 병 탁

CONTENTS
Deep Learning

Chapter 09 뉴럴튜링머신

Chapter 10 종단학습 모델

Chapter 11 대립학습 모델

Chapter 12 잔차학습 모델

CHAPTER

1

머신러닝 개요

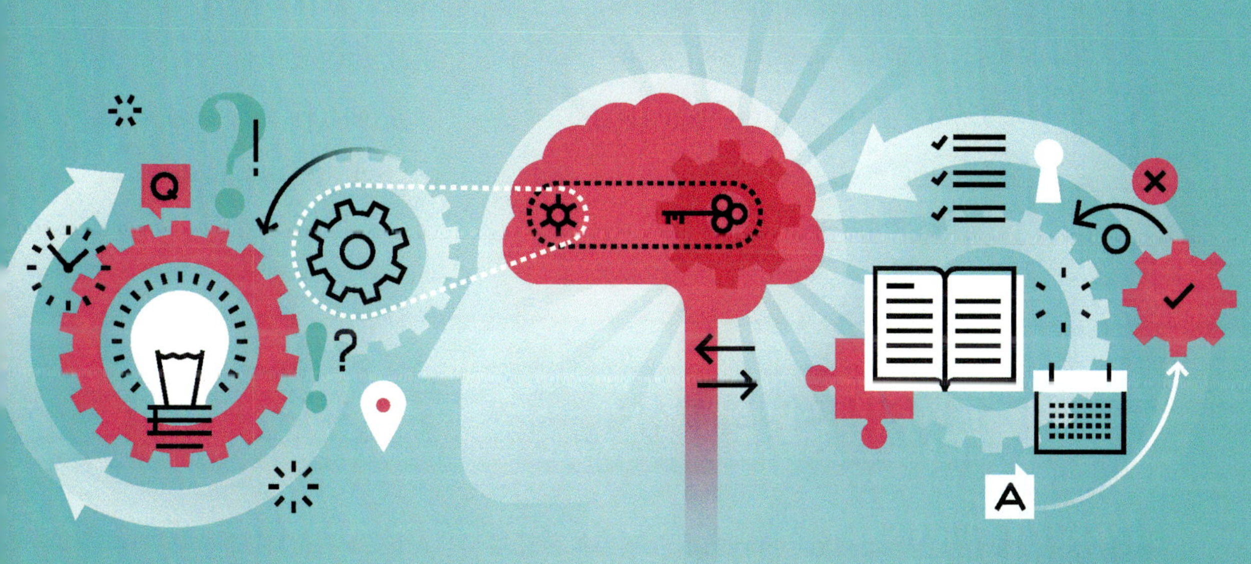

인간은 경험으로부터 학습하며 스스로 성능을 향상한다. 머신러닝은 기계에게 학습 능력을 부여하는 방법을 연구한다. 딥러닝은 깊은 신경망 구조를 갖는 머신러닝 모델로서 시각 능력, 언어 능력, 의사결정 등 복잡한 문제를 해결할 수 있는 머신러닝 방식이다. 기술적으로, 머신러닝은 데이터로부터 모델(프로그램, 알고리듬)을 자동으로 생성하는 기술이다. 즉 머신러닝 알고리듬은 목표로 하는 시스템(예, 인간의 자동차 운전 방식)에 대한 관측 데이터를 입력으로 제공하면 그 출력으로 목표 시스템의 행동을 모사하는 프로그램 또는 알고리듬(예, 무인차의 자율주행 방식)을 생성한다. 최근 들어서, 딥러닝으로 생성된 프로그램이 사람이 설계한 프로그램의 성능을 능가하는 사례들이 자주 등장하면서 머신러닝에 의해서 인공지능이 자동 프로그래밍되는 시대에 돌입하고 있다. 본 장에서는 머신러닝의 기술적, 산업적, 학제적 특성을 살펴보고, 프로그래밍 방식과의 차이, 산업적인 응용 사례들을 알아본다. 또한, 지난 70여년 동안의 머신러닝 연구를 네 개의 시대로 구분하여 살펴본다. 1940-1980년까지의 태동기, 1980-1995년까지의 성장기, 1995-2010년까지의 발전기, 2010년부터 현재까지의 도약기가 그것이다. 마지막으로 이 책의 구성과 로드맵을 살펴본다.

1.1 머신러닝의 특성

학습 시스템은 경험으로부터 지식을 습득하여 스스로 성능을 향상하는 시스템이다. 이상적인 학습 시스템은 사람이나 동물과 같이 환경을 지각하고 환경에 대해 행동하며 적응하는 생명체이다. 기계학습 또는 머신러닝은 기계(컴퓨터)가 학습을 할 수 있도록 하는 연구 분야이다. 머신러닝은 인공지능 연구의 한 분야로서 1990년 전후부터 20여년 동안 그 이론적, 방법론적 틀을 확립한 후 최근들어 딥러닝을 통해서 빠르게 발전되고 있다.

머신러닝은 다양한 분야에 응용되고 있다. Google Assistant, Apple Siri, IBM Watson, Microsoft Cortana, Amazon Alexa 등은 머신러닝을 사용하여 다양한 도메인의 지식을 습득하고 실제 문제의 해결에 적용하고 있다. Google의 GoogLeNet 딥러닝 기술은 백만여 장의 이미지로부터 천 가지 종류의 물체를 분류하는 문제에서 인간 수준의 성능을 보였으며, Facebook의 DeepFace는 사람의 얼굴을 인식하는 문제에서 인간 수준의 성능을 보였다. Microsoft에서 개발한 딥러닝을 적용한 음성인식 기술은 음성인식 문제의 새로운 돌파구를 열었으며, Google DeepMind는 실제 사람처럼 비디오 게임을 학습하는 기술을 개발하였다.

머신러닝을 보다 형식화하여 정의하면 "환경(Environment)과의 상호 작용을 통해서 축적되는 경험적인 데이터(Data)를 바탕으로 지식, 즉 모델(Model)을 자동으로 구축하고 스스로 성능(Performance)을 향상하는 시스템"이다(Mitchell, 1997). 이로부터 머신러닝 시스템(ML)은 관측 데이터 D로부터 성능 지수 P를 최적화하는 모델 M을 자동으로 만드는 기술임을 알 수 있다.

$$ML : D \xrightarrow{P} M$$

이 때, 데이터는 환경과의 끊임없는 상호작용을 통하여 축적된다. 스마트폰의 경우

표 1-1 학습 시스템과 머신러닝의 정의

- **학습 시스템**: 환경과의 상호작용으로부터 획득한 경험적인 데이터를 바탕으로 지식을 자동으로 습득하여 스스로 성능을 향상하는 시스템
- **머신러닝**: 인공적인 학습 시스템을 연구하는 과학과 기술. 즉, 경험적인 데이터를 바탕으로 지식을 자동으로 습득하여 스스로 성능을 향상하는 기술
  - 데이터를 기반으로 모델을 자동으로 생성하는 기술
  - 실세계의 복잡한 데이터로부터 규칙과 패턴을 발견하여 미래를 예측하는 기술
  - 입출력 데이터로부터 프로그램(알고리듬)을 자동으로 생성하는 기술

- **학습 시스템:**
  "환경 *E*와의 상호작용으로부터 획득한 경험적인 데이터 *D*를 바탕으로 모델 *M*을 자동으로 구성하여 스스로 성능 *P*를 향상하는 시스템"
  - **환경** E
  - **데이터** D
  - **모델** M
  - **성능** P

$$ML: D \xrightarrow{P} M$$

- **특성 1: Self-improving Systems (인공지능)**
- **특성 2: Knowledge Discovery (데이터마이닝)**
- **특성 3: Data-Driven SW Design (SW공학)**
- **특성 4: Automatic Programming (컴퓨터공학)**

그림 1.1 머신러닝의 형식적 정의와 특성

사용자가 앱을 사용할수록 데이터가 축적되고 학습 시스템은 이를 이용하여 보다 개인화된 스마트 서비스를 제공한다. 로봇의 경우 능동적으로 환경과 상호작용을 함으로써 데이터를 생성하기도 한다.

학습 시스템이 만든 모델은 데이터에 대한 지식을 포함하고 있다. 따라서 머신러닝은 자동으로 지식을 발견하는 기술로도 볼 수 있다. 이는 데이터마이닝 분야에서 머신러닝 기술이 중요한 이유이다. 소프트웨어 개발 관점에서 생각한다면 머신러닝은 데이터로부터 프로그램을 자동으로 생성하는 기술이다. 이는 소프트웨어를 프로그래머의 논리로 작성하던 프로그래밍 방식의 소프트웨어 개발 방법과는 대조적이며 혁신적인 방식이다. 최근 뛰어난 성능을 보이고 있는 머신러닝 알고리듬 중 하나인 딥러닝의 결과는 빅데이터로부터 자동으로 프로그래밍된 프로그램이 사람이 직접 프로그래밍한 프로그램의 결과보다 더 좋은 성능을 낼 수 있음을 보여준다. 이는 지금까지의 상식을 위배하는 것으로서 앞으로 컴퓨터 성능이 더욱 좋아질수록, 학습할 데이터의 양이 증가할수록, 이러한 추세는 계속될 것이다.

최근의 딥러닝 기술은 기존의 머신러닝과 어떻게 다른가? 딥러닝은 뇌를 모사한 학습 모델로서, 많은 수의 신경층을 쌓아 입력된 데이터가 여러 단계의 특징 추출 과정을 거쳐 자동으로 고수준의 추상적인 지식을 추출하는 방식이다. 또한, 특징 추출과 특징 분류, 두 단계로 나뉘어 학습하던 기존의 문제를 특징 학습의 문제로 통합하여 학습하는 보다 자동화된 학습 기술이다. 특히 복잡한 데이터를 입력으로 주어도 표현을 자동으로 학습해내기 때문에 풍부한 학습 데이터가 존재하면 보다 좋은 성능을 낼 수 있다.

역사적으로 머신러닝은 인공지능 연구자 뿐만 아니라 계산이론, 확률통계학, 통계물리학 연구자들에 의해서 학제적으로 발전되어 왔다. 특히, 딥러닝을 통해서 신경망에 대한 관심이 다시 늘어남에 따라 최근 뇌과학, 인지과학, 로보틱스 연구자들이 머신러닝 연구에 관심을 갖기 시작하였다. 이는 인간수준의 기계지능을 실현하고자 하는 인공지능 연구 관점에서 매우 고무적인 일이다. 뇌에서의 학습과 기억에 관한 새로운 발견을 현재의 머신러닝 기술을 이용하여 모델링함으로써 새로운 인지신경 과학적인 발견을 이룰 수 있으며, 이러한 모델링 연구는 컴퓨터 과학자가 인간의 학습을 닮은 머신러닝 모델을 개발할 수 있게 하는 통찰력을 제시해 준다. 컴퓨터 과학자들은 인공적인 시스템 구현을 통한 효율적 문제 해결과 그 산업적 응용을 개발한다. 수학, 통계학자들은 형식적인 문제 정의, 특성 분석, 계산학적 해결 알고리듬을 연구한다. 인지 과학자와 계산신경 과학자들은 인간의 기억과 학습, 장기기억, 난기기억, 언어 능력, 지각 능력, 의사 결정, 행동 학습을 모델링하는 데 계산학적 학습 모델을 활용한다. 로보틱스는 인간을 닮은 지능과 학습 능력을 가진 기계를 구현함으로써 뇌인지 과학적 모델을 검증하고 실용적인 시스템을 개발한다. 이렇듯 머신러닝은 다학제간 융합 연구의 중심에 있다.

1.2 프로그래밍 방식과의 차이점

소프트웨어 관점에서 일반적인 컴퓨터 프로그램과 머신러닝 프로그램은 분명한 차이가 있다(그림 1.2). 보통의 컴퓨터(프로그램)은 사람이 알고리듬을 설계하고 코딩하며 이를 컴퓨터 상에서 실행하면 주어진 문제(데이터)에 대한 답을 출력한다. 그러나 머신러닝 프로그램은 데이터를 주고 이를 실행하면 다른 프로그램을 출력으로 생성한다. 생성된 프로그램은 다시 컴퓨터에 실행하며 임의의 문제에 대한 답을 준다. 따라서 사람이 알고리듬을 설계하는 기초의 컴퓨터 프로그래밍 방식(Human Programming)과 달리 머신러닝은 기계가 스스로 알고리듬을 자동프로그래밍(Automatic Programming) 방식이다.

이를 살펴보기 위해서 학습 시스템이 “환경”, “데이터”, “성능”의 구성요소로 되어 있다는 것에 주목하자. “환경”은 학습 시스템이 독립적으로 존재하는 것이 아니라 서로 상호작용하는 대상이 있음을 의미하며, 상호작용의 방법에 따라 경험하는 “데이터”의 형태가 다르다. 이것은 보통의 컴퓨터 프로그램이 이미 프로그램

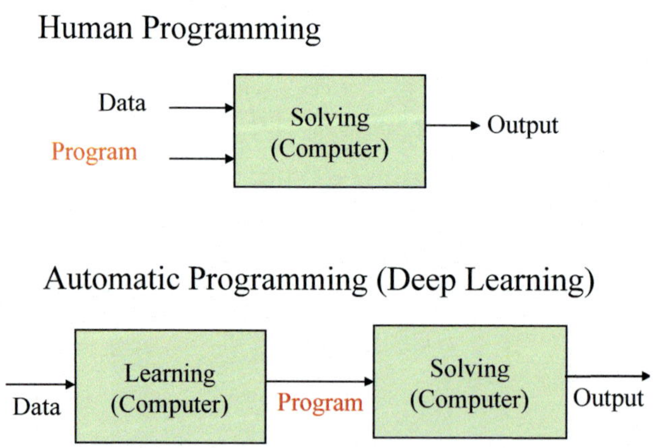

그림 1.2 Human Programming과 Automatic Programming의 차이점

그림 1.3 머신러닝이 중요한 이유

이 작성될 때 모든 가능한 입력을 고려하여 그 경우만을 다루도록 설계되는 것과 구별된다. 학습 시스템은 문제해결을 위한 수행 시스템과 연결되며 시간의 경과에 따라서 수행의 "성능"이 향상되는 특징을 지닌다. 예를 들어, 사용자가 이메일을 사용하는 패턴을 분석하여 자동으로 스팸 메일을 차단해 주는 스팸 필터 학습 시스템을 생각해 보자. 이 경우 스팸 필터가 "시스템"이 되며 사용자는 "환경"이고 "데이터"는 메시지들과 이에 대한 사용자 행동의 관측값들로 구성된다. 여기서 "성능"은 제시해 준 메시지 개수와 비교하여 사용자가 읽은 메시지의 개수의 차이, 즉 얼마나 효과적으로 메일을 여과해주는 지로 측정된다.

머신러닝이 왜 중요한가? 머신러닝은 문제 해결을 위한 명시적인 지식이 존재하지 않는 경우에 적용 가능하기 때문이다. 프로그래밍 방식으로 문제를 해결하기 위해서는 명시적인 지식을 숙지한 프로그래머에 의해 문제의 해결이 구현될 수 있어야 하기 때문에, 문제를 풀기 위한 명시적 지식이 반드시 필요하다. 반면, 머신러닝은 주어진 데이터를 토대로 환경과 상호작용하여 직접 학습을 하기 때문에, 명시적인 지식이 존재하지 않는 경우에도 활용 가능하다. 머신러닝이 유용한 또 다른 예는 사람이 문제 해결 방법을 프로그래밍하는 것이 어려운 경우이다. 예를 들어, 음성 인식 절차를 사람이 직접 구현하는 것은 실제적으로 불가능하다. 또한 환경이 지속적으로 변화하는 문제의 경우 또한 머신러닝 적용이 필요하다. 환경의 변화에 따라 프로그램은 유연한 응답을 도출해야 하기 때문이다. 다양한 상황에서 다양한 행동을 행해야 하는 자율 이동 로봇이 이에 속한다.

그렇다면 왜 최근 머신러닝의 중요성이 대두되는가? 주된 이유는 IT 환경의 변화 때문으로 보이며, 세부적으로는 크게 네 가지 요인을 들 수 있다. 첫번째 요인은 빅데이터이다. 머신러닝이 효과적이기 위해서는 많은 양의 학습 데이터가 필요하다. 최근 모든 정보의 디지털화를 통해 빅데이터가 확보되었으며, 머신러닝은 빅데이터를 활용하여 성능을 향상할 수 있는 좋은 방법이다. 둘째, 컴퓨팅 성능의 향상이다. 머신러닝 알고리듬은 일반적으로 많은 계산 시간을 필요로 하는 데, 최근 하드웨어 발달을 통해 수행 시간이 매우 단축되었다. 셋째, 다양한 서비스로의 직접적인 연결이 가능하다는 점이다. 최근 모바일 기기가 널리 보급됨에 따라 사용자의 데이터를 실시간에 수집하는 것이 가능하게 되었고, 해당 데이터를 학습함으로써 다양한 서비스를 소비자에게 직접 제공할 수 있다. 마지막으로 머신러닝이 중요한 이유는 무엇보다도 기업체 관점에서 직접적인 비즈니스 가치를 창출할 수 있다는 것이다. Google, Facebook, eBay, Amazon 등 많은 인터넷 기업은 광고 혹은 추천 서비스에 의존적인 서비스를 제공한다. 편리하고 정확한 서비스를 위해서는 사용자의 관심 혹은 선호도를 파악하여 활용하는 것이 중요하며, 머신러닝은 사용자의 인터넷 활동 및 로그 데이터를 기반으로 숨겨진 의도를 파악할 수 있는 핵심 기술이다.

1.3 산업적 응용사례

머신러닝은 다양한 분야에 산업적으로 활용되고 있다. 1992년, 카네기멜론 대학교와 메르세데스 벤츠에서는 신경망 구조를 이용하여 자동차를 자동 운전하는 기술을 개발하였고, 100km 이상의 속도로 고속도로를 장기 주행하는 것에 성공하였다. 이 때, 해당 자동차에 전면 카메라를 설치하여 수집한 전면 영상을 입력으로, 운전대와 가속 페달 및 브레이크 페달에 센서를 장착하여 수집한 센서 데이터를 출력으로 알고리듬을 구현하였다. 이러한 초기 기술은 2005년, 미국 국방연구지원소에서 개최한 무인 자동차 경주대회에서 우승한 스탠포드 대학, 2010년에 구글이 발표한 무인자동차에 활용되었다.

IBM이 개발한 인공지능 퀴즈머신 Watson도 머신러닝 기술을 활용한 대표적인 예 중 하나이다. Watson은 Jeopardy라는 TV 퀴즈쇼에 출연하여 역대 인간 챔피언과 대결하여 우승하였다. 이를 위해 Watson은 Wikipedia 등 웹에 존재하는 대규모의 문서를 모아 백과사전적 지식을 자동 구축하였다.

머신러닝은 그 외에도 다양한 분야에 활용되고 있다(표 1-2). 표 1-2와 같이

https://cs.stanford.edu/group/roadrunner/stanley.html
http://edition.cnn.com/2011/TECH/innovation/02/14/jeopardy.ibm.watson/

그림 1.4 머신러닝의 산업적 응용사례, 스탠포드 대학의 Stanley(좌), IBM의 Watson(우)

머신러닝은 음성인식, 컴퓨터비전, 로보틱스, 자연언어처리, 컴퓨터그래픽, 인간-컴퓨터 상호작용(HCI), 인터넷 정보검색, 텍스트 마이닝, 생물정보학, 바이오메트릭스, 통신사업, 서비스업, 제조업 등 거의 모든 분야에서 활용되는 핵심 기반 기술이다. 인터넷 쇼핑몰 운영자는 고객에게 개인화된 양질의 서비스를 제공하고, 보다 효율적인 마케팅 전략을 세우기 위해 웹 로그 파일을 데이터마이닝하기 위한 머신러닝 기술을 이용한다. 컴퓨터그래픽 연구자는 모션 캡처 데이터를 머신러닝하여 사람처럼 자연스러운 동작을 재현하는 애니메이션 모델을 자동 생성한다. 생명과학 연구자는 DNA 칩을 이용한 유전자 발현 데이터로부터 암에 관련되는 질병에 직접적인 영향을 주는 유전자를 찾아내기 위해 머신러닝 기반의 지식 발굴 기술을 사용한다. HCI 연구자는 모바일 환경에서 휴대기기를 편리하게 조작하기 위해서 다양한 센서 정보에 기반, 기기의 움직임을 인식하기 위해 머신러닝 알고리듬을 사용한다.

표 1-2 머신러닝의 다양한 활용 분야

• 데이터마이닝, 정보검색, 텍스트마이닝, 웹마이닝, 빅데이터 • 비즈니스 분석, 전자상거래, 신용카드 도용 검출 • 자연어처리 음성인식, 기계번역, 챗봇 • 컴퓨터비전, 물체인식, 물체추적, 네비게이션 • 로보틱스, 휴머노이드 로봇, 모바일 로봇, 자율주행 자동차 • 컴퓨터그래픽스, 데이터기반 애니메이션. 컴퓨터 게임 • 로보어드바이저, 의약학, 바이오인포매틱스, 금융공학

1.4 역사와 최근 발전 동향

머신러닝이라는 용어가 처음 문헌에 등장한 것은 1959년 Samuel의 논문 "Some Studies in Machine Learning Using the Game of Checkers"이다(Samuel, 1959). 그는 게임보드의 패턴으로 정의된 특징과 가중치의 곱의 합으로 평가함수를 정의하고 가중치를 변경함으로써 게임을 학습하는 방법을 제안하였다. 또한 비슷한 시기에 Rosenblatt은 신경망 모델의 일종인 퍼셉트론과 그 학습 알고리듬을 제시하였다(Rosenblatt, 1958). 이러한 인공 신경망 모델에 기반을 제공한 자연신경망과 그 학습 기작에 대한 연구는 1940년대로 거슬러 올라간다. 1975년에 Winston은 건축물의 아치 모양을 예로 학습하는 기호적인 개념 학습 프로그램을 개발하였다(Winston, 1975).

표 1-3에는 머신러닝의 역사를 잠재기(1940-1980), 태동기(1980-1995), 성장기(1995-2010), 도약기(2010-현재)의 4개의 시대로 구분하여 정리하였다.

잠재기의 아이디어에 기반하여 머신러닝이 하나의 새로운 연구 분야로 자리잡기 시작한 것은 1980년대이다. 1983년과 1986년에 Machine Learning: An Artificial Intelligence Approach의 Volume I과 II가 발간되어 머신러닝 연구의 기반이 마련되었다(Michalski, Carbonell & Mitchell, 1983; Michalski, Carbonell & Mitchell, 1983). 1984년에 Valiant는 Communications of the ACM에 "A Theory of the Learnable"이란 제목의 계산학습이론(Computational Learning Theory) 논문을 발표하면서 머신러닝이 계산이론과 접목되었고, 이론적인 틀을 갖추기 시작하였다(Valiant, 1984). 1986년에는 Rumelhart & McClleland의 Parallel Distributed Processing 모델에 관한 연구 결과가 두 권의 책으로 정리되어 발표되면서(Rumelhart, McClelland & Group, 1986) 신경망 기반의 연결론적 머신러닝 연구가 시작되었다. 1986년에는 머신러닝 분야 최초의 학술지인 Machine

Learning 저널이 창간된다.

다른 한편, 1980년대 중반부터 Uncertainty in Artificial Intelligence (UAI)나 Artificial Intelligence and Statistics (AI & Stats) 등의 학술대회를 통해서 통계학과 인공지능이 결합되는 시도가 일어나고, 1988년 Pearl의 Bayesian Belief Network 연구(Pearl, 1986), Lauritzen과 Spiegelhalter (Lauritzen & Spiegelhalter, 1988) 및 Jensen 등의 Graphical Model 연구(Jensen, 1996), 1992년 Neal의 Belief Network 연구(Neal, 1992), 1995년 Hinton의 Helmholtz Machines 책(Dayan, Hinton, Neal & Zemel, 1995)가 발표된다. 1990년대 중반 이후 웹이 등장하고 인터넷이 보급되면서 정보검색과 데이터마이닝이 새로운 산업으로 등장하였고, 머신러닝은 그 핵심 기술로 자리매김하게 되었다. 또한 1995년과 1998년에 발표된 Vapnik의 Statistical Learning Theory와 1998년의 Schoelkopf의 Kernel Machine (Schoelkopf, Burges & Smola, 1999)을 통해서 머신러닝에 대한 수학적, 확률통계학적인 기반이 마련되었고, 머신러닝은 엄밀한 학문 및 기술 분야로 정립되기 시작하였다.

2000년대 들어 머신러닝은 공고한 연구분야로서 틀을 갖추기 시작한다. 2001년에는 새로운 저널 Journal of Machine Learning Research (JMLR)가 창간된다. 특히 기존 다층신경망보다 빠르고 정규화에 의해 정확도도 개선된 SVM (Support Vector Machine)이 다양한 분야에 응용되기 시작하며 머신러닝이 산업화하기 시작하였다. 또한 다수의 교과서가 등장하였다. 정보이론, 추론, 학습 알고리듬 (Mackay, 2003), 확률 기반 로보틱스(Thrun, Burgard & Fox, 2005), 패턴인식과 머신러닝(Bishop, 2006), 신경망과 학습 기계(Haykin, 2008), 확률그래프 모델 (Koller & Friedman, 2009) 등이 그 예이다. 2010년과 2011년에는 머신러닝 연구자인 Valiant와 Pearl이 각각 Turing 상을 받는다.

머신러닝의 산업화에 불씨를 제공한 사건 중의 하나는 2005년에 개최된 미국 국방연구지원소 무인자동차 경주대회 DARPA Grand Challenge이다. 아리조나

표 1-3 머신러닝 발전의 역사. 잠재기(1940-1980), 태동기(1980-1995), 성장기(1995-2010), 도약기(2010-현재)

잠재기(1940-1980)
1943: McClloch & Pitts neuron
1949: Hebbian learning (Hebb)
1958: Perceptron (Rosenblatt)
1959: Checkers' player (Samuel)
1960: Delta rule (Widrow & Hoff)
1961: Lernmatrix (Steinbuch)
1965: Learning machines (Nilsson)
1967: Outstar learning (Grossberg)
1969: Perceptron book (Minsky & Papert)
1972: Associative memory neural nets (Kohonen)
1973: Pattern classification and scene analysis (Duda & Hart)
1975: Symbolic concept learning (Winston)
1977: Associative memory nets (Anderson)
1977: Actor-critic model (Witten)
태동기(1980-1995)
1981: Parallel models of associative memory (Hinton & Anderson)
1982: Self-organizing maps (Kohonen)
1982: Hopfield networks (Hopfield)
1983: Boltzmann machines (Hinton & Sejnowski)
1983: Machine learning workshop and book (Carbonell & Mitchell, Eds.)
1983: Actor-critic model (Barto, Sutton, Anderson)
1984: PAC computational learning theory (Valiant)
1985: Adaptive resonance theory (Carpenter & Grossberg)
1985: Uncertainty in AI (UAI)
1985: AI and Statistics (AISTATS)
1986: Parallel distributed processing PDP (Rumelhart & McClleland)
1986: Backpropagation algorithm (Rumelhart, Hinton, & Williams)
1986: Machine learning (Journal)
1986: Decision trees (Quinlan)
1987: Neural network conferences (ICNN, INNS, NIPS)
1988: Bayesian networks (Lauritzen & Spiegelhalter, Pearl)
1989: Q-learning (Watkins)
1992: TD-Gammon (Tesauro)
1992: Support vector machines (Boser, Guyon, & Vapnik)
1994: Learning Bayesian networks (Hackerman)

성장기(1995-2010)
1995: Statistical learning theory (Vapnik)
1995: Helmholtz machines (Dayan, Hinton, Neal & Zemel)
1995: Neural networks for pattern recognition (Bishop)
1997: Machine learning textbook (Mitchell)
1998: Neural networks (Haykin)
1998: Reinforcement learning (Sutton & Barto)
1999: Learning in graphical models (Jordan)
1999: Kernel machines (Schoelkopf & Smola)
2001: Journal of machine learning research (JMLR)
2003: Boosting algorithms (Freund & Shapire)
2003: Information theory, inference, and learning algorithms (MacKay)
2005: DARPA grand challenge (Thrun)
2005: Probabilistic robotics (Thrun, Burgard, & Fox)
2006: Deep neural networks (Hinton)
2006: Pattern recognition and machine learning (Bishop)
2008: Neural networks and learning machines (Haykin)
2009: Probabilistic graphical models (Koller & Friedman)
도약기(2010-현재)
2010: Google car (Thrun)
2011: Watson AI (IBM)
2011: Siri personal assistant (Apple)
2012: AlexNet wins ImageNet competition
2013: Google acquires DNNresearch
2013: ICLR deep learning conference
2013: Allen Institute for Artificial Intelligence (AI2)
2013: EU Human Brain Project (HBP)
2013: Google acquires 8 robotics companies
2013: SoftBank Pepper robots
2013: Facebook AI Research (LeCun)
2014: Baidu Deep Learning Institute (Ng)
2014: Amazon Echo & Alexa
2015: DARPA Robotics Challenge
2015: Toyota invests $5B in AI
2015: Google TensorFlow
2015: OpenAI (Musk et al.)
2016: AlphaGo (Google DeepMind)
2016: Apple AI Lab
2016: Google Home & Assistant

사막에서 열린 이 대회에서 Sebastian Thrun 교수가 이끄는 스탠포드 대학교 Volkswagen 자동차 Stanley가 우승한다. 132마일의 거리를 6시간 53분만에 달려서 우승하고 상금 2백만불을 탄다. 이 대회는 2007년의 Urban Challenge와 2010년의 Google Car 발표, 2012년의 Robotics Challenge로 이어져 자동차와 로보틱스 분야에서 머신러닝의 산업화를 촉발하였다. 2011년에는 Apple Siri의 비서에이전트가 iPhone 4S의 앱으로 등장하여 인공지능이 일상생활에 들어오게 되었으며 스마트폰에서 머신러닝 기술이 활용되는 산업화의 길을 열었다. 2011년 IBM은 머신러닝 기술을 이용한 Watson 퀴즈 머신을 개발하였고, 이를 이용한 인공지능 사업화를 추진하고 있다.

2011년, 딥러닝 기술이 음성인식 분야에서 세계 신기록을 세우면서 SVM을 대치하는 새로운 머신러닝 기술로 떠 올랐다. 딥러닝은 2012년, 대규모의 ImageNet 데이터를 기반으로 한 물체인식 대회에서 기존의 머신러닝 방법의 성능을 압도적으로 뛰어넘는 기록을 세우며 우승하였다. 2014년에는 딥러닝 기반의 DeepFace기술로 인간수준의 얼굴인식 성능을 보이기도 하였다(Taigman, Yang, Ranzato & Wolf, 2014). 최근에는 Amazon Echo, IBM CogniToys, SoftBank Pepper, MIT Jibo 등의 스마트머신이 출현하고 있다. 머신러닝 기술은 이들 스마트머신이 환경과 상호작용하는 경험을 통해 상황 기반의 지능 서비스를 제공하는데 원천기술을 제공할 것으로 예상된다.

최근 머신러닝 발전 동향에서 한가지 주목할 것은 점차 기업에서의 관심이 커졌다는 것이다. 이러한 경향은 신경망 기법의 머신러닝 분야에서 가장 핵심적인 역할을 한 학회 중 하나인 NIPS (Neural Information Processing Systems) 학회의 참가자 수에서도 알 수 있다. 10년 전에는 1000명 내외이던 NIPS 참가자 수가 최근 4년 사이에 1500명(2013년), 2500명(2014년), 3800명(2015년), 6000명(2016년)으로 급증하였다(그림 1.5). 특히 2012년부터 딥러닝 연구가 활발해지면서 글로벌 IT 기업들이 인공지능 연구소를 설립하고 스타트업들을 인수하기 시작하였다.

2012년에는 토론토 대학의 Geoff Hinton 교수가 DNNresearch이라는 딥신경망 회사를 설립했는데, 2013년 초에 구글이 이를 인수하였다. 구글은 또한 2013년 한해에 8개의 로보틱스 회사를 인수하고 인공지능 스타트업들에 투자하며 딥러닝 연구자들을 적극적으로 채용한다. 2014년에는 DeepMind를 7,000억원이라는 거금을 주고 인수하여 최고의 머신러닝 인재들을 영입한다. 같은 해에 중국의 인터넷 기업인 바이두는 스탠포드 대학의 Andrew Ng 교수를 영입해서 실리콘밸리에 딥러닝 연구소를 설립한다. 2014년 12월에는 Facebook 대표인 Mark Zuckerberg가 NIPS-2014에 와서 기조 연설을 하면서 Facebook AI Research 인공지능연구소 설립을 선언한다. 연구소장으로는 딥러닝을 오래 연구한 뉴욕주립대의 Yann LeCun 교수를 영입한다. 2015년 12월의 NIPS-2015에서는 테슬라 사장인 Elon Musk가 OpenAI라는 인공지능회사를 설립한다는 것을 트위터를 통해서 공표한다. 역시 2015년에 Toyota가 DARPA Robotics Challenge (DRC)의 디렉터였던 Gil Pratt을 영입하여 미국의 동부(MIT)와 서부(Stanford 대학)에 인공지능연구소를 설립하고 1조원을 투자한다. 2016년에는 Google DeepMind가 AlphaGo를 만들어 바둑에서 당대 최고의 바둑 기사인 이세돌을 이기는 기록을 세운다. 이 사건은 전 세계적으로 큰 파장을 일으켰으며 인공지능이 인간의 직업을 앗아갈 수도 있다는 우려에 대한 목소리가 높아지는 계기가 되기도 하였다.

AlphaGo 이후 국내 기업들도 인공지능에 대한 투자를 시작하였다. 네이버는 Naver Labs를 분사하여 인공지능 연구를 사업화하고 있다. 삼성전자는 가전 제품과 스마트폰 등에 인공지능 기술을 도입한 신제품을 개발하고 있다. SKT는 2016년 9월에 음성기반 인공지능 스피커인 NUGU를 출시하였다. LG 전자는 가전제품 박람회인 CES에서 다양한 형태의 인공지능 로봇 제품을 선보였다. 금융권을 비롯해 많은 서비스 기업들이 고객 상담 서비스 등을 위해서 인공지능 대화 시스템인 챗봇을 도입하고 있다. 이러한 대부분의 인공지능 제품과 서비스는 머신러닝과 딥러닝 기술을 기반으로 하고 있다. 의료, 교육, 국방, 제조, 소매, 물류, 운송 등

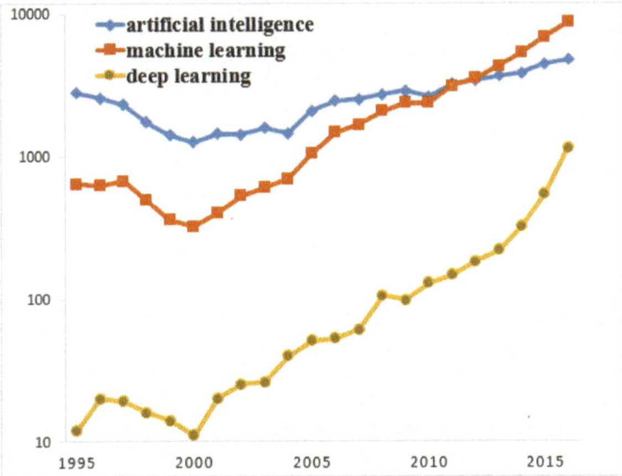

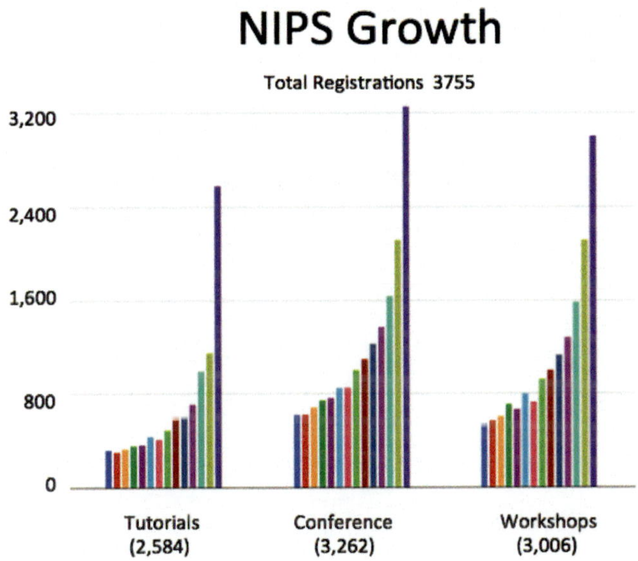

https://signalprocessingsociety.org/get-involved/speech-and-language-processing/newsletter/brief-review-nips-2015

그림 1.5 머신러닝의 최근 발전 동향, 머신러닝 관련 기사 증가 그래프(위), 머신러닝 관련 분야 최고 권위 학회인 Annual Conference on Neural Information Processing Systems(NIPS)의 참석자 증가 그래프(2002~2015) (아래)

산업 전반에서 사물인터넷(IoT)과 빅데이터를 기반으로 하는 제4차 산업혁명의 물결이 일어나고 있으며 머신러닝 기반의 인공지능은 그 동력원의 역할을 할 것으로 내다보고 있다.

1.5 책의 구성

이 책은 총 12장으로 구성되어 있다. 먼저 1장부터 3장에 걸쳐서는 머신러닝과 딥러닝의 개요를 다룬다. 1장에서는 머신러닝의 개념, 특성, 성공 사례를 살펴보았다. 지난 70년의 머신러닝 역사를 네 개의 시기로 구분하여 그 발전 과정을 알아보았다. 1980년까지의 태동기, 1980-1995년까지의 성장기, 1995-2010년까지의 발전기, 2010년부터 현재까지의 도약기가 그것이다.

2장에서는 개념적으로 그리고 교육적으로 중요한 의미를 갖는 가장 기본적인 머신러닝 모델인 신경망(Neural Networks) 모델을 살펴본다. 먼저 퍼셉트론(Perceptron)과 그 학습 알고리듬을 통해서 오류교정에 의한 학습의 원리를 살펴본다. 이어서 다층퍼셉트론(Multilayer Perceptrons, MLP) 모델의 기본 구조를 설명하고 그 학습 방법인 오류역전파(Backpropagation, BP) 알고리듬을 유도한다. BP는 후에 다양한 딥러닝 모델에서도 사용된다.

3장은 딥러닝을 개괄적으로 설명한다. 심층구조를 갖는 신경망을 학습하는데 어떤 기술적인 어려움이 있었는지, 그리고 이러한 문제점을 어떤 혁신을 통해서 극복하였는지를 알아본다. 망의 구조 설계, 유닛 특성, 학습 방법 측면에서의 발전에 대해서 설명한다. 딥러닝 모델 설계시 중요한 이론적 기반인 정규화 이론(Regularization Theory)을 살펴본다. 다양한 딥러닝 모델들을 비교하는 프레임워크를 제시하고 이를 4-6장에서 살펴볼 세 개의 대표 모델에 대해 적용함으로써 딥러닝의 틀을 제공한다.

4, 5, 6장에서는 대표적인 기반 딥러닝 모델 세 가지를 살펴본다. 이는 컨볼루션 신경망(Convolutional Neural Networks, CNN), 딥빌리프넷(Deep Belief Networks, DBN), 딥하이퍼넷(Deep Hypernetworks, DHN)으로서 각각 변별모델, 생성모델, 고차모델의 특성을 대표한다. 이 모델들은 7장부터 살펴보는 다른 딥러닝 모델에서 빌딩블록 역할을 한다. 각 모델의 이론적 기반, 모델 구조, 학습 알고리듬과 대표적인 활용 사례들을 살펴본다. CNN은 이미지기반 패턴인식을 위해서 1990년대에 이미 개발되었으며 지금은 많은 다양한 딥러닝 모델의 기반 구조로 사용된다. DBN은 2006년 Science에 발표된 오토인코딩 모델로서 현재의 딥러닝 붐을 가져오는데 큰 역할을 하였다. DHN은 2004년부터 2008년 사이에 개발된 고차확률그래프 기반 인지메모리 모델로서 메모리네트워크 개념의 효시로 볼 수 있다.

7장은 순환신경망(Recurrent Neural Networks, RNN)을 다룬다. 순환신경망은 앞에서 다룬 순방향 신경망 모델들과는 달리 뉴런들이 이전의 활성화 값을 기억함으로써 과거 정보를 기억하는 동적인 시스템이다. 순환신경망 구조를 학습하기 위한 시간펼침 오류역전파 알고리듬을 살펴본 후 현재 가장 많이 사용되는 장단기 메모리(Long Short-Term Memory, LSTM) 신경망의 구조와 학습 방식을 기술한다.

8장은 딥강화학습(Deep Reinforcement Learning)을 다룬다. 강화학습은 감독학습이나 무감독 학습과는 달리 데이터가 순차적으로 관측되는 마코프 결정 과정(Markov Decision Problem, MDP)을 다루며 행동과 보상이 관여한다. 강화학습 알고리듬의 예로서 몬테칼로(Monte Carlo, MC) 방법, 시간차(Temporal Difference, TD) 학습, Sarsa와 Q학습(Q-Learning)을 다룬다. 강화학습의 딥러닝 확장인 DQN (Deep Q-Network)과 이를 바둑에 적용한 알파고(AlphaGo)의 학습 방식을 살펴본다.

9장은 뉴럴튜링머신(Neural Turing Machine, NTM)을 다룬다. NTM은 순환신

경망에서의 망각에 의한 메모리 능력 부족 문제를 해결하기 위한 방법으로서 순환 신경망에 기존의 튜링머신 외부 메모리를 결합한 모델이다. NTM과 유사한 아이디어로 메모리네트워크(Memory Neworks, MemNet) 모델이 있으며 순차적으로 들어오는 입력 정보를 각 시간 순서마다 은닉 유닛을 만들어서 컴퓨터 메모리 장치에 장기 메모리로 저장한다. 메모리넷은 튜링머신처럼 읽기, 쓰기, 주소 지정 메커니즘을 가지며 이에 기반한 기억의 저장과 인출을 학습하는 법을 살펴본다.

최근 들어서 다양한 종류의 새로운 딥러닝 모델들이 등장하고 있다. 10장에서 12장까지는 이러한 최신 딥러닝 모델들을 세 가지로 분류하여 종합적으로 정리하였다. 이 세가지는 종단학습 모델(End-to-End Learning, N2N), 대립학습 모델(Generative Adversarial Networks, GAN), 잔차학습 모델(Residual Networks, ResNet)이다.

10장에서는 종단학습 모델(End-to-End Learning Models)들을 살펴본다. 종단학습 모델은 입력 데이터를 전처리 없이 원본 그대로 입력하며, 중간과정을 명시적으로 모델링하지 않고 직접 출력 데이터로 산출하도록 하는 자동화된 학습 방식이다. 자연언어처리, 질의응답 시스템, 기계번역 문제와 같이 입력과 출력이 문장과 같은 복잡한 서열구조를 갖는 입출력을 통째로 변환학습하는데 많이 사용된다. 인코더디코더 모델(Encoder-Decoder Model), 서열대서열 모델(Sequence-to-Sequence Model, Seq2Seq), 메모리넷을 결합한 종단학습 모델, 멀티모달 종단학습 모델(Multimodal N2N) 등의 변형들을 살펴본다.

11장에서는 대립학습모델(Adversarial Learning Models)을 살펴본다. 생성모델은 이미지 생성과 같은 흥미로운 문제를 풀 수 있으나 원본에 충실한 영상을 재생성하는 것은 어려운 문제였다. 최근에는 생성대립넷(Generation Adversarial Network, GAN)이 변별넷과 생성넷을 결합함으로써 강력한 표현력을 가진 딥러닝 변별 모델과 오류역전파 경사하강법에 의한 효율적인 학습 방식을 이용하여 이 문제점을 해결하였다. 먼저 생성모델과 변별모델의 차이점을 살펴보고 그 이론적 기반이 되는 정보이론(Information Theory)을 공부한다. 그리고 생성대립넷(GAN)의 구조와 학습 방법, 그리고 그 변형인 딥컨볼루션 생성대립넷(DCGAN), 양방향 생성대립넷(BiGAN)을 살펴본다.

12장에서는 잔차학습모델(Residual Learning Models)을 살펴본다. 잔차학습모델은 몇 개의 층을 건너뛰는 지름 연결선을 가짐으로써 과다학습을 방지하면서 초고층의 딥신경망 구조를 학습할 수 있는 방법을 제공한다. 잔차학습모델의 일종인 딥잔차넷(Deep Residual Networks, DRN)은 2015년도 ImageNet 대회와 COCO 대회에서 우승하였다. 이어서, DRN을 멀티모달로 확장한 멀티모달잔차넷(Multimodal Residual Networks, MRN) 구조를 살펴본다. MRN은 서울대학교와 네이버랩스의 공동연구로 제1회 국제 시각질의응답(VQA) 대회에 참가하여 장기간 1등을 기록한 기술이다. VQA 기반으로 사람과 시각대화를 수행하는 시각챗봇(Visual Chatbot) Cambot을 개발하여 (주) Surromind Robotics에서 홈로봇 Aupair에 적용한 사례를 소개한다.

CHAPTER

2 신경망

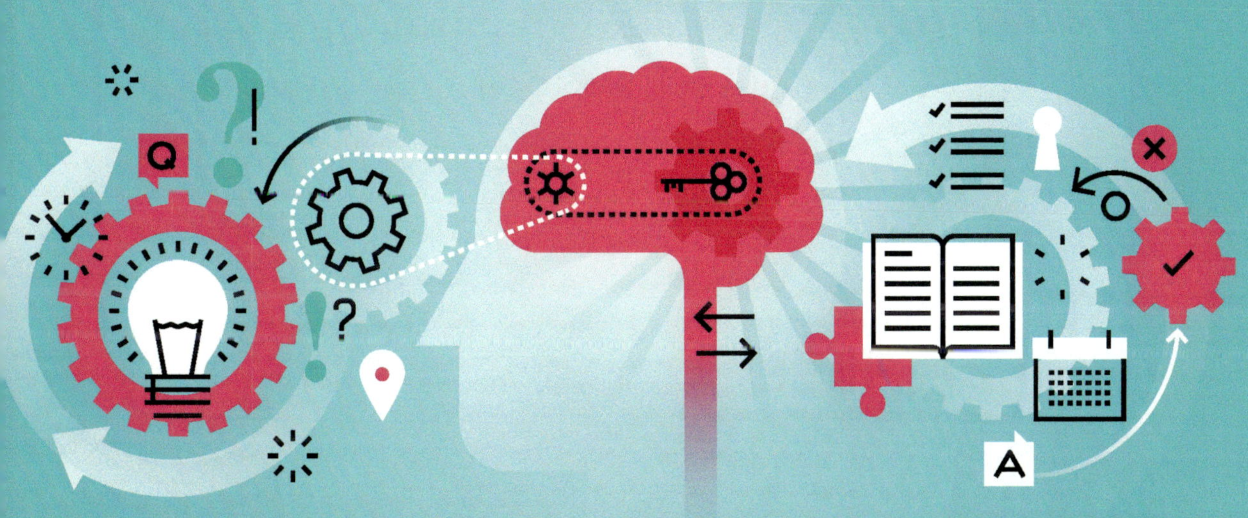

신경망은 뇌의 신경세포망에서의 정보처리 기작을 모사한 머신러닝 모델이다. 신경망의 구조와 학습 알고리듬이 여러 시대를 거치면서 발전하였다. 초기 1958년에 도입된 퍼셉트론은 임계논리유닛(TLU)을 사용하였다. 이어서 미분이 가능한 선형 활성화 함수를 갖는 선형유닛(LU)이 등장하였다. 1986년에는 비선형의 연속 함수 특성을 지닌 활성화 함수를 갖는 시그모이드 유닛(Sigmoid)이 발견되었다. 2010년에는 딥러닝 구조에서 발생하는 오차 희석 문제 해결에 유용한 정류선형유닛(ReLU)이 도입되었다. 학습 구조면에서는 하나의 뉴런에 기반한 신경망 구조인 퍼셉트론으로부터 은닉층을 갖는 다층신경망으로 발전하였다. 최근의 딥러닝은 수십-수백층의 심층 신경망 구조를 갖는 다층신경망 구조를 사용한다. 본 장에서는 먼저 퍼셉트론과 퍼셉트론 학습 알고리듬, 그리고 이를 일반화한 델타규칙 학습 알고리듬을 살펴본다. 이어서 다층퍼셉트론(MLP) 신경망의 구조와 특성을 살펴보고, 그 학습 알고리듬인 오류역전파 알고리듬을 살펴본다. 신경망의 활용 사례로서 얼굴 인식 문제에 대해서 신경망 설계와 학습시 고려해야 할 구체적인 이슈들을 알아본다.

2.1 퍼셉트론

디지털 컴퓨터는 빠르고 정확한 논리 소자를 연결하여 회로를 구성하여 중앙집중 방식으로 순차적인 정보처리를 수행한다. 이에 반해서 뇌는 느리고 부정확한 소자(뉴런, 신경세포)를, 아주 많은 수를 사용한 망 구조를 이용하여 분산적으로 정보를 저장하고 병렬적인 정보처리를 수행한다. 디지털 컴퓨터의 장점은 빠르고 정확한 계산을 잘 수행하고 문제 해결 지식이 있으면 이를 프로그래밍하여 해결할 수 있다는 것이다. 반면에 뇌는 정확한 프로그래밍은 어려우나 데이터로부터 학습을

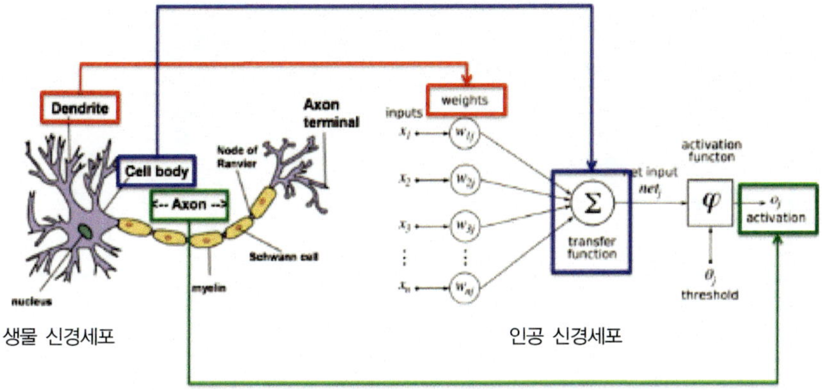

그림 2.1 **생물학적 뉴런과 인공신경망**

잘 수행하는 특성이 있다.

신경망 모델은 뇌의 구조를 모사한 정보처리 방식으로서 이미 1958년에 Rosenblatt이 퍼셉트론(Perceptron) 학습 모델을 제시하여 학습이 가능함을 보였다(Rosenblatt, 1958). 퍼셉트론은 생물학적 신경세포인 뉴런이 수상돌기를 통해서 입력을 받아 축색돌기를 통해서 출력을 생성하는 과정을 수학적으로 모델링한 인공 뉴런이다. 학습은 인접한 두 뉴런의 연결부분인 시냅스에서 일어난다. 그림 2.1은 퍼셉트론의 구조를 보여준다. 퍼셉트론은 n개의 입력 뉴런과 한 개의 출력 뉴런을 갖는다. 입력 뉴런의 활성화값을 x_i라 하고 시냅스 가중치를 w_i라 하면 출력노드의 활성화값은 다음과 같이 가중치곱의 총합으로 계산된다.

$$s = \sum_{i=1}^{n} w_i x_i + w_0 = \sum_{i=0}^{n} w_i x_i = \mathbf{w} \cdot \mathbf{x}$$

여기서 w_0은 바이어스 항이라 한다. $w_0 = w_0 \cdot 1 = w_0 x_0$으로 놓을 수 있으므로, 항상 $x_0=1$의 값을 갖는 특수한 0번째 입력을 추가하여 식을 간략화한 것이다.

원래의 퍼셉트론은 입력의 총합이 임계치를 넘으면 $+1$을 출력하고 그렇지 않으면 -1을 출력하는 임계논리 활성화 함수를 가진다. 즉 Rosenblatt의 퍼셉트론

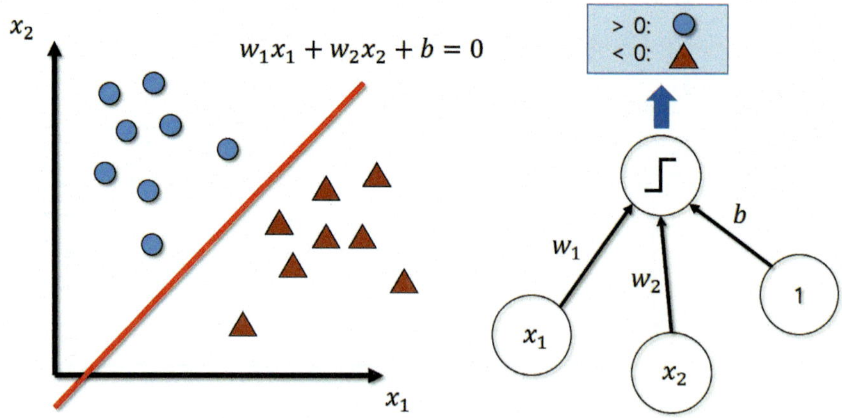

그림 2.2 단순 퍼셉트론의 작동 원리

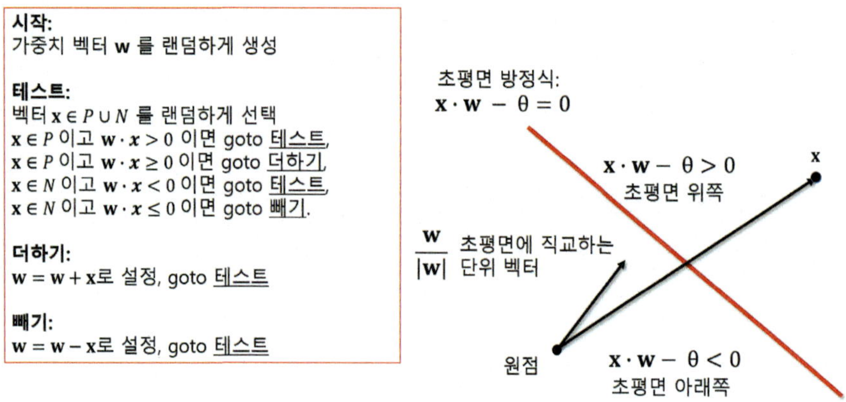

그림 2.3 단순 퍼셉트론의 학습 원리

은 하나의 임계논리유닛(threshold logic unit, TLU)로 구성된 신경망이다(Rosenblatt, 1958). 후에 나오는 다수의 뉴런으로 구성된 다층퍼셉트론과 명확히 구별하기 위하여 경우에 따라서는 퍼셉트론을 단순퍼셉트론(Simple Perceptron)이라 부르기도 한다.

$$f(s)=\begin{cases}+1 & \text{if } s>0 \\ -1 & \text{otherwise}\end{cases}$$

퍼셉트론은 주어진 학습패턴들을 두 개의 클래스로 분류하도록 학습한다(그림 2.2). 학습의 목적은 두 패턴을 분류하는 경계면을 찾는 것이다. 그림 2.3은 퍼셉트론의 학습 원리를 설명한다. 먼저 가중치를 임의의 값으로 초기화한다. 학습 패턴 $\mathbf{x}$를 입력하여 퍼셉트론 출력 f를 계산한다. 이 값이 목표 출력 y와 같으면 가중치를 변경하지 않고, 다르면 가중치를 변경하는 방식으로 오류를 교정함으로써 학습한다. 퍼셉트론 출력 f가 목표 출력 y와 일치하지 않는 경우는 다음과 같이 두 가지가 있으며 각각의 경우 가중치 변경 규칙은 다음과 같다.

- 목표 출력 $y=1$인데 $f=-1$인 경우: 가중치 $\mathbf{w}$를 $\mathbf{w}+\mathbf{x}$로 증가시킨다.
- 목표 출력 $y=-1$인데 $f=1$인 경우: 가중치 $\mathbf{w}$를 $\mathbf{w}-\mathbf{x}$로 감소시킨다.

이와 같은 방식으로 학습예를 반복적으로 관측하면서 가중치를 변경하면 선형분리가 가능한 분류 문제의 경우 올바른 분류기를 학습해 낼 수 있음을 증명할 수 있다. 이를 퍼셉트론 학습 규칙이라고 한다.

2.2 델타 규칙

임계활성화함수를 갖는 단순퍼셉트론은 +1 또는 −1의 이진값만을 출력한다. 이 경우 오차는 0 아니면 2의 이진값만을 가지며 미세한 오차를 조정할 수가 없다. 선형활성화함수를 이용하면 이 문제를 해결할 수 있다. 선형 활성화 함수를 사용하는 퍼셉트론을 선형퍼셉트론이라 한다. 선형퍼셉트론의 가중치를 학습하는 방법으로 Widrow와 Hoff는 델타 규칙을 제시하였다(Widrow & Hoff, 1960). 여기서는

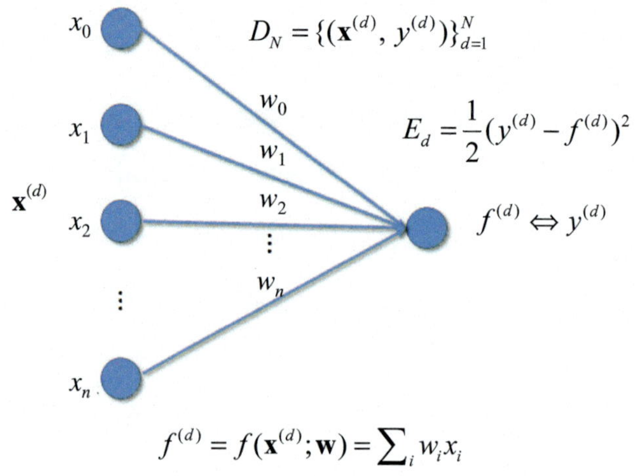

그림 2.4 퍼셉트론의 구조

델타규칙에 의한 학습 알고리듬을 살펴보기로 한다.

학습 데이터가 N개 주어졌다고 하자.

$$D_N = \{(\mathbf{x}^{(d)}, y^{(d)})\}_{d=1}^N$$

여기서 $(\mathbf{x}^{(d)}, y^{(d)})$는 d번째 학습예이다. 가중치 벡터 $\mathbf{w}$를 갖는 하나의 선형 유닛은 다음과 같은 계산을 한다($f(s)=s$).

$$f^{(d)} = f(\mathbf{x}^{(d)}; \mathbf{w}) = \sum_i w_i x_i^{(d)}$$

학습 데이터집합 D_N에 대한 오차 E_N는 보통 다음과 같이 정의한다.

$$E_N = \sum_{d=1}^{N} E_d$$

$$E_d = \frac{1}{2}(y^{(d)} - f^{(d)})^2$$

여기서 d번째 학습예 하나에 대한 오차 E_d는 그 목표 출력값 $y^{(d)}$과 실제 출력값

$f^{(d)}$의 차이 제곱에 비례하도록 정의되었다.

학습은 오차를 줄여주는 방향으로 시냅스 가중치를 교정함으로써 이루어진다. 학습 예가 하나씩 주어질 때마다 가중치를 수정한다고 하면 그 학습 규칙은 다음과 같다.

$$w_i \leftarrow w_i + \Delta w_i$$
$$\Delta w_i = -\eta \frac{\partial E_d}{\partial w_i}$$

오차를 가중치 w_i에 대해서 미분하면 다음과 같은 식을 얻는다.

$$\begin{aligned}
\frac{\partial E_d}{\partial w_i} &= \frac{\partial E_d}{\partial f^{(d)}} \frac{\partial f^{(d)}}{\partial w_i} \\
&= \frac{\partial}{\partial f^{(d)}} \frac{1}{2}(y^{(d)} - f^{(d)})^2 \frac{\partial f^{(d)}}{\partial w_i} \\
&= \frac{1}{2}(-2)(y^{(d)} - f^{(d)}) x_i^{(d)} \\
&= -(y^{(d)} - f^{(d)}) x_i^{(d)}
\end{aligned}$$

위에서 첫번째 등식은 오차 E_d가 출력값 $f^{(d)}$에 관한 함수임을 이용하여 $\partial f^{(d)}$를 곱하고 다시 나누어 연쇄규칙을 유도한 것이다. 둘째 등식은 오차의 정의 $E_d = \frac{1}{2}(y^{(d)} - f^{(d)})^2$을 적용한 것이다. 정리하면 i번째 가중치의 학습식은 다음과 같이 주어진다.

$$w_i \leftarrow w_i + \eta (y^{(d)} - f^{(d)}) x_i^{(d)}$$

식에서 $\eta \in (0,1)$는 학습률(learning rate)이다. 이 학습 규칙을 델타 규칙이라 한다.

델타 규칙이 제대로 동작하는지를 알아보기 위해서 원하는 출력이 $y = 1$이라고 하자. 그런데 현재의 신경망 출력이 $f = 0.6$이라면 $y - f = 1.0 - 0.6 = 0.4$로서 w_i는 양수값으로 커짐을 알 수 있다(학습률이 양수, $f(1-f)$도 양수, 입력값들 $\mathbf{x} = (x_i)$도 양수임을 고려). 즉 현재 출력값 0.6보다 더 큰 출력 1.0을 출력하도록 가중치가 더 커지는 것을 알 수 있다. 한편, 원하는 출력이 $y = 0$이라고 하자. 그런데 현재의 신경망 출력이 $f = 0.6$이라면 $y-f = 0-0.6 = -0.4$로서 w_i는 음수가 됨을 알 수 있다(학습률이 양수, $f(1-f)$도 양수, 입력값들 $\mathbf{x} = (x_i)$도 양수임을 고려). 따라서 현재출력값 0.6보다 더 작은 출력 0을 출력하도록 가중치가 더 작아지며 이는 원하는 목적을 구현하는 것임을 알 수 있다.

선형퍼셉트론학습 (*학습예_집합* D_N, η)

각 학습예는 $\langle \mathbf{x}, y \rangle$꼴의 쌍을 이루며 $\mathbf{x}$는 입력값 벡터, y는 목표 출력값이다. η는 학습률이다 (e.g., .05).

1) 각 w_i를 크기가 작고 랜덤한 값으로 초기화
2) 종료 조건이 만족될 때까지 아래를 반복
   A. 각 Δw_i를 0으로 초기화
   B. *학습예_집합* D_N의 각 $\langle \mathbf{x}, y \rangle$에 대해 아래를 실행
      i. 선형 유닛에 $\mathbf{x}$를 입력하고 출력 f를 계산
      ii. 각 선형 유닛 가중치 w_i에 대해
      $\Delta w_i \leftarrow \Delta w_i + \eta(y-f)x_i$를 계산
      iii. 각 선형 유닛 가중치 w_i에 대해
      $w_i \leftarrow w_i + \Delta w_i$를 실행

그림 2.5 선형 퍼셉트론 학습을 위한 델타 규칙

시그모이드 뉴런의 델타 규칙

앞에서 살펴본 선형퍼셉트론은 선형 분리가 가능한 패턴분류 문제는 해결이 가능하다. 그러나 복잡한 문제를 풀기 위해서는 비선형 결정 경계를 생성하는 것이 필요하다. 또한 미분이 가능하기 위해서는 연속함수일 필요가 있다. 비선형이면서 미분이 가능한 연속함수로서 찾은 것이 시그모이드(sigmoid) 뉴런이다. 여기서는 시그모이드 뉴런 하나로 구성된 단순퍼셉트론의 학습을 먼저 살펴보자. 다음 절에

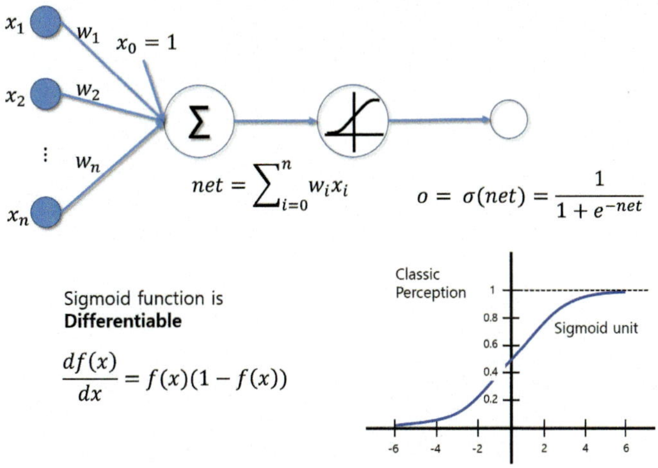

그림 2.6 시그모이드 함수

서는 다층퍼셉트론으로의 확장을 살펴볼 것이다.

시그모이드 뉴런 신경망의 경우 선형퍼셉트론과 마찬가지로 가중치 입력을 계산한다. 다른 점은 입력의 총합을 그대로 출력하지 않고 비선형의 시그모이드 전이 함수를 거쳐서 출력한다는 것이다(Aizerman, Braverman, & Rozonoer, 1964).

$$s = \sum_{i=0}^{n} w_i x_i = \mathbf{w} \cdot \mathbf{x}$$

$$f = \sigma(s) = \frac{1}{1+\exp(-s)}$$

시그모이드 함수 $\sigma(s)$는 $[-\infty, +\infty]$의 입력 구간 s에 대해서 출력을 [0, 1]의 구간으로 변환해 준다. 이 함수의 이름이 시그모이드인 것은 변환의 모양이 S자이기 때문이다. 입력의 값에 대해서 출력을 0과 1 사이에 압축해 주기 때문에 이를 압축함수(squashing function)라고 부르기도 한다. 입력값이 0이면 출력은 0.5이고 입력이 양의 무한대이면 1로 수렴하고 음의 무한대로 가면 0으로 수렴한다. 시그모이드는 연속 함수이므로 미분이 가능하며 이는 다음과 같이 간단한 모양으로 주어진다.

$$\frac{\partial \sigma(s)}{\partial s} = \sigma(s)(1-\sigma(s))$$

이전과 마찬가지로 학습 데이터가 N개 주어졌다고 하자.

$$D_N = \{(\mathbf{x}^{(d)}, y^{(d)})\}_{d=1}^{N}$$

시그모이드 유닛은 다음과 같이 두 단계의 계산을 한다.

$$s^{(d)} = \sum_i w_i x_i^{(d)}$$
$$f^{(d)} = f(\mathbf{x}^{(d)}; \mathbf{w}) = \frac{1}{1+\exp(-s^{(d)})}$$

여기서 $s^{(d)}$는 d번째 학습예 $\mathbf{x}^{(d)}$에 대한 입력과 가중치를 곱한 값의 총합이고 $f^{(d)}$는 시그모이드 유닛의 출력값이다.

오차는 다음과 같이 정의된다.

$$E_N = \sum_{d=1}^{N} E_d$$
$$E_d = \frac{1}{2}(y^{(d)} - f^{(d)})^2$$

학습은 오차를 줄여주는 방향으로 시냅스 가중치를 교정함으로써 이루어진다. 학습예가 하나 주어질 때마다 가중치를 수정한다고 하면(온라인 수정) 그 학습 규칙은 다음과 같이 주어진다.

$$w_i \leftarrow w_i + \Delta w_i$$
$$\Delta w_i = -\eta \frac{\partial E_d}{\partial w_i}$$

이제 오차를 가중치에 대해서 미분하면 다음과 같은 식을 얻는다.

$$\begin{aligned}\frac{\partial E_d}{\partial w_i} &= \frac{\partial E_d}{\partial f^{(d)}}\frac{\partial f^{(d)}}{\partial w_i} \\ &= \frac{\partial}{\partial f^{(d)}}\frac{1}{2}(y^{(d)}-f^{(d)})^2\frac{\partial f^{(d)}}{\partial s^{(d)}}\frac{\partial s^{(d)}}{\partial w_i} \\ &= \frac{1}{2}(-2)(y^{(d)}-f^{(d)})f^{(d)}(1-f^{(d)})x_i^{(d)} \\ &= -(y^{(d)}-f^{(d)})f^{(d)}(1-f^{(d)})x_i^{(d)}\end{aligned}$$

위에서 첫번째 식은 오차 E_d가 시그모이드 유닛 출력값 $f^{(d)}$에 의존하고 시그모이드 출력값은 다시 입력총합 $s^{(d)}$에 의존한다는 것을 이용하여 연쇄규칙을 적용한 것이다. 두번째 식에서 세번째 식으로의 전개는 다음을 이용하였다.

$$\frac{\partial f^{(d)}}{\partial s^{(d)}} = f^{(d)}(1-f^{(d)})$$
$$\frac{\partial f^{(d)}}{\partial w_i} = \frac{\partial}{\partial w_i}\sum_j w_j x_j^{(d)} = x_i^{(d)}$$

정리하면 학습식은 다음과 같이 주어진다.

$$w_i \leftarrow w_i + \eta(y^{(d)}-f^{(d)})f^{(d)}(1-f^{(d)})x_i^{(d)}$$

이 식은 시그모이드 뉴런을 출력으로 가진 퍼셉트론의 학습 규칙이다. 즉 시그모이드 유닛 단순 퍼셉트론의 델타 규칙이다. 이 식을 선형퍼셉트론 식과 비교해 보면 시그모이드를 미분한 항 $f^{(d)}(1-f^{(d)})$가 추가된 것 외에는 동일함을 알 수 있다.

2.3 다층퍼셉트론

복잡한 패턴 분류를 위해서는 입출력 간의 복잡한 변환 구조를 만들어낼 수 있어야 한다. 이를 위해서는 다수의 비선형 뉴런을 결합하거나 다층의 뉴런들을 사용할 필요가 있다. 그림 2.7은 다수의 뉴런을 사용하고 뉴런층을 추가하여 점차 복잡한 구조의 의사결정 경계(decision boundary)를 만들어 낼 수 있음을 보여준다. 뉴런을 하나만 사용할 경우에는 선형분리 가능한 결정 경계선만을 만들 수 있다. 그러나 두 개의 뉴런을 결합함으로써 XOR와 같은 비선형 분리가능한 결정선을 만들어 낼 수 있다. 뉴런층을 추가하여 다각형 모양의 경계선을 생성할 수 있으며 이와

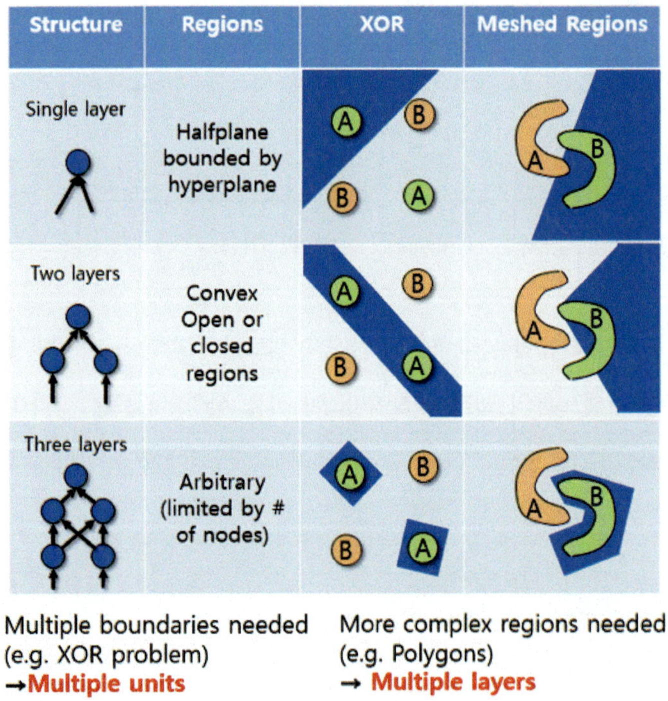

그림 2.7 여러 개의 뉴런과 뉴런층이 필요한 이유

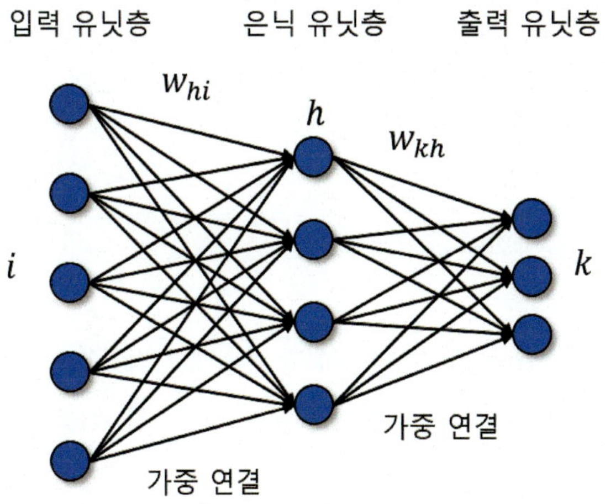

그림 2.8 다층퍼셉트론 신경망(MLP)

같은 방식으로 보다 복잡한 임의의 패턴 분류가 가능하다.

다층퍼셉트론(Multilayer Perceptron, MLP)은 여러 개의 퍼셉트론 뉴런을 여러 층으로 쌓은 다층신경망 구조이다(그림 2.8). 각 층안에서는 뉴런간 연결이 없고 인접한 두 층의 모든 뉴런들 간에는 완전 연결되는 망 구조를 갖는다. 다층퍼셉트론에서는 입력층에서 출력층으로 한 방향으로만 활성화되기 때문에 이를 완전연결 순방향망(fully-connected feed-forward network)이라고 하기도 한다. 데이터 **x** 가 입력층에 주어지면 다음 층의 뉴런들은 그 가중치와 곱해지고 합해져서 총합이 계산된 후 시그모이드 함수를 통해서 출력값이 결정된다.

$$s_j = \sum_i w_{ji} x_i$$

$$f_j = \sigma(s_j) = \frac{1}{1+\exp(-s_j)}$$

여기서 j는 시냅스후 뉴런이고 i는 시냅스전 뉴런이다. 층별 활성화값은 이와 같이 순차적으로 계산되어 마지막 출력 뉴런층의 값이 계산된다.

다층퍼셉트론은 다음 세 가지의 혁신을 통해서 선형퍼셉트론의 한계를 극복하는 모델이다.

- 시그모이드 뉴런
- 은닉 뉴런층 추가
- 은닉층 학습방법

시그모이드 활성 함수를 도입함으로써 선형 모델에서 비선형 모델로 확장이 가능하였다. 또한 시그모이드는 연속함수여서 미분이 가능하다. 이를 통해 은닉 뉴런층에서의 학습을 가능하게 하는 오류역전파 알고리듬(2.4절) 개발도 가능하게 되었다.

다층신경망 모델은 입력층, 은닉층, 출력층으로 구성된 뉴런들의 망이다. 각 층의 크기, 즉 뉴런의 갯수가 I, H, K라고 하면 이 구조를 I-H-K 다층퍼셉트론이라 한다. 입력유닛, 은닉유닛, 출력유닛을 가리키는 기호로 i, h, k를 각각 사용하자. 입력 뉴런 i의 출력 x_i 는 모든 은닉 뉴런 h와의 연결 가중치 w_{hi} 를 통해서 전달된다. 또한 은닉 뉴런 h의 출력은 모든 출력 뉴런 k의 입력으로 연결선 w_{kh}를 통해서 전달된다. 다층퍼셉트론 모델의 매개변수는 $\mathbf{w} = (\mathbf{w}^{(1)}, \mathbf{w}^{(2)})$로서 여기서 $\mathbf{w}^{(1)}$는 입력층과 은닉층을 연결하는 가중치 벡터이고 $\mathbf{w}^{(2)}$은 은닉층과 출력층을 연결하는 가중치 벡터이다. 입력 뉴런에 입력값 벡터 $\mathbf{x}$가 주어지면 매개변수인 가중치 벡터 $\mathbf{w}$를 사용하여 은닉층 뉴런들을 활성화하고 이는 다시 출력층 뉴런들을 활성화하여 최종적으로 출력값 벡터 $\boldsymbol{f}$를 계산한다.

$$\boldsymbol{f} = (f_1, f_2, ..., f_K) = \boldsymbol{f}(\mathbf{x}, \mathbf{w})$$

k번째 출력 뉴런의 활성화 값 f_k의 계산과정을 식으로 쓰면 다음과 같다.

$$f_k = f_k(\mathbf{x}, \mathbf{w}) = \sigma\left(\sum_{h=0}^{H} w_{kh}^{(2)} \sigma\left(\sum_{i=0}^{I} w_{hi}^{(1)} x_i \right)\right)$$

여기서 은닉 뉴런 h의 출력값 x_h 은 입력값 x_i에 가중치 $w_{hi}^{(1)}$를 곱하여 더하고

$$s_h = \sum_{i=0}^{I} w_{hi}^{(1)} x_i$$

시그모이드 함수 $\sigma(s_h)$로 변환함으로써 결정된다.

$$x_h = \sigma(s_h) = \frac{1}{1+\exp(-s_h)}$$

마찬가지로 출력 뉴런의 값 f_k은 은닉 뉴런의 출력값 x_h에 가중치 $w_{kh}^{(2)}$를 곱하여 더하고

$$s_k = \sum_{h=0}^{H} w_{kh}^{(2)} x_h$$

시그모이드함수 $\sigma(s_h)$로 변환하여 활성화 값 $f_k=\sigma(s_k)$을 구한다.

$$f_k = \sigma(s_k) = \frac{1}{1+\exp(-s_k)}$$

다층퍼셉트론은 주어진 학습 데이터 집합에 대한 오류함수를 최소화하도록 매개변수 벡터 $\mathbf{w}$를 최적화함으로써 학습한다. 다음 절에서는 다층퍼셉트론 출력값의 오류 최소화를 위한 가중치 교정 함수, 즉 학습식을 유도한다.

2.4 오류역전파 알고리듬

출력 뉴런의 값 f는 목표 출력 y와 비교되어 차이가 계산된다(이 절에서는 식을 간소화하기 위해서 $f^{(d)}$와 $y^{(d)}$ 대신에 f와 y로 쓰기로 한다). 이 에러를 교정하기 위해 시냅스 가중치들을 변경하며 이 식은 앞에서 구한 단순퍼셉트론의 경우와

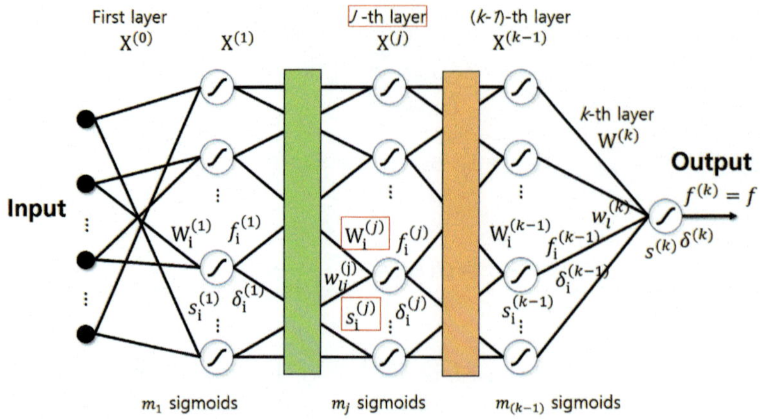

그림 2.9 단순 퍼셉트론에서 다층퍼셉트론으로

같다. 즉 출력 뉴런 j에 대한 가중치 벡터변경은 다음과 같이 일어난다.

$$\mathbf{w}_j \leftarrow \mathbf{w}_j + \Delta\mathbf{w}_j$$
$$\Delta\mathbf{w}_j = \eta(y_j - f_j)f_j(1 - f_j)\mathbf{x}_j$$

위의 층을 ℓ층이라 하자. 바로 아래의 $\ell - 1$층에 있는 뉴런들 i의 활성화값 $x_i^{(\ell-1)}$로부터 ℓ층의 j번째 뉴런의 총입력값 $s_j^{(\ell-1)}$은 다음과 같이 표시된다.

$$s_j^{(\ell)} = \mathbf{w}_j^{(\ell)} \cdot \mathbf{x}_j^{(\ell-1)} = \sum_i w_{ji}^{(\ell)} x_i^{(\ell-1)}$$
$$x_j^{(\ell)} = f_j^{(\ell)} = \sigma(s_j^{(\ell)})$$

따라서

$$\frac{\partial s_j^{(\ell)}}{\partial \mathbf{w}_j^{(\ell)}} = \mathbf{x}^{(\ell-1)}$$
$$\frac{\partial f_j^{(\ell)}}{\partial s_j^{(\ell)}} = f_j^{(\ell)}(1 - f_j^{(\ell)})$$

한 개의 d번째 학습예에 대한 오차함수는 E_d로 정의한다.

$$E_d = \frac{1}{2}\sum_j (y_j - f_j^{(\ell)})^2$$

출력층 ℓ층에 있는 j 번째 뉴런의 델타값 $\delta_j^{(\ell)}$를 다음으로 정의한다.

$$\delta_j^{(\ell)} \triangleq -\frac{\partial E_d}{\partial s_j^{(\ell)}}$$

즉 델타값은 해당 뉴런의 입력총합에 대한 에러변화율의 음수값으로서 교정할 오류를 의미한다.

경우 1: 델타값은 연쇄규칙을 사용하여 계산할 수 있는데 목표출력치가 주어지는 출력뉴런에 대해서는 다음과 같이 간단히 계산된다.

$$\begin{aligned}\frac{\partial E_d}{\partial s_j^{(\ell)}} &= \frac{\partial E_d}{\partial f_j^{(\ell)}}\frac{\partial f_j^{(\ell)}}{\partial s_j^{(\ell)}} \\ &= -(y_j - f_j^{(\ell)})f_j^{(\ell)}(1 - f_j^{(\ell)})\end{aligned}$$

$$\delta_j^{(\ell)} = (y_j - f_j^{(\ell)})f_j^{(\ell)}(1 - f_j^{(\ell)})$$

이 델타값을 이용하여 출력층 ℓ층에 있는 j 번째 뉴런에 연결된 시냅스의 경사도는 다음과 같이 계산된다.

$$\begin{aligned}\frac{\partial E_d}{\partial \mathbf{w}_j^{(\ell)}} &= \frac{\partial E_d}{\partial f_j^{(\ell)}}\frac{\partial f_j^{(\ell)}}{\partial s_j^{(\ell)}}\frac{\partial s_i^{(\ell)}}{\partial \mathbf{w}_j^{(\ell)}} \\ &= -(y_j - f_j^{(\ell)})\frac{\partial f_j^{(\ell)}}{\partial s_j^{(\ell)}}\mathbf{x}_j^{(\ell-1)} \\ &= -(y_j - f_j^{(\ell)})f_j^{(\ell)}(1 - f_j^{\ell})\mathbf{x}_j^{(\ell-1)} \\ &= -\delta_j^{(\ell)}\mathbf{x}_j^{(\ell-1)}\end{aligned}$$

그러나 은닉층에 있는 뉴런들은 목표출력치가 주어지지 않기 때문에 델타값을

$$\delta_i^{(\ell)} = f_i^{\ell}(1-f_j^{\ell}) \sum_{k\in Upper(j)} \delta_k^{(\ell+1)} w_{kj}^{(\ell+1)}$$

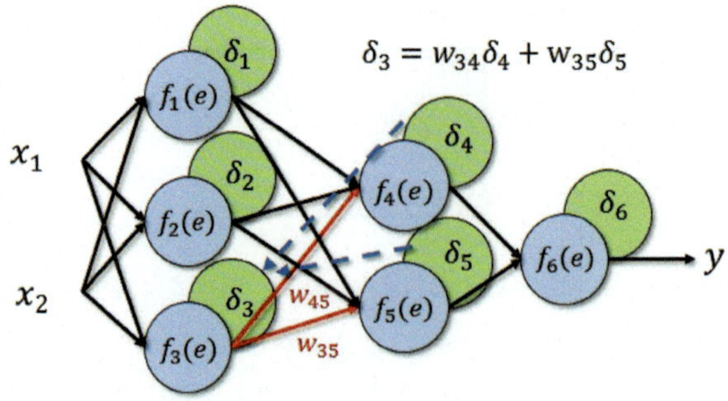

그림 2.10 오류역전파 학습 알고리듬. 가중치의 경사도를 구하기 위해서는 각 층 뉴런들의 델타값을 계산해야 한다. ℓ층 뉴런의 델타값을 계산할 때는 앞서 계산한 상위층인(ℓ+1)층의 은닉층 뉴런의 델타값이 활용된다.

추정하여야 한다. 이 값을 추정하는 방식이 오류역전파 학습알고리듬의 핵심아이디어이다.

경우 2: 은닉층 ℓ층에 있는 j 번째 뉴런들의 가중치는 다음 식에 의해서 수정된다.

$$\frac{\partial E_d}{\partial \mathbf{w}_j^{(\ell)}} = \frac{\partial E_d}{\partial s_j^{(\ell)}} \frac{\partial s_j^{(\ell)}}{\partial \mathbf{w}_j^{(\ell)}} = -\delta_j^{(\ell)} \mathbf{x}_j^{(\ell-1)}$$

즉 오류역전파 알고리듬은 ℓ층에 있는 뉴런 j의 델타 값 $\delta_j^{(\ell)}$을 위층 $\ell+1$층에 있는 뉴런들의 델타값 $\delta_k^{(\ell+1)}$ 으로부터 다음과 같이 재귀적으로 계산한다.

$$\begin{aligned}\frac{\partial E_d}{\partial s_j^{(\ell)}} &= \sum_{k\in Upper(j)} \frac{\partial E_d}{\partial s_k^{(\ell+1)}} \frac{\partial s_k^{(\ell+1)}}{\partial f_j^{(\ell)}} \frac{\partial f_j^{(\ell)}}{\partial s_j^{(\ell)}} \\ &= \sum_{k\in Upper(j)} -\delta_k^{(\ell+1)} w_{kj}^{(\ell+1)} f_j^{(\ell)}(1-f_j^{(\ell)}) \\ &= -f_j^{(\ell)}(1-f_j^{(\ell)}) \sum_{k\in Upper(j)} \delta_k^{(\ell+1)} w_{kj}^{(\ell+1)}\end{aligned}$$

$$\delta_j^{(\ell)} = -\frac{\partial E_d}{\partial s_j^{(\ell)}} = f_j^{(\ell)}(1-f_j^{(\ell)}) \sum_{k \in Upper(j)} \delta_k^{(\ell+1)} w_{kj}^{(\ell+1)}$$

여기서 *Upper(j)*는 $\ell+1$층에 있는 뉴런들 중 j 에 연결된 뉴런들의 인덱스 집합이다. 일반적으로, ℓ층의 j 번째 뉴런에 연결된 시냅스 가중치 벡터의 변경식은 아래와 같다.

$$\mathbf{w}_j^{(\ell)} \leftarrow \mathbf{w}_j^{(\ell)} + \Delta\mathbf{w}_j^{(\ell)}$$

$$\Delta\mathbf{w}_j^{(\ell)} = -\eta \frac{\partial E_d}{\partial \mathbf{w}_j^{(\ell)}} = \eta \delta_j^{(\ell)} \mathbf{x}_j^{(\ell-1)}$$

$$\delta_j^{(\ell)} = \begin{cases} f_j^{(\ell)}(1-f_j^{(\ell)})(y_j - f_j^{(\ell)}) & \text{for } j \in \mathit{Outputs} \\ f_j^{(\ell)}(1-f_j^{(\ell)}) \sum_{k \in Upper(j)} \delta_k^{(\ell+1)} w_{kj}^{(\ell+1)} & \text{for } j \in \mathit{Hiddens} \end{cases}$$

오류역전파 학습 알고리듬은 은닉층을 가진 다층신경망을 학습시킬 수 있는 방법으로 1986년에 발표되었으며 머신러닝 연구에 있어서 하나의 획을 긋는 연구 결과이다. 다층신경망은 단순퍼셉트론이 풀 수 없는 복잡한 문제를 해결할 수 있기 때문이다. 많은 딥러닝 모델들이 여전히 오류역전파 알고리듬에 기반한 경사하강법에 의존하고 있다. 오류역전파 알고리듬의 한 가지 단점은 학습속도가 느리다는 것이다. 학습속도를 향상하기 위해서 많은 방법들이 연구되었는데 그 중의 한 가지가 모멘텀 항을 추가하여 학습을 가속화하는 방법이다. 즉 산 꼭대기에서 굴린 돌이 경사면을 따라서 굴러내려오면서 더욱 가속화되듯이 이전 반복에서의 가중치 값의 변경이 컸으면 다음 반복에서 더 큰 가중치 변경을 하도록 모멘텀 항 $\Delta w_{ji}(t-1)$을 하나 추가한다(Yin, 1996)(Bishop, 2006).

$$\Delta w_{ji}(t) = \eta \delta_j x_{ji}$$

$$\Delta w_{ji}(t) = \eta \delta_j x_{ji} + \alpha \Delta w_{ji}(t-1), \quad 0 < \alpha < 1$$

오류역전파(error back-propagation) 학습 알고리듬

Given: 학습 데이터 $D=\{(\mathbf{x}^{(d)},\mathbf{y}^{(d)})\}_{n=1}^{N}$, 학습률 η, 다층퍼셉트론 구조 $\boldsymbol{f}(\mathbf{x},\mathbf{w})$

Find: 다층퍼셉트론 연결가중치 벡터 $\mathbf{w}_{BP}=\arg\min_{\mathbf{w}}\left\{\frac{1}{2}\sum_{d=1}^{N}\sum_{k=1}^{K}\left(f_k\left(\mathbf{x}^{(d)},\mathbf{w}\right)-y_k^{(d)}\right)^2\right\}$

Procedure: 다층퍼셉트론 학습

1. 연결가중치 w_{ji}를 임의의 작은 값으로 초기화한다.
2. 입력 데이터 $\mathbf{x}^{(d)}$ 하나를 입력층에 넣고 활성화값을 전방으로 전달하면서 출력값 $f_k(\mathbf{x}^{(d)},\mathbf{w}), k=1,...,k$ 를 계산한다.
3. 각 출력 뉴런 k에 대한 오차 $\delta_k=(f_k-y_k)f_k(1-f_k)$를 계산한다 $(f_k=f_k(\mathbf{x}^{(d)},\mathbf{w}))$.
4. 출력 뉴런 k에 대한 연결 가중치 값의 증분 $\Delta w_{kh}=-\eta\frac{\partial E_d}{\partial w_{kh}}=\eta\delta_k x_h$ 을 계산한다.
5. 은닉 뉴런 h에 대한 오차 $\delta_h=f_h(1-f_h)\sum_k w_{kh}\delta_k$ 를 계산한다.
6. 은닉 뉴런 h에 대한 연결 가중치의 증분 $\Delta w_{hi}=-\eta\frac{\partial E_d}{\partial w_{hi}}=\eta\delta_h x_i$ 를 계산한다.
7. 가중치의 값을 모두 수정한다.
   $w_{ji}\leftarrow w_{ji}+\Delta w_{ji}\ for\ j\in Upper(i)$

그림 2.11 오류역전파 학습 알고리듬

2.5 활용 사례

다층신경망은 다양한 감독학습 문제에 활용될 수 있다. 특히 입력과 출력이 다차원인 경우를 모두 다룰 수 있다. 또한 입력과 출력이 이산값과 연속값의 어떤 값을 가져도 모두 다룰 수 있다. MNIST 데이터셋의 경우 입력은 숫자 이미지 픽셀값의 벡터로 주어지고 출력은 0부터 9까지의 숫자 클래스 값이다(LeCun, Cortes, & Burges, 1998). 얼굴 인식 문제를 다룰 경우, 입력은 얼굴 영상에 대한 픽셀값이고 출력은 얼굴의 고유번호에 해당되는 클래스 라벨이 된다. 음소를 인식하는 음성

인식에 적용할 경우 입력값들은 음성신호에서 추출한 특징벡터이고 출력은 음소의 클래스가 된다(Dahl, Yu, Deng, & Acero, 2012). 다층신경망을 이용하여 만약 스팸 메일 여과기를 만든다면 입력은 메일에 나오는 단어들에 대한 빈도수 벡터가 되고 출력은 스팸인지 아닌지를 판별하는 두 개의 클래스 값이 될 것이다(Clark, Koprinska, & Poon, 2003).

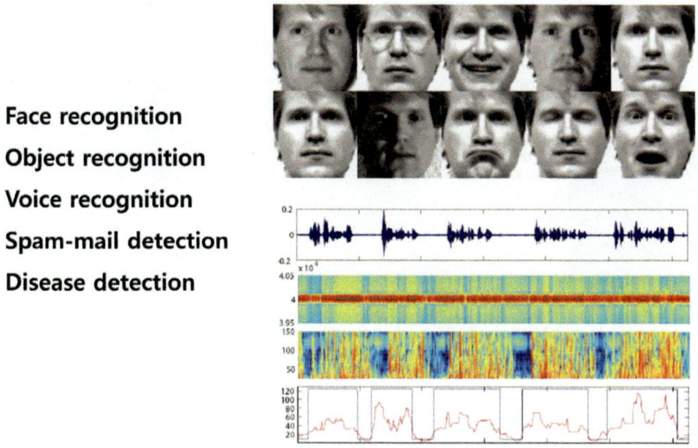

그림 2.12 신경망의 응용 사례

다층신경망의 구체적인 활용 사례 중 하나로 흑백 사진에서 사람의 얼굴을 인식하여 얼굴이 향하는 방향을 맞추는 작업을 들 수 있다(그림 2.13). 이 문제에서 학습하는 데이터는 20명의 다른 사람을 촬영한 624장의 흑백 이미지로, 각 사진의 해상도는 가로 120픽셀, 128 픽셀이며 각 픽셀은 0에서 255 사이의 밝기를 가진다. 각 사진에는 얼굴이 바라보는 방향이 왼쪽, 오른쪽, 정면, 위쪽의 네 가지로 분류되어 대응된다(그림 2.14). 이 문제에서는 이미지의 해상도를 가로 30픽셀, 세로 32픽셀로 줄인 가공 이미지를 학습에 사용하였는데, 이는 이미지에 대응되는 신경망의 입력층 뉴런 수를 줄여 계산 부담을 더는 효과를 낸다.

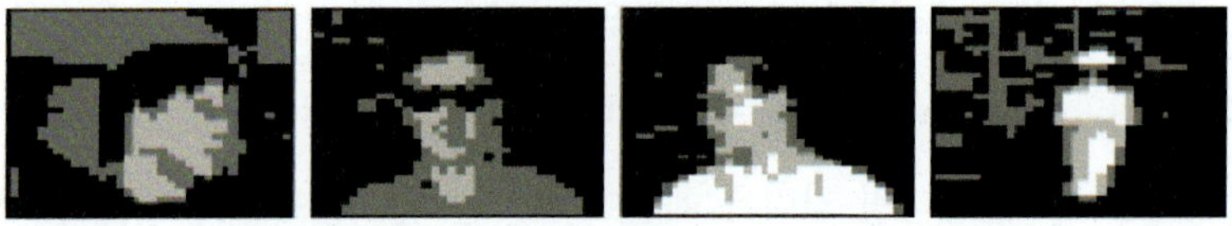

그림 2.13 얼굴 방향 인식 문제에 사용된 학습 데이터(Mitchell, 1997)

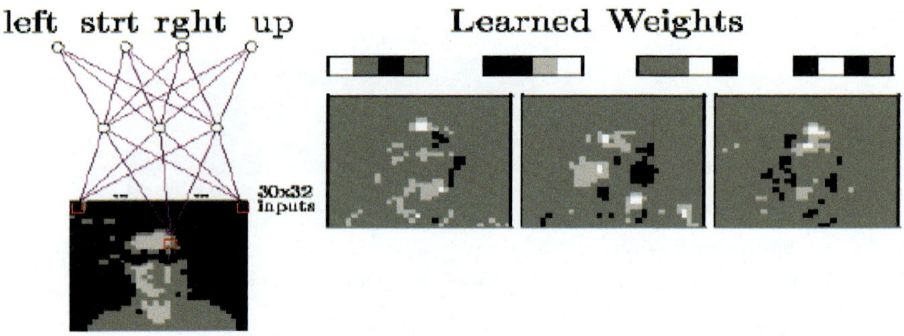

그림 2.14 얼굴 방향 인식 문제를 학습한 신경망과 학습된 가중치의 분포(Mitchell, 1997)

흑백 사진 속 얼굴 방향 인식 문제에 사용된 다층신경망에서는 입력층 뉴런이 가공 이미지의 픽셀 수와 같은 960개, 은닉층 뉴런이 3개, 출력층 뉴런이 4개 사용되었다. 출력층 뉴런의 경우 각 뉴런이 얼굴이 바라보는 네 가지 방향 중 하나에 대응되며 가장 큰 값을 보이는 뉴런의 방향이 입력된 이미지 속 얼굴이 바라보는 방향이 되도록 학습을 진행하였다. 인접한 층의 뉴런 사이를 연결하는 가중치는 크기가 작은 랜덤한 값으로 초기화되었으며, 학습 가속을 위해 오류역전파 알고리듬에 사용되는 경사도 계산시 모멘텀 항을 추가하였다. 모멘텀 계수와 학습률은 모두 0.3으로 고정되었으며, 학습을 50번 반복할 때마다 학습에 사용되지 않은 별도의 검토용 데이터(validation set)에 대한 성능을 측정하여 가장 높은 인식 정확도를 보이는 신경망을 얻었다.

이 문제에서 입력층의 경우 입력되는 이미지의 픽셀 개수에, 출력층의 경우 모델이 제시할 수 있는 결과값의 종류에 제한을 받는 반면 은닉층의 경우 뉴런

개수를 자유롭게 조정할 수 있다. 따라서 은닉층 뉴런의 개수를 조절하여 신경망 모델의 성능에 변화를 줄 수 있다. Mitchell의 실험 결과에 따르면 은닉층 뉴런이 3개인 경우 데이터를 학습하는 데 걸린 시간이 5분, 테스트 데이터에 대한 방향 인식 정확도가 90%였던 반면 은닉층 뉴런이 30개인 경우 학습 시간이 1시간, 테스트 데이터에 대한 정확도는 91.5%였다. 이는 신경망의 성능을 높이기 위해 은닉층 뉴런의 개수를 늘리는 것이 항상 최적의 선택이 되지 못할 수 있음을 시사하며, 또한 은닉층 뉴런의 개수가 늘어나는 만큼 계산 복잡도도 증가함을 보여준다.

CHAPTER

3

딥러닝과 정규화

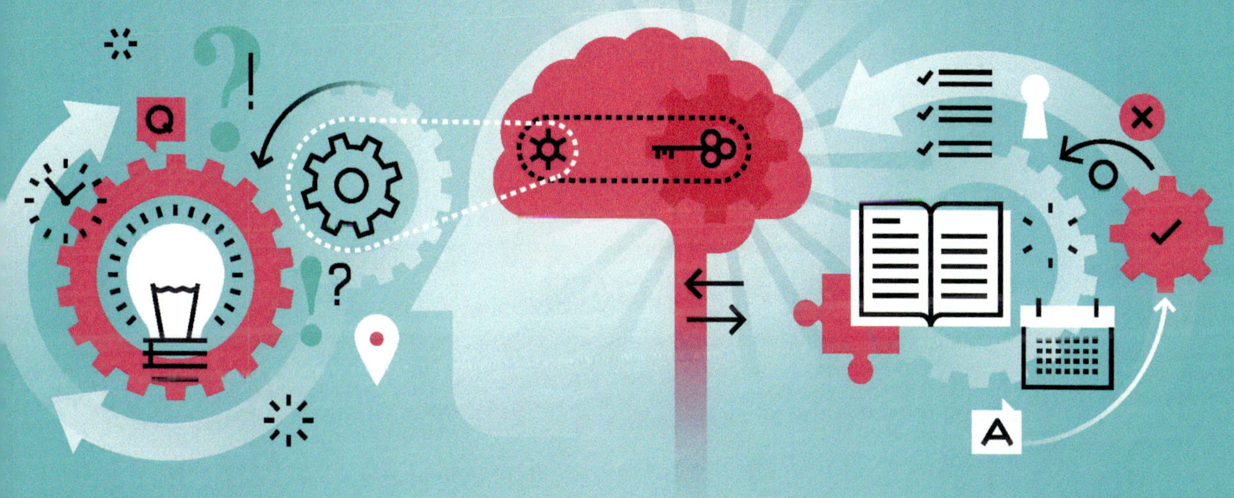

딥러닝은 복잡한 고층 신경망 구조를 이용하는 머신러닝 방식이다. 기존의 다층신경망 구조가 단순 반복적인 완전연결 구조를 취한데 반해서, 딥신경망 구조들은 다양한 부분 연결 구조와 다양한 적층 방식을 도입하여 주어진 문제의 특성을 반영하면서도 일반화 능력이 뛰어난 심층 신경망 구조를 취한다. 본 장에서는 딥러닝의 아이디어와 핵심적인 혁신점을 논의하고, 세 가지 딥러닝 구조의 특성을 비교 분석한다. 컨볼루션 신경망(CNN)은 이미지 인식을 위해서 고안된 감독학습 모델로서 결정적, 변별적 모델이다. 딥빌리프넷(DBN)은 데이터를 압축하는 오토인코더로 고안된 무감독 학습 모델로서 확률적, 생성적 모델이다. 딥하이퍼넷(DHN)은 멀티모달 데이터에 존재하는 고차관계 구조를 명시적으로 추출하고자 고안된 무감독 학습 모델로서 확률적, 생성적 모델이다. 딥러닝 모델이 성공적으로 문제를 풀기 위해서는 일반화 능력을 최대화하고 과다학습을 방지하는 것이 중요하다. 이는 모델의 복잡도와 관련이 있으며 복잡도를 최적화하기 위한 정규화 이론을 살펴본다. 또한 모델 복잡도 이론이 통계학에서의 편향분산 분석 이론과는 어떤 관계에 있는지를 살펴본다.

3.1 딥러닝 개념과 혁신점

딥러닝은 인공신경망의 은닉층을 깊게 쌓은 복잡도가 큰 머신러닝 모델이다. 기존의 신경망 모델이 한 개의 은닉층을 사용한 비교적 단순한 모델인 것에 비해서 딥러닝 모델은 아주 많은 수의 은닉층을 사용한다. 뇌의 시각피질에서도 V1, V2, V4 등 점차적으로 복잡한 정보를 추출하는 일련의 신경층들이 발견되며(Poggio & Serre, 2013), 딥러닝은 이러한 구조를 모사한 머신러닝 모델이다(Fukushima & Miyake, 1982). 예를 들어, 하위층에서는 비교적 단순한 정보처리(예, 라인 탐지)를 수행하고, 상위층으로 갈수록 점차 복잡한 정보(예, 에지 검출과 물체 인식)를 추출하는 구조를 사용하는 것으로 알려져 있다.

3.1.1 딥러닝 개념

딥러닝의 핵심 아이디어는 기존에는 복잡한 문제를 풀기 위해서 특징 추출과 패턴 분류의 두 단계로 분리하여 문제를 해결하던 방식을 하나의 단계로 통합하여 해결하는 자동화로 볼 수 있다(그림 3.1). 기존에는 먼저 데이터 전처리 및 가공을 통해서 문제 해결에 적합한 특징들을 추출한 다음, 이를 학습 데이터로 하여 패턴 분류기를 훈련시키는 두 개의 단계로 문제를 해결하였다. 딥러닝 구조는 특징 추출을 위한 전처리 단계를 전체 학습 프로세스에 포함시킴으로써 가공되지 않은 원래 데이터를 직접 학습하도록 하는 통합된 문제해결 방식을 취한다. 딥러닝 구조는 특히 영상 데이터와 같이 차원수가 아주 크고 복잡한 데이터의 경우에 전처리 과정을 통해서 손실될 수도 있는 정보를 기계가 자동으로 추출해서 활용할 수 있다. 즉 기존의 전처리 방법이나 소위 feature engineering을 통해 배제되었던 해의 영역조차도 딥러닝은 탐색함으로써 더욱 유용한 정보를 추출하여 활용할 수 있다.

딥러닝의 복잡한 학습 구조는 기존의 두 층짜리 SVM이나 세 층짜리 MLP

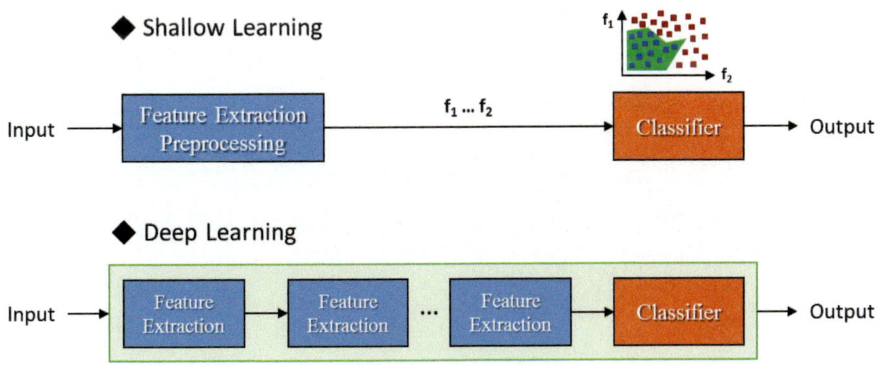

그림 3.1 딥러닝 개념

신경망 구조와는 대조적이다. 학습 이론적으로 볼 때 딥러닝과 같은 복잡한 모델을 사용할 경우 과다학습(overfitting) 현상으로 인해 성능이 향상되지 않고 오히려 저하되는 것이 상식인데, 딥러닝은 이러한 기존의 상식을 위배하는 기이한 현상을 보인다. 모델 구조가 극단적으로 복잡해짐에도 불구하고 딥러닝의 성능이 좋은 이유는 무엇일까? 한 가지 이유는 최근 들어 스마트폰의 보급과 YouTube, Google Images 등을 통해서 데이터가 축적되어 가용한 학습 데이터가 많아졌기 때문이다. 즉 아주 많은 수의 학습 데이터를 사용할 경우 모델의 복잡도가 커져도 과다학습이 일어나지 않을 수 있으며 (3.4절 정규화 이론 참조) 이를 최근 들어서야 실험적으로 발견하였다. 또한 학습 데이터가 많아지고 모델의 복잡도가 커지면 학습에 소요되는 시간이 비례하여 증가하는 데도 불구하고 학습이 가능한 것은 컴퓨팅 파워의 비약적인 향상이 있었기 때문이다. 물론 가장 큰 이유는, 딥러닝 구조를 학습하는 데 필요한 여러 가지 테크닉이 개발되었기 때문이며, 이후 내용에서 자세히 살펴볼 예정이다.

딥러닝이 산업 현장에서 선호되는 데는 몇 가지 이유가 있다. 일단은 어려운 문제를 잘 해결한다는 것이다. 예를 들어서, 물체인식과 음성인식 등 전통적인 패턴인식의 문제에서 딥러닝 기술은 인식률에 신기록을 세웠다. 다른 이유는 현장의 문제를 과거보다 더욱 자동화된 방법으로 쉽게 풀 수 있다는 것이다. 데이터와 컴퓨팅 파워가 충분하다면 딥러닝이 사람이 코딩하는 것보다 더 좋은 성능을 낸다는 사례가 늘고 있다. 딥러닝은 또한 인터넷과 웹에 널려 있는 무표지 데이터(unlabeled data)를 잘 활용할 수 있는 좋은 방법이다. 많은 딥러닝 방법들이 무감독 학습을 사용하여 정보를 자동으로 추출하는 기능을 포함하기 때문에 감독학습 문제를 풀더라도 이에 무표지 데이터를 추가로 활용함으로써 모델의 표현력을 향상하여 성능을 향상시킬 수 있다.

3.1.2 딥러닝의 혁신점

딥러닝과 같이 다층구조의 복잡한 신경망이 유용할 것이라는 것은 과거에도 알고 있었다. 뉴런의 수를 증가하거나 층의 수를 증가시킴으로써 보다 복잡한 패턴 분류 경계면을 생성해 낼 수 있기 때문이다(그림 3.2). 과거에도 다층구조의 신경망을 활용하려는 시도가 없었던 것은 아니다(Wolpert, 1992). 그러나 실험적으로 층의 수를 늘림으로써 학습 시간은 늘어나는데 반해서 성능향상은 얻지 못하였었다. 또한 이론적으로 한 개의 은닉층만을 사용하여도 무한히 많은 수의 뉴런을 사용하면 임의의 복잡한 함수도 근사할 수 있다는 Universal Function Approximator 정리가 1989년에 증명되었다(Cybenko, 1989)(Hornik, 1991). 또한 1990년대에 SVM이 등장하여 아주 빠른 학습이 가능한 저층망으로 많은 문제를

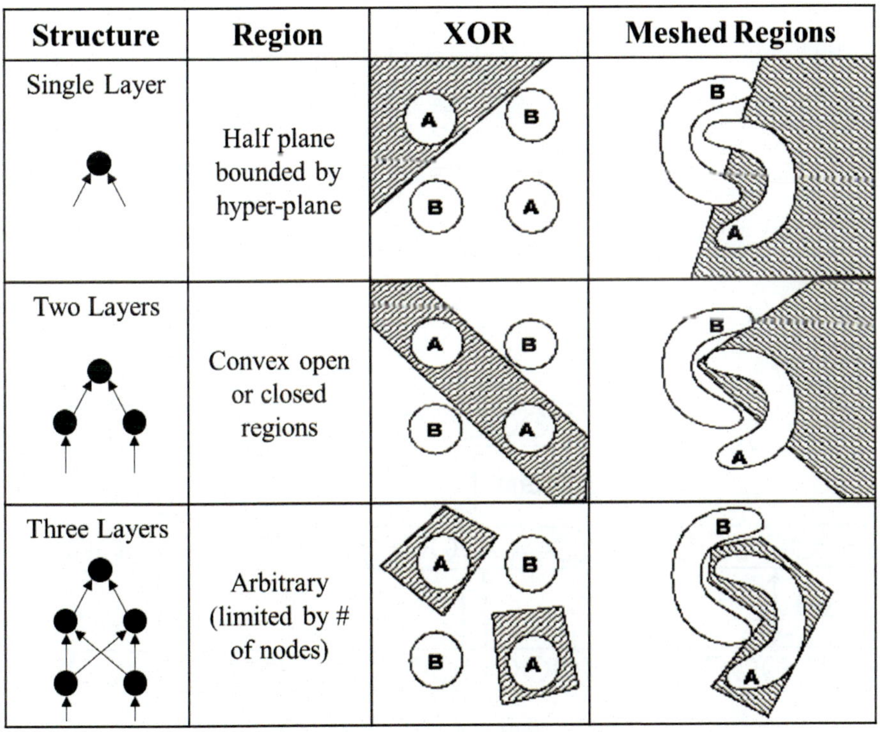

그림 3.2 딥구조 학습 모델의 필요성

해결할 수 있었다(Cortes & Vapnik, 1995).

그렇다면 예전에는 성과를 내지 못하던 딥러닝 모델이 최근 들어 성능 향상을 이룩할 수 있는 이유는 무엇인가? 한 가지 이유는 컴퓨팅 파워가 좋아져서 예전에 할 수 없었던 아주 고난도의 학습 실험을 수행할 수 있기 때문이다. 또한 가용한 학습 데이터가 무한히 많아져서 아주 많은 데이터를 학습시킴으로써 아무리 복잡한 모델구조도 과다학습을 하지 않게 만들 수 있기 때문이다. 여기에, 무엇보다도 대규모 데이터로 대규모 모델을 학습시키는 효율을 향상할 수 있는 여러 가지 학습 구조와 학습 알고리듬적 테크닉들이 개발되었다. 이러한 새로운 기술들이 차원수의 저주 문제, 과다학습 문제, 오차 신호 희석(vanishing gradient) 문제, Non-convex 최적화 문제, 느린 학습 속도 등의 이슈를 일부 해결하였다.

이 문제를 해결하는 데 핵심적으로 기여한 혁신은 크게 세 가지를 들 수 있다. 첫 번째는, 많은 수의 층으로 구성된 다층신경망을 학습할 수 있는 기술을 개발한 것이다. 다층망을 학습시키는 오류역전파 알고리듬은 층이 많이 쌓이면 학습이 잘 되지 않았다. 출력에 가까운 층에서는 오류의 값이 커서 교정이 되지만 아래 층으로 오류가 역전파되면서 에러의 값이 줄어들어 변경 효과가 희석되는 오차 신호 희석(vanishing gradient) 문제가 발생한다. 따라서 아주 많은 수의 층을 쓰는

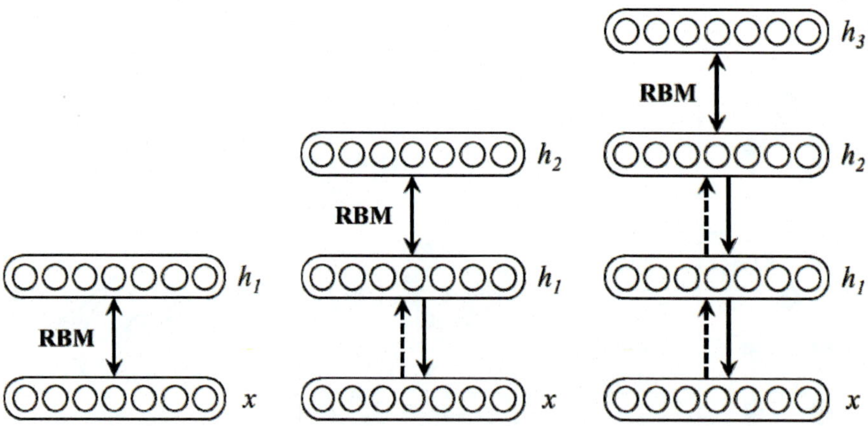

그림 3.3 층별 순차적 선트레이닝의 개념

딥네트워크는 오류역전파 알고리듬으로 학습이 어렵다. 최근에서야 이 문제를 극복하는 방안으로 층별 선훈련(layerwise pre-training) 방법이 제안되었다. 이는 상위층을 학습하기 전에 먼저 하위층의 시냅스를 학습시켜 둔다(그림 3.3). 이렇게 순차적으로 하위층부터 학습하여 오차 신호 희석(vanishing gradient) 문제로 인해서 하위층의 시냅스 학습이 잘 되지 않는 문제점을 해결한다. 4장에서 소개할 딥빌리프넷(DBN)에 이 기법이 적용되었다(Hinton & Salakhutdinov, 2006).

두 번째는 영상과 같이 2차원 정보의 위치 관계가 중요한 데이터로부터 유용한 특징과 표현을 자동으로 추출하기 위해 컨볼루션 커널(convolution kernels)을 도입한 것이다(그림 3.4). 컨볼루션 연산을 통해 위치가 달라도 같은 매개변수값을 갖도록 하여 매개변수의 수를 줄이고, 유용한 특징과 표현 추출을 효과적으로 학습할 수 있게 되었다. 5장에서 소개할 컨볼루션망(CNN)에서 이 기법을 사용한다(LeCun, Bottou, Bengio, & Haffner, 1998). 이 방법은 과다학습을 방지하면서 유용한 특징을 추출할 수 있는 장점이 있다.

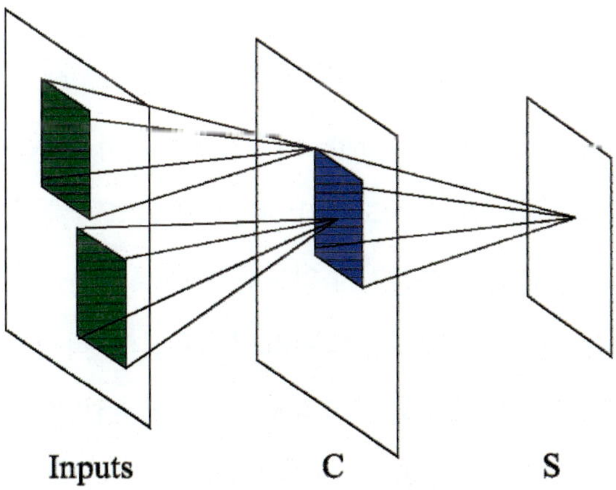

그림 3.4 컨볼루션 네트워크

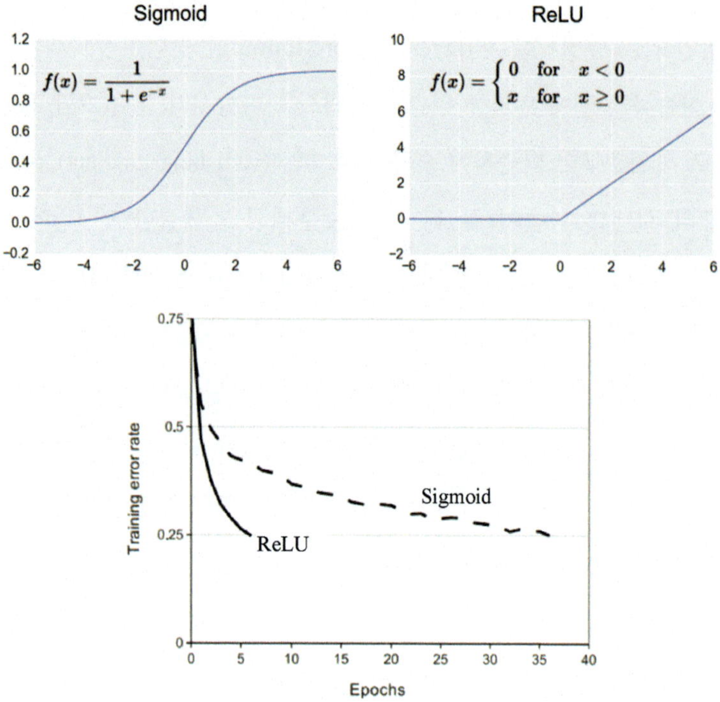

그림 3.5 시그모이드 함수와 ReLU의 형태(상단) 및 학습 속도 비교
(하단(Krizhevsky, Sutskever, & Hinton, 2012))

세 번째로, 학습 방법을 변경하는 대신 새로운 뉴런 활성화 함수를 가진 유닛을 도입한 것이다. ReLU(rectified linear units), 즉, 정류선형유닛은 뉴런이 선형적으로 활성화되어 미분을 하여도 경사도가 0으로 가지 않고 상수가 되도록 함으로써 오류역전파를 해도 경사도가 사라지지 않도록 하는 효과가 있다(Nair & Hinton, 2010). 그림 3-5는 시그모이드 유닛과 ReLU 유닛의 특성을 비교하고 있다. (Krizhevsky, Sulskever, & Hinton, 2012)에서는 컨볼루션망에서 두 활성화 함수에 따른 학습 속도 차이를 그림 3.5와 같이 보고하고 있다.

3.2 딥러닝 아키텍처

딥러닝 모델의 구성 방식에 따른 대표적인 두 딥러닝 모델은 컨볼루션망(CNN)과 딥빌리프넷(DBN)이다(Lecun et al., 2015). 이 두 가지 모델은 다수의 뉴런층을 사용한다는 점에서 있어서 유사하다. 그러나 이 두 모델은 여러 가지 면에서 차이가 있다. CNN은 기본적으로 감독학습 문제를 풀도록 설계되어 있는 반면, DBN은 무감독 학습 문제를 목표로 한다(그림 3.6, 그림 3.7). 그러나, CNN도 전단에서

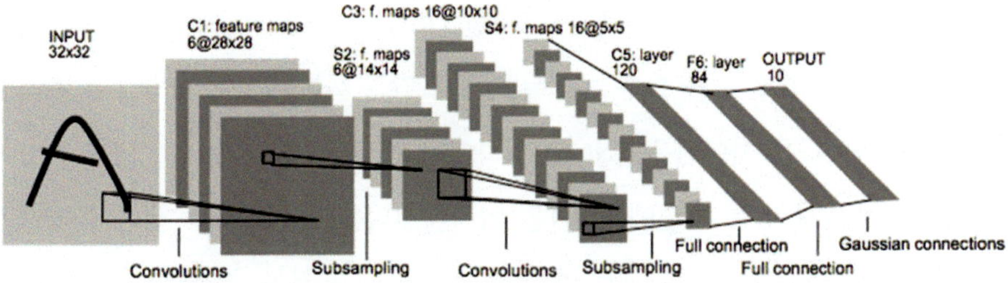

그림 3.6 컨볼루션망(Convolutional Neural Network, CNN)의 구조(Lecun et al., 1998)

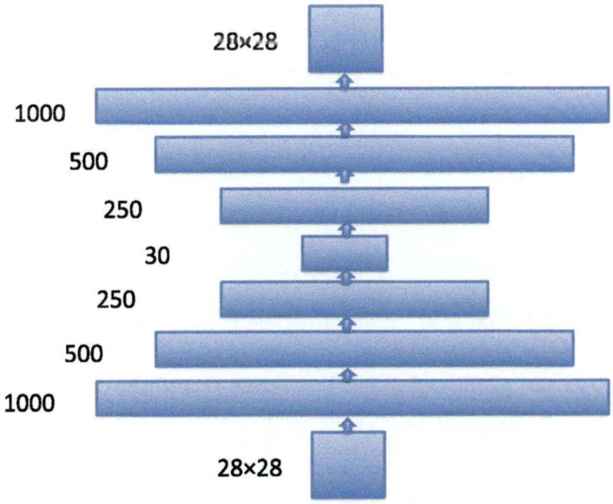

그림 3.7 딥빌리프넷(Deep Belief Network, DBN)의 구조(Hinton et al., 2006)

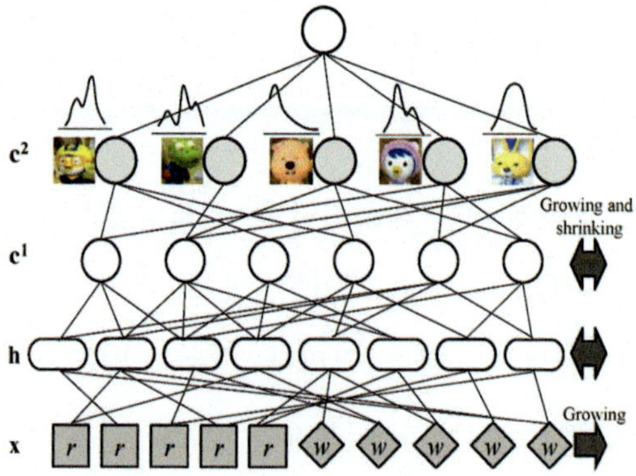

그림 3.8 딥하이퍼넷(Deep Hypernet, DHN)의 구조(Ha et al., 2015)

는 무감독 학습으로 특징을 추출하고, 또한 DBN도 마지막 단계에서 감독학습을 적용할 수는 있어 두 모델 모두 무감독 학습과 감독 학습이 결합된 형태로 해석할 수는 있다. 또 다른 차이점은 CNN은 입력데이터를 분류하기 위한 변별적 학습에 초점이 맞추어져 있는 반면에 DBN은 입력데이터를 재생성하는 생성적 학습에 초점이 있다. 전자의 장점은 패턴 분류 성능이 좋다는 것이고 단점은 모델로부터 샘플을 생성해 낼 수 없다는 것이다. 후자는 반대로 패턴 분류에 적용할 경우 분류 성능은 최적은 아닐 수도 있으나 모델로부터 새로운 샘플을 생성해 낼 수 있다는 장점이 있다. 이는 일반적으로 변별적, 생성적 머신러닝 방법들이 갖는 장단점과 같다.

CNN과 DBN은 층간 연결이 규칙적인 컨볼루션의 반복과 완전 연결 형태로 구성되어 있다. 따라서 학습의 결과로 나온 모델로부터 구조를 알아내는 것이 거의 불가능하다. 머신러닝의 핵심 목표중의 하나는 데이터에 숨겨진 구조를 찾아내는 것이다. 이러한 목적으로 개발된 딥러닝 구조 중 하나는 딥하이퍼넷(Deep Hypernet, DHN)이다. 딥하이퍼넷은 층간 연결시 다양한 형태의 부분연결을 허용하는 커널들을 (빌딩블록) 알고리듬이 자동으로 자기조직원리에 의해서 찾도록 하는 무감독 학습 생성모델이다(그림 3.8). 3.3절에서는 CNN, DBN, DHN의 세가지 딥러닝 모델에 대한 특성을 보다 자세히 살펴본다.

딥러닝 모델은 층을 깊게 쌓음에 따라 데이터에서 보다 복잡한 특징과 추상화된 표현을 학습할 수 있다. 최근 딥러닝 모델의 층의 수가 늘고 있으며, 컨볼루션 딥빌리프넷(4층, 5장 참조), AlexNet(8층, 4장 참조), GoogLeNet(22층, 4장 참조), VGG넷(19층, 12장 참조), 잔차넷(152층, 12장 참조) 등 더욱 고층의 딥러닝 모델들이 발표되고 있다.

3.3 딥러닝 모델의 비교

No-Free-Lunch Theorem에 의하면 학습 모델마다 잘 푸는 문제가 있으면 못 푸는 문제가 있기 마련이다(Wolpert, 1996). 딥러닝 모델도 마찬가지이다. 여기서는 앞에서 소개한 세가지 모델인 딥빌리프넷(DBN), 컨볼루션망(CNN), 딥하이퍼넷(DHN)의 특성을 비교 설명한다. 여기서는 다음의 7가지 차원에서 딥러닝 모델들을 비교한다.

- 감독/무감독 학습: 감독학습 모델인지 아니면 무감독 학습 모델인지의 구분
- 변별/생성 모델: 샘플들의 차이점을 학습하는지 아니면 샘플들의 공통점을 학습하는지의 구분
- 예측/모듈 이해: 블랙박스 모델인지 아니면 모델을 구성하는 모듈 등을 분석할 수 있는지에 대한 구분
- 추론 가능성: 학습된 모델로부터 새로운 추론을 해낼 수 있는 가능성 여부
- 연결성: 학습되는 네트워크 구조의 연결성의 밀도와 부분 연결을 허용하

는 정도

- 깊이: 딥러닝 구조에서의 층의 갯수
- 배치/온라인 학습: 관측되는 데이터를 온라인으로 점진적으로 학습할 수 있는지의 여부

표 3-1은 다음의 7가지의 차원을 요약 정리한 것이다.

표 3-1 딥러닝 모델의 특성 비교

	Deep Belief Net (DBN)	Convolutional Neural Net (CNN)	Deep Hypernet (DHN)
감독/무감독	감독/무감독	감독	감독/무감독
변별/생성 모델	생성	변별	생성
예측/모듈 이해	예측++/모듈−	예측+++/모듈+	예측+/모듈+++
추론 가능성	추론++	추론+	추론++++
연결성	Full/Compact	Partial/Convolved	Partial/Sparse
깊이	깊이+++	깊이++++	깊이++
배치/온라인 학습	배치	배치	온라인

1. 감독/무감독 학습: CNN은 명확히 감독학습만을 위한 모델이다. 이에 반해서 DBN과 DHN은 기본적으로 무감독 학습을 염두에 둔 모델이며 마지막 층에 감독학습층을 추가함으로써 감독학습으로 활용할 수도 있다. 감독학습으로 사용될 경우 무감독학습에 의해 먼저 고차 특징을 추출함으로써 라벨이 없는 데이터를 활용하여 자동으로 표현을 학습할 수 있는 특성이 있다.
2. 변별/생성 모델: 변별모델은 입력패턴들의 차이를 구별하는데 집중하며 생성 모델은 입력패턴들의 유사성을 파악하는데 집중한다. CNN은 변별 모델이며 패턴분류 문제에 적합하다. 반면에 DBN과 DHN은 생성모델로서 데이터를 압축하거나 샘플을 생성하는데 유용하다.

3. 예측/모듈 이해: 값을 예측하는 정확도가 중요한 문제가 있고 데이터의 숨은 구조를 찾아내는 것이 더 중요한 응용이 있을 수 있다. 이 점에서 CNN은 예측에 가장 적합한 모델이며 모듈 이해는 어렵다. 한편 DHN은 모듈 이해에 중점을 두는 딥러닝 구조로써 데이터를 재생성하는 빌딩블록을 찾으려는 시도를 한다. DBN은 CNN과 DHN의 중간 정도의 모델로 볼 수 있으며 차원을 축소하며 압축을 반복하면 저차원상에서 복잡한 데이터의 구조를 찾을 가능성이 있다. 다만 이 구조는 빌딩 블록이라기보다는 전역적인 특성에 해당한다.
4. 추론 가능성: 생성모델은 학습된 모델을 이용하여 추론이 가능하다. 즉 관측 변수값을 모델에 넣고 다른 미관측 변수값들을 예측할 수 있다. 이 점에서 DBN과 DHN은 추론이 가능한 모델이며 CNN은 그렇지 못하다. DHN은 하이퍼에지의 순차적 연결에 의한 구조적인 추론을 통해서 보다 복잡한 표현을 재구성하는 추론을 수행할 수 있다. 6장에서 소개하는 바와 같이 DHN은 만화 영화 비디오로부터 영상과 문장을 생성할 수 있다. DBN은 벡터형태의 정형화된 표현에 대한 추론이 가능하나 DHN과 같은 구조를 생성하지는 못한다.
5. 연결성: 가장 자유로운 연결 구조를 가지는 모델은 DHN이다. 이에 비해서 DBN은 인접층 간에 항상 완전 연결 구조를 가진다. CNN은 국부적인 수용영역을 갖는 컨볼루션에 의해 정해진 정규적인 연결 구조를 반복한다. DHN학습 알고리듬은 자유로운 연결 구조의 공간에서 가장 희소한 구조를 탐색한다. 만화 영화 학습 예에서 개념망은 복잡하면서도 희소성을 갖는 이러한 구조에 속한다.
6. 깊이: 컴퓨팅 파워의 증가로 딥구조의 층의 수가 증가하고 있다. 영상과 같이 고차원의 데이터에서 고차 패턴을 추출하는 데는 CNN과 같은 선험 지식이 들어간 컨볼루션 커널을 사용하는 다층 구조가 적합하다. 그러나 고차의 문법 구조를 찾는 개념망을 학습하는 문제와 같은 구조적 학습은 음성이나 영상 데이터와는 특성이 달라 너무 층수가 많을 경우 해석이 불가능할 수 있다. 따라서 적정 층의 수는 문제의 특성이나 해의 특성에 따라 다를 수 있다. 현재

까지의 응용으로 볼 때 일반적으로 DHN, DBN, CNN의 순으로 더욱 많은 뉴런층을 사용하는 경향이 있다.

7. 배치/온라인 학습: CNN과 DBN은 배치 학습을 기본으로 한다. 반면에 DHN은 온라인 점진적 학습을 목적으로 설계되었다. 이미 많은 데이터가 수집되어 있어 순차적인 학습을 고려할 필요가 없을 때는 CNN, DBN, DHN 방식이 모두 사용될 수 있으나 데이터가 순차적으로 관측되는 상황에서는 DHN이 더욱 적합하다.

3.4 모델복잡도 이론과 정규화

딥러닝 모델을 설계할 때 무조건 층의 수를 늘린다고 성능이 향상되지는 않는다. 층의 수를 늘리고 모델의 복잡도를 늘리는 것이 효과가 있는 경우는 문제가 그 만큼 복잡하고 또한 그 복잡한 모델을 학습시킬 만한 충분히 큰 데이터 집합이 존재할 때이다. 주어진 데이터나 문제에 대해서 가장 최적의 모델 복잡도가 무엇일까에 대한 질문은 모델 선택 문제(model selection problem)로 알려져 있으며 머신러닝 초기부터 연구자의 관심을 끈 주제이다. 이 절에서는 그 이론적 체계로 기반을 잡은 정규화 방법을 살펴보고 그 이론적 배경을 알아본다.

3.4.1 과다학습과 오캄의 면도날

관측된 데이터로부터 이론이나 모델을 만들 때 오래전부터 적용해 오던 중요한 원리로 오캄의 면도날 원리(Occam's razor)가 있다. 이는 철학자 William of Ockham의 이름을 딴 원리이며, 측정한 데이터에 대한 현상을 똑같이 잘 설명하는 두 개의 모델 즉 간단한 모델과 복잡한 모델이 있다면 이 중에서 간단한 모델을 선호하라는 원리이다. 즉 불필요한 복잡도는 면도날로 제거하여야 한다. 머신러닝 특히 딥러닝에서도 이 원리가 중요하다.

머신러닝은 데이터로부터 모델을 자동으로 구성하는 방법이다. 그런데 이 모델은 미래의 새로운 데이터에 대해서도 올바른 답을 줄 수 있는 일반화(generalization) 능력을 필요로 한다. 따라서 머신러닝에서는 어떻게 데이터로부터 일반화된 모델 즉 지식을 만들어 낼 것인가가 핵심이다. 일반화가 잘 되기 위해서는 반대로 과다학습(overfitting)을 방지하는 것이 중요하다. 즉 주어진 데이터를 너무 과도하게 학습하여 외워버리게 되면 일반화 성능은 오히려 저하될 수 있다. 일반화와 과다학습 현상은 모델의 복잡도(model complexity)와 긴밀한 관계가 있다. 즉 주어진 데이터나 문제의 복잡도에 비해 모델의 복잡도가 크면 일반적으로 주어진 훈련 데이터에 대한 정확도는 우수하나 미지의 데이터에 대한 일반화 성능은 저하될 수 있다. 오캄의 면도날 원리가 적용된 것으로 볼 수 있다.

모델의 복잡도와 과다학습의 관계를 다항식 활성화 함수를 유닛으로 사용하는 신경망 모델 즉 다항식 모델의 예를 통해서 알아보자. 그림 3.9는 두개의 다른 복잡도의 모델 즉 3차 다항식 모델(M=3)과 9차 다항식 모델(M=9)을 사용하여 같은 훈련데이터를 학습하였을 경우 3차 다항식 모델에 비해서 9차 다항식 모델은

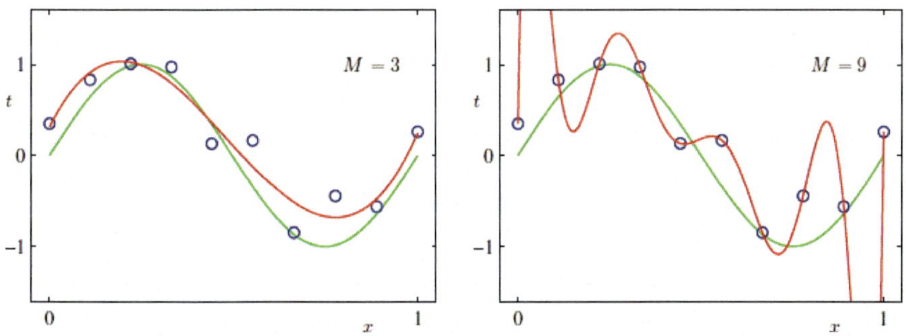

그림 3.9 다항식 신경망의 복잡도에 따른 일반화 성능 비교. 3차 다항식 모델(M=3)에 비해 9차 다항식 모델(M=9)은 과다학습 현상을 보임.

과다학습 하는 현상을 보임을 알 수 있다. 즉 모델의 복잡도가 과다하게 클 경우(이 경우는 M=9) 관측 데이터에 대해서는 좋은 성능을 보이나 미관측 데이터에 대해서 큰 오차가 발생함으로써 전체적으로는 간단한 모델보다 성능이 떨어질 수 있다.

주어진 문제에 대한 다양한 모델 복잡도 학습 실험을 해 보면 일반적으로는 그림 3.10과 같은 결과를 얻을 수 있다. 이 그림은 가로축은 모델 복잡도(여기서는 뉴런의 활성화 함수로 사용한 다항식의 차수)이고 세로축은 상대적인 성능이다. 성능은 훈련데이터에 대한 오류와 테스트데이터에 대한 오류로 표시하고 있다. 우리가 학습에 관심이 있는 것은 테스트 데이터에 대한 성능인 일반화 성능이다. 그림에서 보듯이 이 실험의 경우 모델 복잡도가 차수 M=3보다 크면 일반화 성능 향상에는 도움이 안 되고 특히 모델 복잡도가 M=9로 증가할 경우 훈련 에러는 0에 가까이 줄일 수 있으나 테스트 에러는 급격히 커져서 과다학습 현상이 두드러짐을 알 수 있다.

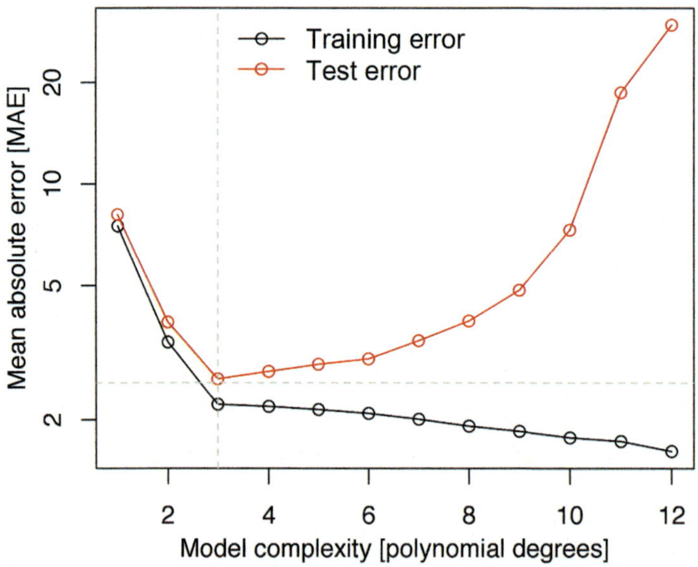

그림 3.10 모델 복잡도와 과다학습 현상의 관계

3.4.2 모델 복잡도와 정규화

모델의 복잡도를 측정하는 방법은 여러가지가 있다. 일반적으로는 모델 복잡도가 학습할 매개변수의 갯수와 관계가 깊다. 딥러닝 모델의 경우 뉴런의 갯수와 층의 갯수를 반영한다고 볼 수 있다. 이론적으로는 모델 복잡도 $C(\mathbf{w})$는 학습할 매개변수들의 가중치 값들의 제곱합으로 정의된다.

$$C(\mathbf{w}) = \| \mathbf{w} \|^2 = \sum_{k=1}^{K} w_k^2$$

이 식에서 알 수 있듯이 신경망에 있는 가중치의 갯수 뿐 아니라 그 절대값이 커지면 모델 복잡도가 증가한다. 그렇다면 복잡도가 낮은 모델을 어떻게 탐색할 수 있을까? 이를 위해서 여러가지 방법들이 연구되었다.

한가지는 가중치 감소법(weight decay)이다. 매번 학습 규칙에 의해서 가중치 값을 조절할 때마다 일정 비율을 감소시키는 것이다. 예를 들어, 곱하기 0.99를 하면 전체적으로 가중치는 감소된다. 경제학에서 수익이 생길 때 마다 세금을 내는 것과 마찬가지다. 모델 복잡도를 낮추는 또 다른 방법은 학습의 반복 횟수를 너무 크게 하지 않는 것이다. 반복횟수가 클수록 가중치 값들의 절대값이 커지는 경향을 보이기 때문이다.

모델 복잡도를 학습시에 자동으로 조절할 수 있는 체계적인 방법이 있다. 학습의 목적함수를 변경해서 모델의 정확도 외에 모델 복잡도를 함께 고려하는 것이다. 즉 매개변수 벡터 $\mathbf{w}$로 구성된 모델의 복잡도를 $C(\mathbf{w})$, 데이터 D에 대한 모델의 오류를 $\mathrm{E}(D \mid \mathbf{w})$라 할 때 새로운 목적함수를 다음과 같이 정의한다.

$$F(\mathbf{w}|D) = \beta E(D|\mathbf{w}) + \alpha C(\mathbf{w})$$

학습 알고리듬은 오류역전파 알고리듬을 그대로 사용할 수 있다. 여기서 계수 β와 α는 두 항 간의 상대적인 비중을 결정하는 역할을 한다. 이 값들은 보통 실험적으로 조정하나 이를 하이퍼파라미터로 보고 역시 학습하게 할 수도 있다(Zhang, 1995).

3.4.3 SRM, MDL, MAP

모델 선택 문제 즉 최적의 모델 복잡도를 갖는 학습 모델을 찾는 문제를 체계적으로 접근하는 한 가지 방법은 정규화 이론을 이용하는 것이다. 정규화 이론은 지지벡터머신(SVM)의 이론적 기반이 되었으며 2000년을 전후해서 머신러닝의 가장 중요한 연구주제가 되었다. 여기서는 배프닉(Vapnik)에 의해서 제안된 구조위험최소화(Structural Risk Minimization, SRM) 방법을 설명하고 베이지안 추론 및 코딩 이론과의 관계를 살펴본다. 이러한 이론들은 비록 아주 추상적이지만 딥러닝과 같이 모델 구조를 최적화할 때 항상 고려할 수 있는 중요한 기반을 제공한다.

구조위험최소화법은 정규화된 목적함수를 사용한다. 즉 학습하는 모델 f의 훈련오류를 $R_{\text{train}}[f]$라하고, 모델의 복잡도를 $\|\mathbf{w}\|^2$로 표시할 경우 다음의 목적함수를 최소화하는 방법이다.

$$R_{\text{reg}}[f,\gamma] = R_{\text{train}}[f] + \gamma \|\mathbf{w}\|^2$$

여기서 γ는 모델의 복잡도에 대해서 벌을 가하는 정도를 조절하는 정규화 상수이다. 그림 3.11은 모델의 복잡도가 증가함에 따라서 오류함수와 정규화된 목적함수가 어떻게 변하는지를 보여준다. 모델의 복잡도를 증가시키면 훈련오류는 계속해서 줄일 수 있고 궁극적으로 0으로 수렴하게 할 수 있다. 따라서 모델 복잡도 증가에 따라 훈련오류는 단조감소한다. 그러나 이 두 개의 값의 합으로 정의된 정규화된 목적함수는 적절한 훈련오류를 가지지만 단순한 모델 복잡도를 갖는 중간 지점에서 최소값을 갖게 된다. 즉 정규화 방법을 사용하면 복잡도와 훈련오류를 모두 고려한 최적의 모델을 찾을 수 있다.

코딩이론에서는 모델의 복잡도를 조절하는 방법으로 최소 묘사 길이(Minimum Description Length, MDL) 방법이 Rissanen에 의해서 제안되었다(Zhang & Muehlenbein, 1995). 이는 통신망을 통해서 메시지를 부호하고 압축해서 전송하고 수신단에서는 복호화해서 원래 메시지를 복원하는 방법을 생각한다. 통신망의 대역폭을 가장 효율적으로 사용하는 방법은 메시지의 오류를 최소화하면서도 보내는 메시지의 길이를 최소화하도록 압축하는 것이다. 이를 식으로 표현하면 다음과 같은 목적함수를 최소화하는 것으로 볼 수 있다.

$$L(A \mid D) = L(D \mid A) + L(A)$$

여기서 $L(D \mid A)$는 주어진 모델 A에 대해서 데이터 D를 부호화하는 최소 코드의 길이(code length)를 나타내고 $L(A)$는 모델 자체를 부호화하는 최소 코드의 길이를 나타낸다. 즉 전자는 모델 오류에 대한 기술이고 후자는 모델의 복잡도에 대한 기술이다. 통신망의 대역폭을 최적으로 사용하는 압축 방식은 위의 함수를 최소화하는 코드를 찾는 문제로 볼 수 있다. 이 식을 앞에서 살펴본 정규화 목적함수와 비교해 보면 다음과 같이 결국 오류와 복잡도를 같이 최소화하는 다른 방법임을

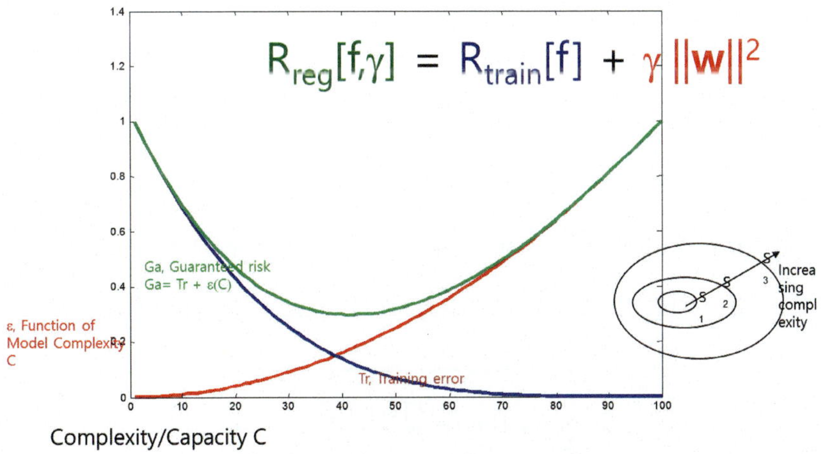

그림 3.11 정규화된 목적함수와 오류함수 및 모델복잡도의 관계

알 수 있다.

$$R_{\text{train}}[f] \cong L(D \mid A)$$
$$\|\mathbf{w}\|^2 \cong L(A)$$

이제 MDL 방법이 정보이론 및 확률과는 어떤 관계에 있는지를 알아보기로 하자. 일반적으로 우리가 어떤 사건을 관측할 때, 확률이 높은 사건 보다는 확률이 낮은 사건을 관측함으로써 얻는 정보가 더 크다. 정보이론에서는 어떤 사건 x의 정보량 $I(x)$를 그 사건이 나타날 확률 $P(x)$와 반비례하도록 정의한다. 즉,

$$I(x) = \frac{1}{\log P(x)} = -\log P(x)$$

마찬가지로 코딩이론에서는 자주 나타나는 부호에는 짧은 코드를 할당하고 덜 자주 나타나는 부호에는 긴 코드를 할당함으로써 전체 코드 길이를 최소화한다. 즉 코드의 길이는 그 부호가 나타날 확률에 반비례하도록 정의한다. 코드 길이를 표시할 때는 보통 밑이 2인 로그를 취하며 이는 비트수가 된다. 정보량을 사용하여 MDL에서의 코드 길이를 표현해 보면 다음과 같이 됨을 알 수 있다.

$$L(D \mid A) = -\log_2 P(D \mid A)$$
$$L(A) = -\log_2 P(A)$$

즉 전체코드 길이는 다음으로 표시된다.

$$L(A \mid D) = -\log_2 P(D \mid A) - \log_2 P(A)$$

이제 MDL과 베이지안 추론과의 관계를 알아보자. 데이터 D가 주어질 때 모델 A들의 분포는 다음의 베이즈 규칙(Bayes' rule)으로 계산될 수 있다.

$$P(A \mid D) = \frac{P(D \mid A)P(A)}{P(D)}$$

위 식에서 $P(A)$는 사전확률(prior probability), $P(D|A)$는 우도(likelihood), $P(D)$는 주변우도(marginal likelihood), $P(A|D)$는 사후확률(posterior probability)이라고 한다. 베이지안 학습은 사전확률로부터 출발하여 데이터를 이용하여 모델들의 사후확률 분포를 추정하는 문제이다. 그러나 이 식은 대부분의 실제 문제에서 계산이 불가능하다. 특히 분모를 계산하기 위해서는 모든 가능한 모델의 공간에 대해서 적분해야 하는데

$$P(D) = \int_A P(D|A)P(A)dA \triangleq \sum_A P(D|A)P(A)$$

이는 특수한 경우를 제외하고는 실제로 계산이 불가능한 문제이다. 따라서 실제로는 분포를 계산하는 완전 베이지안 추론을 이용하기 보다는 모드를 찾는 최대사후확률법, 즉 MAP (maximum a posteriori) 추정 방식을 사용한다.

$$A^* = \arg\max_A P(A|D) = \arg\max_A \{P(D|A)P(A)\}$$

로그 함수의 단조 증가성을 이용하여 다음의 관계가 성립한다.

$$\begin{aligned}
&\arg\max_A \{P(D|A)P(A)\} \\
&= \arg\max_A \{\log P(D|A) + \log P(A)\} \\
&= \arg\min_A \{-\log P(D|A) - \log P(A)\}
\end{aligned}$$

즉 MAP 추정에 의해서 모델을 학습하는 것은 MDL에 의해서 모델을 학습하는 것과 동등함을 알 수 있다.

$$A^* = \arg\min_A L(A|D) = \arg\min_A \{-\log_2 P(D|A) - \log_2 P(A)\}$$

3.5 편향분산 분석

여기서는 모델복잡도 이론과 정규화가 통계학의 회귀모델 분석과 어떤 관련이 있는지를 살펴보기로 한다. 학습의 일반화 성능은 편향 뿐만 아니라 분산과도 밀접한 관계가 있음을 이해하는 것이 중요하다. 편의상 감독학습의 회귀분석 문제를 다룰 것이며 분류 문제는 유사하게 다룰 수 있다.

훈련 데이터가 다음과 같이 주어진다.

$$D_N = \{(\mathbf{x}^{(d)}, y^{(d)})\}_{d=1}^{N}$$

여기서 출력값 $y^{(d)}$는 입력값 $\mathbf{x}^{(d)}$로부터 함수 f에 의해서 생성된 것으로 본다.

$$y^{(d)} = f(\mathbf{x}^{(d)})$$

마찬가지로 다음과 같이 생각할 수 있다.

$$(\mathbf{x}^{(d)}, y^{(d)}) \sim P_f(\mathbf{x}, y)$$

학습을 위해서 f에 대한 학습 모델 f_A를 설정한 후, 모델의 예측 오류에 기반한 손실함수(loss function)를 정의한다.

$$L(y, f_A(\mathbf{x})) = (y - f_A(\mathbf{x}))^2$$

학습 과정은 훈련 데이터에 대한 손실의 합을 최소화하는 최적화 과정이다.

$$E_N(A) = \frac{1}{N}\left\{\sum_{d=1}^{N} L(y^{(d)}, f_A(\mathbf{x}^{(d)}))\right\}$$

그러나 학습의 최종 목표는 훈련 데이터 외에 관측되지 않은 데이터에 대한 손실을 최소화하는 것이다.

$$R(A) = \int_{X,Y} P_f(\mathbf{x}, y) L(y, f_A(\mathbf{x})) d\mathbf{x} dy$$

그러나 결합확률분포 $P_f(\mathbf{x}, y) = P_f(y \mid \mathbf{x}) P_f(\mathbf{x})$는 알려져 있지 않으며 우리가 아는 유일한 정보는 훈련데이터 D이다. y에 대한 예측기로서 f_A에 대한 효과는 평균제곱오차로 표시된다.

$$\mathrm{E}[y - f_A(\mathbf{x}; D)^2) | \mathbf{x}, D]$$

여기서 E[·]는 기대치 연산자이다. $f_A(\mathbf{x}; D)$는 모델 f_A가 훈련데이터에 대한 함수임을 명시하기 위해서 D를 추가로 표시하였다. 이 식에 $\mathrm{E}(y \mid \mathbf{x})$를 더하고 뺀 후 대수적으로 조작하여 정리하면 다음과 같이 두 개의 항으로 분리됨을 보일 수 있다.

$$\begin{aligned} &\mathrm{E}[y - f_A(\mathbf{x}; D)^2) \mid \mathbf{x}, D] \\ &= \mathrm{E}[y - \mathrm{E}(y \mid \mathbf{x})^2) \mid \mathbf{x}, D] + (\mathrm{E}(y \mid \mathbf{x}) - f_A(\mathbf{x}; D))^2 \end{aligned}$$

이 식에서 $\mathrm{E}\left[(y - \mathrm{E}(y \mid \mathbf{x}))^2 \mid \mathbf{x}, D\right]$은 데이터 D와 추정함수 f에 무관함을 알 수 있다. 따리시 회귀함수 $\mathrm{E}(y \mid \mathbf{x})$로부터의 제곱거리를 재는 $(\mathrm{E}(y \mid \mathbf{x}) - f_A(\mathbf{x}; D))^2$ 항이 y에 대한 예측기로서 f의 효과를 측정한다.

회귀함수 추정치로서의 f에 대한 평균제곱오차는 다음과 같이 주어진다.

$$\mathrm{E}_D\left[(\mathrm{E}(y \mid \mathbf{x}) - f_A(\mathbf{x}; D))^2\right]$$

여기서는 훈련데이터집합 D에 대한 기대치로서 모든 가능한 (크기 N인) D에 대한 앙상블 평균값이다. 이 오차는 다시 다음과 같이 두개의 항으로 분리됨을 알 수 있다.

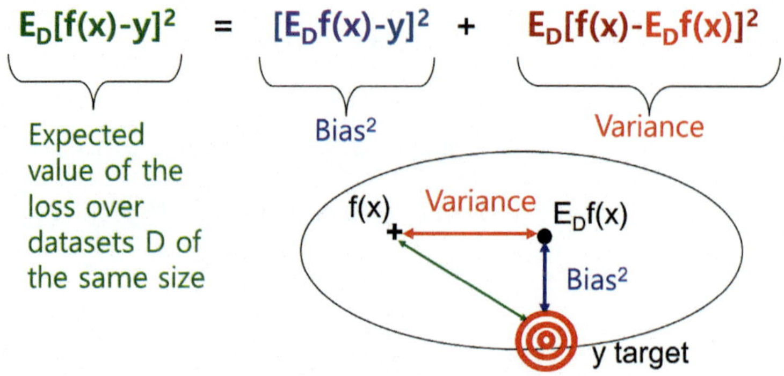

그림 3.12 편향 오차와 분산 오차의 분석

$$
\begin{aligned}
&\mathrm{E}_D\left[(\mathrm{E}(y\,|\,\mathbf{x})-f_A(\mathbf{x};D))^2\right] \\
&=\left(\mathrm{E}_D[f_A(\mathbf{x};D)-\mathrm{E}(y\,|\,\mathbf{x})]\right)^2+\mathrm{E}_D\left[\left(f_A(\mathbf{x};D)-\mathrm{E}_D[f_A(\mathbf{x};D)]\right)^2\right]
\end{aligned}
$$

이 식은 두 개의 다른 종류의 오차가 발생할 수 있음을 의미한다. 하나는 평균값 $f_A(\mathbf{x};D)$이 회귀값 $\mathrm{E}(y\,|\,\mathbf{x})$와 다름으로써 생기는 오차이다. 이를 편향 오차(bias error)라 한다. 두번째의 오차는 분산 오차(variance error)로서 $f_A(\mathbf{x};D)$가 데이터에 너무 민감하고 비록 $\mathrm{E}_D[f_A(\mathbf{x};D)]=\mathrm{E}[y\,|\,\mathbf{x}]$여도 회귀값 $\mathrm{E}(y\,|\,\mathbf{x})$로부터 멀어진 경우에 발생하는 오차이다.

편향과 분산이 모두 성능 저하에 영향을 준다. 복잡한 모델은 단순한 모델보다 편향 오차를 쉽게 줄일 수 있으나(훈련 오차를 아주 작게) 보통은 분산이 크다(학습된 모델이 선택된 훈련 집합에만 과도하게 민감). 따라서 복잡한 모델보다는 단순한 모델을 선호하는 오캄의 면도날 원리는 통계학적으로는 분산을 줄이는 모델을 선호하는 것과 같다. 딥러닝 모델들과 같이 실세계의 문제 해결을 위해서 점차 더 복잡한 모델 공간을 탐색하는 학습 방식에서는 편향 오차와 분산 오차를 잘 측정하고 이를 줄이는 정규화에 대한 노력이 더욱 중요해지고 있다.

CHAPTER

4

컨볼루션 신경망

컨볼루션 신경망(CNN)은 컨볼루션과 서브샘플링을 반복적으로 적용함으로써 입력 영상에 들어 있는 정보를 재조합하여 점진적으로 고차의 추상적인 특징지도를 만들어 가는 표상학습 방법이다. 마지막 층에서는 완전연결 구조의 신경망을 사용하여 감독학습을 수행한다. 문제에 따라 다른 컨볼루션 커널을 정의하여 사용함으로써 문제 특성에 맞는 딥러닝 구조를 설계할 수 있다. 서로 다른 위치에 있는 컨볼루션 커널들이 가중치를 공유하기 때문에 실제 매개변수의 수보다 훨씬 적은 수만을 학습하여 학습 속도가 빠르고 일반화 능력이 우수하다. 본 장에서는 기본적인 컨볼루션 신경망의 구조와 학습 알고리듬을 살펴본다. 또한 컨볼루션망의 다양한 성공 사례를 분석한다. AlexNet은 8층짜리 CNN으로서 ImageNet 대규모 물체인식 대회에서 우승한 모델로서 GPU를 사용한 병렬처리와 드랍아웃 테크닉 등을 도입하였다. DeepFace는 페이스북에서 개발한 1억 2천만개의 파라메터를 가진 9층짜리 얼굴인식 딥러닝 모델로서 인간수준을 능가하는 성능을 보였다. GoogLeNet은 22층짜리 딥러닝 구조로서 인셉션 모듈을 도입하여 제한된 자원 내에서 망의 깊이와 폭을 증가시킬 수 있는 방법을 제안하고 ImageNet 대회에서 최우수 성능을 데모하였다.

4.1 컨볼루션 신경망의 기본 개념

컨볼루션 신경망(Convolutional Neural Networks, CNN)은 영상처리를 위해 고안된 특수한 연결구조를 가진 다층신경망이다(LeCun & Bengio, 1995)(LeCun, Bottou, Bengio, & Haffner, 1998). 일반적인 다층신경망에서는 인접한 두 개의 층 간의 뉴런들이 모두 연결된 완전 연결 구조를 갖는다. 이러한 완전 연결 구조를 이용하면 이론적으로 입력 영상에 있는 위상학적 구조를 찾을 수는 있으나 현실적

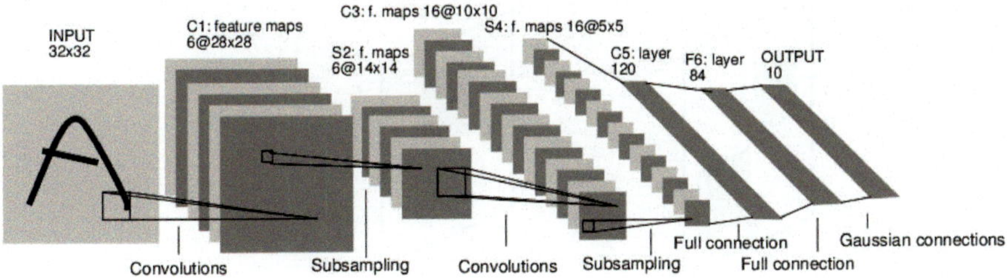

그림 4.1 컨볼루션 신경망(CNN)의 구조(LeCun et al., 1998)

으로는 입력 영상이 다차원으로 이루어져 있기 때문에 문제 복잡도가 매우 크다는 문제가 있다. CNN의 핵심 아이디어는 영상의 위상학적 구조를 학습할 수 있도록 신경망의 구조를 새롭게 설계한 것이다. 이러한 설계는 픽셀 영상으로부터 최소한의 전처리를 통해서 다양한 영상 인식에 사용할 수 있다.

CNN은 기존의 패턴 인식 방식에서 분리되어 있던 특징 추출과 분류의 두 단계를 하나의 단계로 통합한 모델로 볼 수 있다. CNN은 기본적으로 다수의 컨볼루션층(convolution layer)과 서브샘플링층(subsampling layer)으로 구성되어 있다. 그림 4.1은 "A"자의 문자 이미지를 인식하는 CNN의 구조를 보여준다.

그림 4.2는 컨볼루션과 서브샘플링의 핵심 아이디어를 기술하고 있다. 컨볼루션층은 입력에 대해서 다양한 컨볼루션 커널을 적용하여 특징맵(feature map)을 생성한다. 컨볼루션은 고차원의 입력 영상에 대해서 특징을 추출하는 일종의 템플릿 역할을 한다. 하나의 컨볼루션은 부분 입력을 대상으로 하며 위치를 바꾸어 가며 여러 번 반복적으로 적용되어 전체 이미지를 스캔한다. 즉 하나의 컨볼루션은 적은 수의 연결선을 가지며 위치가 바뀌어도 그 연결 가중치가 공유된다(weight sharing). 이는 컨볼루션이 위치에 무관하게 특징을 추출할 수 있도록 해준다. 하나의 컨볼루션에 대해서는 위치가 바뀌어도 가중치를 공유하는 것은 학습할 전체 매개변수의 수를 줄여줌으로써 문제의 복잡도를 줄여주는 핵심 아이디어 중 하나이다. 서브샘플링(subsampling) 층은 만들어진 특징맵에 대해서 공간적 해상도를

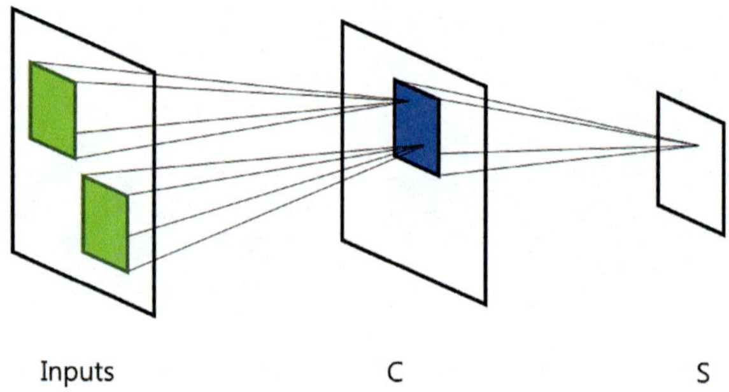

그림 4.2 컨볼루션(C)과 서브샘플링(S)

줄인 뉴런층이다. 서브샘플링은 차원을 축소하는 과정이며 이를 통해서 역시 문제의 복잡도를 줄일 수 있다. 서브샘플링 연산자로는 대상 뉴런들에 대해서 최대치를 취하는 맥스풀링(max pooling) 연산자나 평균치를 취하는 평균풀링(average pooling) 연산자를 주로 사용한다. 풀링을 통해서 차원을 축소할 뿐만 아니라 특징맵이 이동(shift)과 왜곡(distortion)에 대해 강인하도록 하는 효과가 있다.

그림 4.3은 컨볼루션의 아이디어를 설명하고 있다. 완전연결층, 지역연결층과 비교하여 컨볼루션층이 어떻게 다른지를 설명한다. 완전연결층은 이웃한 층의 뉴런간에 연결선이 존재하는 데, 하나의 층에 있는 모든 뉴런과 이웃한 층에 있는 모든 뉴런이 연결된다. 즉, 두 층의 뉴런의 수가 각각 5개라고 하면 두 층간에는 총 5 × 5 = 25개의 연결선이 존재하고 25개의 가중치가 존재한다. 이에 반해서 지역연결층을 사용하면 상위층의 뉴런이 하부층에 있는 일부 뉴런에만 연결된다(가운데 그림). 가운데 그림을 보면, 상위층에 있는 5개의 뉴런은 아래층에 있는 2~3개의 뉴런과만 연결이 되어 있고, 각각 2 + 3 + 3 + 2 = 13개의 연결선을 가진다. 각 뉴런의 연결선들은 서로 다른 가중치를 갖는다. 컨볼루션층은(오른쪽 그림) 부분연결층과 같이 부분적인 연결을 가지는 것은 같으나, 상위층 뉴런들이 서로 가중치를 공유한다. 즉, 각 상위 층에 있는 뉴런이 아래층에 있는 왼쪽, 중앙, 오른쪽 세개의 뉴런과 연결된다고 하면, 상위층에 있는 5개의 뉴런은 이 세 개의

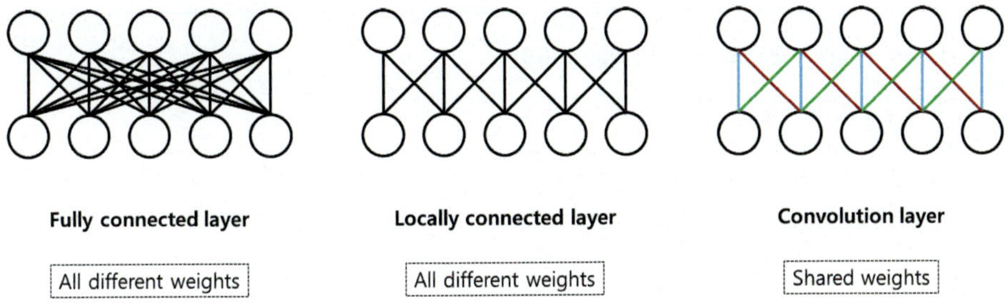

그림 4.3 완전연결층, 지역연결층, 컨볼루션층의 비교

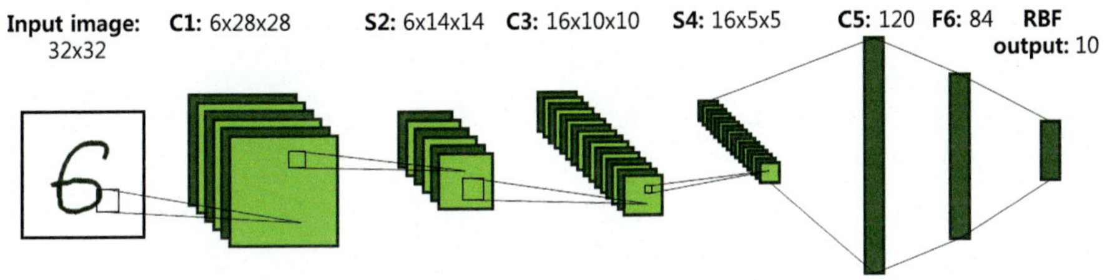

그림 4.4 LeNet5의 구조

가중치를 공유한다. 따라서 연결선은 13개임에도 불구하고 가중치는 3개이다. 이렇게 함으로써 학습해야 할 매개변수의 수를 줄인다. 이러한 연결 구조를 이용하면 위치는 다르지만 비슷한 특징을 가지는 부분을 추출할 수 있기 때문에, 입력 이미지에서 물체가 좌우로 이동하는 것에 무관하게 특징을 추출할 수 있다.

구체적인 예로서 LeNet5의 구조를 살펴보자(그림 4.4)(LeCun et al., 1998). 이 모델은 32 × 32 픽셀 이미지를 입력으로 받아서 세번의 컨볼루션과 두번의 서브샘플링을 거친 후 최종적으로 완전연결된 다층망을 통해서 출력을 결정한다. 컨볼루션은 5 × 5 매트릭스를 사용하며 서브샘플링은 ½로 하였다. 전체 구조는 다음과 같이 기술될 수 있는데 여기서 Cn은 n번째 컨볼루션층을 나타내며 Sm은 m번째 서브샘플링층을 나타낸다.

LeNet5 신경망 모델의 구성과 계산 과정

입력 영상: 32 × 32
C1: 6 × 28 × 28
S2: 6 × 14 × 14
C3: 16 × 10 × 10
S4: 16 × 5 × 5
C5: 120
F6: 84
출력 뉴런 수(RBF): 10

- 32 × 32의 이미지로부터 5 × 5의 컨볼루션 매트릭스를 사용해서 28 × 28 특징맵 6개를 구성한다(C1).
- C1에 있는 각각의 28 × 28의 맵으로부터 1/2 서브샘플링을 사용하여 14 × 14 서브샘플링 맵 6개를 구성한다(S2).
- 다시 5 × 5의 컨볼루션 매트릭스를 사용해서 10 × 10 특징맵 16개를 구성한 후(C3)
- 다시 1/2 서브샘플링을 사용하여 5 × 5 서브샘플링 맵16개를 구성한다(S4).
- 그 결과로부터 120 개의 컨볼루션을 구성하여(C5)
- 완전연결망 층구조를 이용하여 84개의 서브샘플링 후(F6) 최종으로 10개의 방사기저함수(RBF) 뉴런을 통해 출력을 계산한다.

F6층 전의 모든 뉴런들은 시그모이드 활성화 함수를 가지며 다음으로 정의된다.

$$f_i = f(v_i) = A\tanh(Sv_i)$$

여기서 S와 A는 활성화함수의 모양을 결정하는 매개변수로 보통은 상수를 사용한다. 마지막 층에서 CNN의 출력값은 다음과 같이 출력 특징지도와 영상지도가 정해진다(그림 4.5).

$$y_j = \sum_{i=1}^{84}(f_i - w_{ij})^2,\ j = 0,\dots,9$$

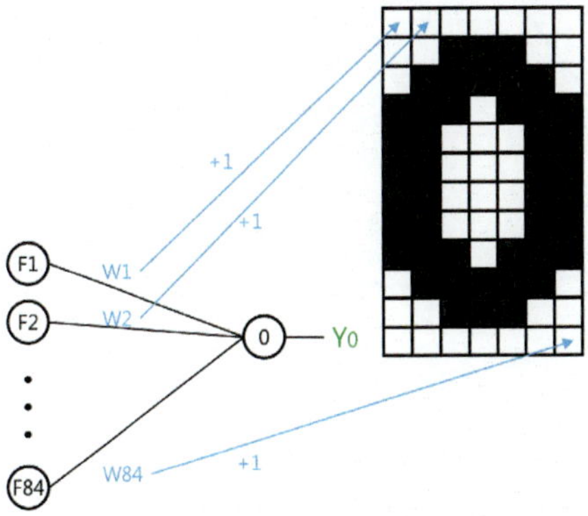

$$Y_j = \sum_{i=1}^{84} (F_i - w_{ij})^2, \quad j = 0, \ldots, 9$$

그림 4.5 완전연결층에서의 감독학습

여기서 f_i는 출력 영상 특징 값들이고 w_{ij}는 목표 영상 특징 값들이다.

이렇게 설계할 때 전체 연결선 수는 187,000개이다. 이는 완전연결된 (28 × 28) × 236 × 10의 구조를 가진 다층퍼셉트론에서의 가중치 개수 (187,384)에 해당된다. 그러나 실제로 학습하는 가변 가중치의 수는 14,000개로서, 이는 전체 연결선 수보다 훨씬 작다(10% 이하). LeNet CNN의 구조는 완전연결 다층신경망(MLP)보다 크지는 않다. 그러나 실행시간에 컨볼루션을 수행하는 것이 시간을 67% 정도 차지하기 때문에 느리다. 위에서 기술한 CNN의 경우 3개의 컨볼루션층을 사용하므로 실행 속도는 같은 크기의 MLP보다 세 배 정도 더 걸린다.

LeNet 형태의 초기 CNN 모델은 전단의 컨볼루션층에서는 시그모이드 함수를 활성함수로 사용하고 후단의 완전연결층에서는 가우스함수 형태의 방사기저함수(radial basis function, RBF)를 사용하였다. 그러나 최근에는 활성함수로서 정류선형유닛 ReLU (rectified linear unit) 뉴런을 많이 사용한다. ReLU는 오차 신호 희석 문제(vanishing gradient problem)를 완화할 수 있는 것으로 알려져 있다(Glorot, Bordes, & Bengio, 2011).

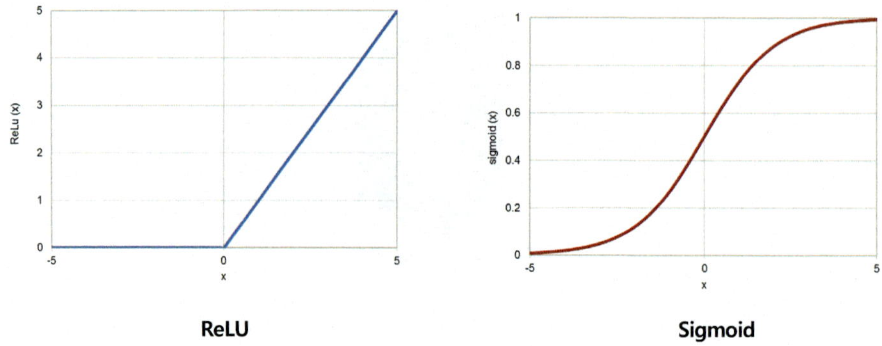

그림 4.6 ReLU 함수와 시그모이드 함수의 비교

4.2 AlexNet

알렉스넷은 딥러닝 혁명을 이끈 초기 딥러닝 모델 중 하나로 컨볼루션 신경망 구조를 갖는다(Krizhevsky, Sulskever, & Hinton, 2012). 이 모델은 대규모 물체인식 콘테스트(ImageNet LSVRC-2010)에서 2012년에 우승하였다. LSVRC(Large-Scale Visual Recognition Competition) 대회는 120만장의 영상을 1000개의 클래스로 구분하는 대회이다. AlexNet은 top-5 에러율(모델이 예측한 5개의 클래스 중에 정답이 포함되지 않은 경우) 17%를 달성하여 기존의 기록을 갱신하였다(그림 4.7). 이는 딥러닝으로 기존의 컴퓨터 비전 기법들을 사용한 알고리듬들의 성능을 월등히 능가하였다는 점에서 후속 딥러닝 연구를 촉발한 연구 결과이다. AlexNet은 총 65만 개의 뉴런과 6천만 개의 매개변수로 이루어져 있고, 5개의 컨볼루션층과 3개의 완전연결층으로 구성되었으며 최상위층은 1000개의 소프트맥스 뉴런으로 구성되었다(그림 4.7). 학습을 빠르게 하기 위해서 ReLU 뉴런을 사용하였으며 GPU를 사용하여 컨볼루션 연산을 수행하였다. 과다학습을 방지하기 위해서 완전연결층에 드랍아웃(dropout) 정규화 방법을 사용하였다. 이 모델을 사용하여 ILSVRC-2012 대회에도 참가하였으며 상위 5개 테스트 에러율 15.3%로 최고 성능을 획득하였다. 이 성능은 26.2%를 획득한 2등 보다 월등한 성과이다.

ILSVRC 대회와 머신러닝 분야에서 많이 사용되는 ImageNet 데이터는 2만2천 개의 카테고리로 구분된 1천5백만 여장의 고해상도 이미지로 이루어진 대용량 데이터집합이다(http://image-net.org/). 이미지는 웹에서 수집하여 아마존 미케니컬 터크(AMT) 크라우스소싱 도구를 이용하여 사람들이 라벨링을 하였다. 2010년부터 PASCAL Visual Object Challenge의 일부로 ImageNet Large-Scale Visual Recognition Challenge (ILSVRC) 대회가 개최되었다. ILSVRC는 1,000개의 카테고리를 가지며, 120만장의 훈련 이미지와 5만장의 검증 이미지, 15만 테스트 이미지로 구성되어 있다.

그림 4.7 ImageNet 데이터에 대한 AlexNet의 예측 결과

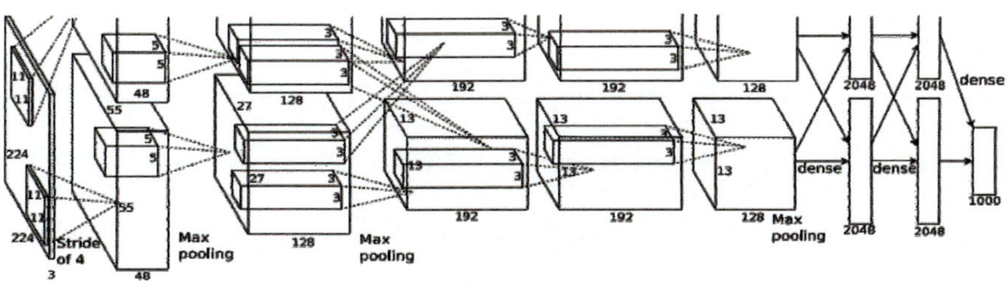

그림 4.8 AlexNet의 CNN신경망 구조

4.2.1 AlexNet 구조

AlexNet의 구조를 그림 4.8에 기술하였다. AlexNet은 8개의 가중치 층으로 구성되어 있다. 다섯 개의 층은 컨볼루션층이고 나머지 세 개의 층은 완전연결층이다. 마지막 완전연결층의 출력은 1000개의 클래스에 대한 확률 분포를 생성하는 소프트맥스에 입력된다. 소프트맥스 함수의 출력값을 이용하여 다항분포 로지스틱 회귀 함수(multinomial logistic regression function)를 최대화하도록 학습하였다.

AlexNet의 특징 중 하나는 노드의 활성화 함수로 ReLU를 사용한 점이다. ReLU는 포화가 되지 않는(non-saturating) 비선형 구조를 가지며 포화되는(saturating) 시그모이드 비선형 구조보다 여러 배 빠르게 수렴한다.

제 1컨볼루션층은 224 × 224 × 3의 입력 이미지를 스트라이드 4(즉 커널맵에 있는 이웃 뉴런들의 수용영역 센터 간의 픽셀 거리가 4)로 떨어진 96개의 커널(각각 11 × 11 × 3 크기). 제 2컨볼루션층은 제 1컨볼루션층의 출력을 입력으로 가지며 크기 5 × 5 × 48인 256개의 커널을 가지고 여과한다. 제 3, 4, 5컨볼루션층은 중간에 아무런 풀링이나 표준화 층 없이 상호 연결된다. 제 3컨볼루션층은 3 × 3 × 256 크기의 384개의 커널을 가지며 제 2컨볼루션층에 연결되었다. 제 4컨볼루션층은 3 × 3 × 192 크기의 384개의 커널, 제 5컨볼루션층은 3 × 3 × 192 크기의 256개의 커널을 가진다. 완전연결층은 각각 4096개의 뉴런을 갖는다.

4.2.2 GPU 병렬처리

AlexNet의 특징 중 하나는 전체 망을 두 개의 GPU로 분산시켰다는 점이다. 한 개의 GTX 580 GPU를 사용하면 3GB의 VRAM을 사용할 수 있는데 120만장의 훈련 이미지를 한 개의 GPU로 학습하기에는 부족하여 두 대의 GPU를 사용하였다. 두 대의 GPU를 사용하기 위하여 전체 망을 두 개의 GPU로 분산하였는데, 각 GPU는 전체 커널 수의 반을 수용하며 두 개의 GPU는 특정한 층에서만 서로 통신한다. 예를 들어, 세번째 층의 커널들은 두번째 층의 모든 커널들로부터 입력을 받지만, 네번째 층의 커널 입력은 같은 GPU에 있는 세번째 층의 커널들로부터만 입력을 받는다. 망의 연결 패턴을 선택하는 것은 교차검증(cross-validation)에 어려움을 주지만 이것은 수용할만한 계산 시간의 범위 내에서 통신양을 조절할 수 있게 해준다.

각 2번째, 4번째, 5번째의 컨볼루션층의 커널은 같은 GPU안에 있는 아래층의 커널맵에만 연결되어 있다. 3층의 커널들은 2층의 모든 커널맵에 연결되어 있다. 완전연결층에 있는 뉴런들은 바로 아래 층의 모든 뉴런들과 연결되어 있다. 1, 2컨볼루션층은 이어서 응답표준화 층을 거친다. 맥스풀링 층은 응답표준화 층과 5번째 컨볼루션층 다음에 사용되었다.

4.2.3 Dropout

AlexNet의 또 다른 혁신 중의 하나는 과다학습을 방지하기 위한 정규화 방법으로 드랍아웃(dropout)을 도입한 것이다(Hinton, Srivastava, Krizhevsky, Sutskever, & Salakhutdinov, 2012). 서로 다른 모델들의 예측을 결합함으로써 테스트 에러를 줄일 수 있는 것은 잘 알려진 사실이다. 그러나 딥러닝에서는 한 개의 큰 신경망만 훈련하는 데도 이미 훈련시간이 며칠씩 걸리는데 이를 여러 개 결합하는 것은 현실적으로 쉽지 않다. 그러나 최대 2배의 시간이 걸리면서 모델을 아주 효율적으로 결합하는 방법이 있다. “드랍아웃”이라고 불리는 이 방법은 각 은닉 뉴런의 출력을 0.5의 확률로 0으로 만든다. 이렇게 “제거된” 뉴런은 전방 패스에 기여하지 않고 또한 역전파에도 참여하지 않는다. 입력이 제시될 때마다 신경망은 다른 구조를 샘플링하며 이 모든 구조들은 가중치를 공유한다. 이 방법은 한 개의 뉴런이 특별한 다른 뉴런에 의존하지 않도록 만들기 때문에 뉴런들 간의 복잡한 공적응(co-adaptation)을 줄여준다. 결과적으로 뉴런들이 다른 뉴런들의 랜덤 부분집합들과 함께 보다 안정적인 유용한 특징을 학습할 수 있게 해 준다. 테스트 시에는 모든 뉴런들을 사용하나 그 출력을 0.5만큼 곱한다. 이 값은 지수적으로 많은 수의 드랍아웃망에 의해 생성된 예측 분포의 기하 평균을 취하는 것에 해당한다. AlexNet에서는 드랍아웃이 완전연결 신경망에만 이용되었다. 드랍아웃 없이는 과다학습 현상을 보였다. 그러나 드랍아웃을 사용함으로써 수렴하는 데 걸린 반복 횟수는 두 배로 늘어났다.

4.3 DeepFace

최근 대규모의 사진 데이터가 검색 엔진과 소셜 네트워크를 통해서 수집되고 있다. 이러한 데이터는 물체, 얼굴, 장면들을 담고 있는데, 실제 사진 데이터로부터 얼굴과 물체를 인식하기 위해서는 물체의 변형, 클러터(clutter), 가림, 조명도(illumination) 등 다양한 문제들을 풀어야 한다. 이러한 문제에 대해서 SVM (support vector machines), PCA (principal component analysis), LDA (linear discriminant analysis) 등 기존의 머신러닝 알고리듬으로 해결하려는 시도가 많이 있었으나, 학습 데이터의 수가 많을 때에는 학습이 잘 되지 않는다는 단점이 있다.

한편 머신러닝이 아닌, 컴퓨터 비전 분야의 연구들은 얼굴이나 물체를 인식하는 문제를 해결하기 위하여 얼굴이나 물체에 대한 다양한 디스크립터(기술자)를 찾는 연구를 해 왔다. 이러한 디스크립터는 사람이 미리 고안해 두어야 하고, 영상의 모든 위치에 같은 연산자를 사용한다는 특징이 있다. 하지만 최근에는 학습을 통해 디스크립터를 자동으로 추출하는 방법이 많이 이용되고 있다. 이러한 방식은 주어진 문제에 특화된 특징들을 학습을 통해 자동으로 추출할 수 있기 때문에 얼굴이나 물체 인식 문제에서 더 좋은 성능을 보이고 있다.

딥페이스(DeepFace) 시스템은 대규모 딥망을 통해서 얼굴 영상의 일반적인 표상을 학습하는 방법이다(Taigman, Yang, Ranzato, & Wolf, 2014). 페이스북에서 개발한 이 딥러닝 모델은 9층짜리 심층신경망을 사용하여 인간수준의 얼굴 인식 성능을 데모하였다. DeepFace는 일반 CNN과는 달리 노드들이 가중치를 공유하지 않는 다는 점이 특징이다. 이 신경망은 지역적으로 연결된 1억 2천만개의 노드와 매개변수로 구성되었다.

DeepFace의 특징은 심층망으로 학습한 특징벡터와 정확한 모델기반 정렬 알고리듬을 결합하여, 최종 분류 단계에서 간단한 분류기를 사용하였음에도 불구하고 일반 환경에서 뛰어난 얼굴 인식 성능을 보였다는 점이다. 심층망의 학습을 위하여 4천명의 사람에 대한 4백만장의 얼굴 영상이 학습 데이터로 사용되었고 야외 환경에서 모은 얼굴 데이터셋인 LFW에 대해서 97.35%의 정확도를 보였다. 이는 최신 얼굴 인식 성능을 27% 향상한 것이고 인간이 보이는 성능과 거의 유사하다.

4.3.1 DeepFace의 구조

그림 4.9는 딥페이스 시스템의 전체 구조를 보여준다. 3차원으로 정렬된 152 × 152 픽셀의 3채널(RGB) 얼굴 영상이 11 × 11 × 3 크기의 32개 필터를 가진 컨볼

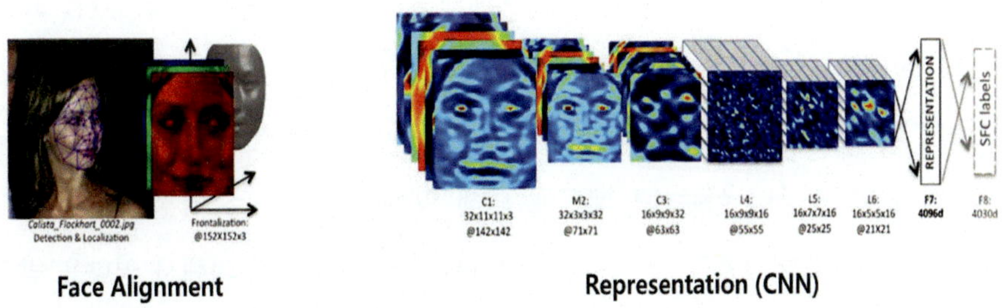

그림 4.9 딥페이스 시스템의 구조. 정류 입력에 대한 컨볼루션-풀링-컨볼루션 필터링으로 구성된 전단과 이어서 3개의 지역적 연결층과 2개의 완전 연결층으로 구성되어 있다. 딥망은 1억 2천만개 이상의 매개변수를 가지며 이 중 95%는 지역적 연결층과 완전 연결층에 속한다.

루션층 C1에 입력된다. 이를 32 × 11 × 11 × 3@152 × 152로 표기한다. 이로부터 나오는 32개의 특징맵은 2픽셀 간격으로(stride 2) 3 × 3의 공간 이웃에 대해서 최대치를 취하는 맥스풀링층 M2에 입력된다. 이는 다시 9 × 9 × 16 크기의 16개 필터를 갖는 컨볼루션층 C3에 입력된다. 이 세 개의 층의 목적은 모서리(edge)와 질감(texture)과 같은 저수준의 특징들을 추출하는 것이다. 이 세 개의 층은 앞단의 적응적인 전처리 단계로 본다. 이 층들은 대부분의 계산에 관여하지만 매개변수의 수는 적으며, 입력을 단순한 지역적 특징 집합으로 단지 확장한다.

여기에서 사용된 맥스풀링층은 CNN의 출력이 지역적인 변환에 덜 민감하도록 만드는 역할을 한다. 얼굴 영상에 대해서는 특히 이것은 작은 등록 에러에 대해서 더 견고하게 만든다. 그러나 많은 층의 풀링을 사용하면 구체적인 얼굴 구조와 정확한 위치에 대한 정보를 잃어버린다.

이어지는 세 개의 층(L4, L5, L6)은 지역적으로 연결되어 있다. 컨볼루션층처럼 이들은 필터뱅크를 적용한다. 그러나 특징맵의 모든 위치들이 서로 다른 필터 집합을 학습한다. 정합된 영상의 다른 지역이 다른 지역적 통계값을 가지기 때문에 컨볼루션이 공간적으로 불변이라는 가정은 성립되지 않는다. 예를 들어, 눈과 눈썹 사이의 영역은 매우 다른 모습을 보이며 코와 입 사이의 영역과 비교하여 큰 변별 능력을 갖는다. 딥페이스에서는 입력 영상들이 정합되어 있다는 사실을 이용하여 심층 신경망의 구조를 설계하였다. 지역층을 사용하는 것은 특징 추출의 계산에는 부담을 주지 않지만 학습에 참여하는 매개변수의 수에는 영향을 준다. 표지된 학습 데이터셋의 크기가 아주 크기 때문에 세 개의 지역 연결층을 가질 수 있다. 가중치 공유없이 지역 연결층을 사용해도 되는 이유는 지역 연결층의 출력 유닛들 각각이 입력 영상의 아주 큰 패치에 의해 영향을 받는다는 가정하에 정당화될 수 있다. 예를 들어, L6의 출력은 입력의 74 × 74 × 3 패치에 의해서 영향을 받으며 정합된 얼굴에 있는 큰 패치들 간에는 통계적인 특성의 공유가 거의 없다.

마지막으로 제일 위의 두 층(F7, F8)은 완전 연결되어 있다. 세 개의 층은 눈과 입의 위치와 모양과 같이 얼굴 영상의 멀리 떨어진 부분에서 추출된 특징들 간의 상관관계를 찾아낸다. 첫번째의 완전 연결층(F7)의 출력은 얼굴표상 특징벡터로 사용된다. 이것은 아주 지역적인 디스크립터를 풀링하는 기존의 LBP 기반 표상과 대조적이다. 마지막 완전연결층의 출력은 K개 클래스에 대한 소프트맥스에 입력되어 클래스 표지에 대한 분포를 출력한다. o_k를 망의 k번째 출력이라고 하면 k번째 클래스에 대한 소프트맥스 함수의 출력은 다음과 같다.

$$p_k = \frac{\exp(o_k)}{\sum_h \exp(o_h)}$$

4.3.2 DeepFace 학습

학습의 목표는 올바른 클래스(얼굴 표지)의 확률을 최대화하는 것이다. 이는 학습 샘플 각각에 대한 교차 엔트로피 손실을 최소화함으로써 얻을 수 있다. K가 진짜 표지에 대한 인덱스일 때 손실은 $L = -\log p_k$가 된다. 이 손실은 L의 매개변수에 대한 경사도를 계산하고 확률적 경사도 강하(SGD) 알고리듬을 사용하여 매개변수를 변경함으로써 최소화할 수 있다.

경사도는 표준적인 오류역전파 알고리듬에 의해 계산된다. 이 망에 의해서 생성되는 특징들의 특성 중 하나는 희소성(sparsity)이다. 평균적으로 최상위층에 있는 특징 요소들의 75%가 0의 값을 가진다. 그 이유는 ReLU 활성화 함수 max(0, x)를 사용하기 때문이다. 이 소프트역치 비선형함수는 매 컨볼루션 후에(국부연결층 및 완전연결층) 적용되며 여러 층을 거쳐 반복적으로 적용되는 과정에서 매우 비선형적이고 희소한(sparse) 특징을 생성하도록 한다. 희소성은 드랍아웃(dropout)이라 불리는 정규화 방법을 사용하여 보장된다. 딥페이스 시스템에서는 첫 번째의 완전연결층에만 드랍아웃 기법이 사용되었다.

영상 I가 주어지면 표상 $G(I)$는 딥신경망에 의해 계산된다. L개의 층을 가진

어떤 순방향망도 함수들 g_φ의 결합으로 볼 수 있다. 딥페이스망의 경우 표상은

$$G(I) = g^{\{F_7\}}(g^{\{L_6\}}(\cdots(g^{\{C_1\}}(T(I,\theta_T)))\cdots)$$

이다. φ = {C1, ..., F7}, T는 정합 함수, θ_T는 정합 함수의 매개변수이다.

4.3.3 데이터셋

학습은 페이스북의 얼굴 사진 데이터셋인 SFC (Social Face Classification)로 학습하였다. 딥러닝에 의해서 학습된 표상을 LFW (Labeled Faces in the Wild database)와 YTF (YouTube Faces)에 적용하여 성능을 평가하였다.

LFW는 제약이 없는 실제 환경에서 수집된 얼굴 이미지 데이터 셋이며, YTF는 LFW와 유사하나 유튜브 비디오로부터 추출된 얼굴 사진 집합이다. SFC는 4,030명으로부터 각각 800 내지 1200개의 얼굴 사진을 찍은 총 4백 4십만 장의 표지된 얼굴을 포함한다. 이 중에서 5%는 테스트를 위해서 사용하였다.

LFW 데이터셋은 5,749명의 연예인의 웹 사진 13,323개로 구성되어 있다. 10개의 군으로 나누어 각각 6,000개의 얼굴의 쌍으로 구성되어 있다. 성능은 인식 정확도를 측정하였으며 세 가지 다른 방법의 프로토콜을 사용하였다. 첫번째로, 제한된 프로토콜에서는 훈련 데이터가 단지 같은 얼굴인지 다른 얼굴인지에 대한 표지만 포함하고 있다. 두번째의 비제한 프로토콜에서는 훈련시 추가의 훈련쌍을 사용하였다. 세번째의 무감독 세팅에서는 LFW 이미지에 대해서 아무런 훈련을 사용하지 않았다. YTF 데이터셋은 1,595명의 연예인(LFW의 부분집합)의 3,425개의 유튜브 동영상의 집합이다. 5,000개의 비디오 쌍으로 구성된 10개의 그룹으로 구성되어 있다. SFC의 표지는 사람이 하였으며 3%의 오류가 있다. 페이스북 얼굴 사진은 보통 스마트폰보다는 전문 사진 작가에 의해 촬영되었으며 영상의 질, 조명 등의 설정이 훨씬 더 다양하다.

4.3.4 학습 방법 및 결과

SFC 데이터를 학습한 방법은 다음과 같다. 다중클래스 분류 문제로 보고 오류역전파 알고리듬을 사용하여 확률적 경사도 강하법(stochastic gradient descent, SGD)으로 전방향 딥신경망을 학습시켰다. GPU를 사용하였으며 모멘텀 상수는 0.9를 사용하였다. 미니배치 크기는 128을 사용하였으며 , 학습 가능한 모든 층에 동일하게 초학습률을 0.01로 적용한 후, 검증 에러가 개선되지 않을 때마다 수동으로 10분의 1씩 0.0001까지 줄였다. 각 층의 연결 가중치를 평균값 0, 표준편차 0.01의 가우스 분포로 초기화 했으며 편향값은 0.5로 하였다. 전체 데이터집합을 약 15번 반복 학습했으며 이는 3일이 걸렸다. 학습된 딥러닝 구조의 완전연결층 F7을 추출하여 얼굴 표상으로 사용하였다.

다양한 구조의 심층신경망에 대해 평가하기 위하여 SFC 테스트 데이터에 대해서 평가하였다. 먼저, SFC의 부분 집합을 사용하여 훈련/테스트 데이터집합의 크기를 다양하게 변경하였다. 1.5*K*, 3*K*, 4*K*명의 사람(얼굴 사진)을 사용하여 DF-1.5*K*, DF-3.3*K*, DF-4.4*K*의 세 가지 딥구조를 실험하였을 때 오분류율이 1.5K 데이터에서 7.0%로부터 3*K* 데이터에서 7.2%로 다소 커지는 것이 확인되었다. 이는 이 딥구조의 메모리 능력이 3*K* 데이터를 수용할 수 있음을 시사한다. 오분류율은 4*K*명의 4.4*K* 이미지에 대해서 8.7%로 커졌으며 이는 더 많은 수의 사람을 포함해도 에러는 크게 증가되지 않는 것으로 해석될 수 있다.

이후 사람 수는 고정시킨 후에 샘플의 수만 10%, 20%, 50%로 증가시킨 실험 결과에서는 작은 훈련셋에 대해서 과다학습됨에 따라서 테스트 에러가 20.7% 증가하는 것을 관찰할 수 있었다. 4백만개의 영상에 대해서도 성능이 포화되지 않았으며 이 딥구조는 더 큰 데이터셋을 사용함으로써 더욱 더 성능을 향상할 수 있음을 암시한다.

망의 깊이를 변경하여서도 실험하였다. 각각의 C3층, L4층, L5층 또는 이 모든 세개의 층을 제거하여 깊이를 줄여보았다. 이러한 더 얕은 신경망을 4.4M의 데이터셋에 학습했을 때 오분류율이 심층신경망보다 더 이상 줄지 않는 것을 관측할 수 있었다. 이는 아주 큰 얼굴 인식 데이터에 대해서는 깊은 신경망 구조가 필요함을 의미한다.

4.4 GoogLeNet

4.4.1 GoogLeNet 구조

구글넷은 22층짜리 컨볼루션 신경망으로 인셉션 모듈이라는 빌딩 블록을 반복적으로 사용한다(Szegedy et al., 2015). 이 모델은 ILSVRC 2014의 물체 분류와 물체 검출 과제에서 신기록을 갱신하였다(그림 4.10).

일반적으로 딥러닝은 층의 수와 각 층에 포함되는 노드의 수를 증가시킬수록 성능이 향상된다. 하지만 컴퓨팅 파워와 기억 용량의 한계 때문에 무조건 큰 신경망을 구성할 수 없다. 예를 들어, 시각처리를 위한 깊은 컨볼루션 신경망의 경우 두 개의 층이 컨볼루션 연산으로 연결될 때 필터의 수를 균일하게 증가할 경우 계산량은 제곱으로 증가한다. 또한 큰 크기의 망은 더 많은 수의 매개변수를 요구하기 때문에 과다학습될 가능성이 커진다.

구글넷 구조의 핵심은 제한된 계산 자원을 최대한 이용할 수 있는 신경망을 설계한 것이다. 구조를 잘 설계함으로써 제한된 자원 내에서 망의 깊이와 폭을 증가시킬 수 있도록 하였다. 이를 위한 인셉션 모듈(inception module)의 핵심 아이디어는 컨볼루션 신경망의 최적인 지역적 희소 구조를 찾아내고 이를 사용 가능한 자원으로 근사하였다는 것이다.

이행 불변성(translation invariance)을 컨볼루션 모듈을 조합하여 근사하는 방법을 예를 들어 생각해 보자. (Arora, Bhaskara, Ge, & Ma, 2014)는 아래층을 분석하여 상관관계가 높은 노드들을 군집화하는 방식으로 층을 쌓는 방법을 제안하였다. 아래층의 각 노드들은 입력 영상의 특정한 영역에 대응되며 상관관계가 높은 노드들은 상위 층에서 군집을 형성하여 필터뱅크가 된다. 즉 아래쪽 층에서 상관관계가 큰 노드들이 상위 층에서 비슷한 지역에 위치하게 되고 이들은 다음 층에서 1 × 1 컨볼루션층에 사용될 수 있다. 이 때 더 큰 패치에 대해서 컨볼루션 연산을 하게 되면 더 적은 수의 클러스터로도 더 넓은 지역을 커버할 수도 있다. 그러나 가장 적합한 패치의 크기를 미리 아는 것이 어려운 문제이기 때문에, 현재 인셉션 모듈은 필터의 크기를 1 × 1, 3 × 3, 5 × 5의 세 가지로 제한한다(그림 4.11). 이 세가지 크기의 출력 필터 뱅크들을 모두 연결하여 하나의 출력 벡터를 구성하고 이는 다음 층의 입력을 형성한다. 한편, 풀링 연산이 현재 CNN의 성공에 중요한 것으로 여겨지기 때문에 각 단계에서 다른 병렬 풀링 경로를 더해주는 것이 유용하다고 알려져 있다.

인셉션 모듈은 다른 모듈의 위에 쌓이게 되는데, 이때 출력 상관 통계가 변하게 된다. 일반적으로 상위층으로 갈수록 고차의 추상적인 특징들이 추출되어 그 공간적인 밀집도가 줄어들기 때문에 상위층으로 갈수록 3 × 3, 5 × 5 컨볼루션의 비율은 적어져야 할 것이다. 한가지 큰 문제는 작은 수인 5 × 5 컨볼루션 조차도 아주 많은 수의 필터에 대해서 컨볼루션층을 구성할 때는 너무 경비가 많이 든다는

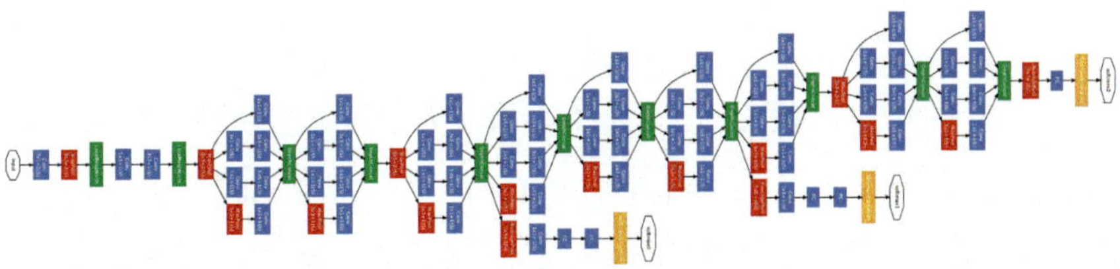

그림 4.10 GoogLeNet의 구조. 인셉션 모듈 중심의 다층 구조로 구성되었다. (Szegedy et al., 2015)

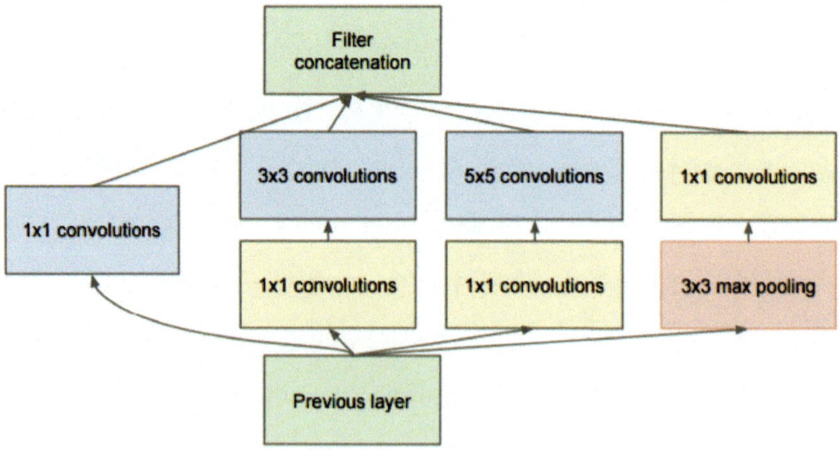

그림 4.11 GoogLeNet 모델에 새로 도입된 인셉션 모듈의 구조(Szegedy et al., 2015)

것이다. 이 문제는 풀링 노드들이 여기에 추가되면 더욱 심각해지는데 이는 출력 필터의 개수가 아래 층의 필터의 수와 같기 때문이다. 풀링층 출력을 컨볼루션층의 출력과 결합하면 단계별로 출력의 수가 증가할 수밖에 없다. 이 구조는 최적의 희소 구조를 구성할 수 있지만, 몇 개의 층만 되어도 계산 시간이 폭증하게 되어서 비효율적이다.

이로 인해 인셉션 구조의 두 번째 아이디어가 필요한데, 계산량이 크게 증가하게 되면 차원을 줄이는 것이다. 이는 임베딩(embedding)의 이점을 활용하는 것인데, 실제로 고차원의 데이터가 저차원의 공간으로 잘 임베딩이 된다면 차원이 작더라도 상대적으로 많은 정보를 포함할 수 있다. 그러나 고밀도 압축 형태로 정보를 표상하고 압축된 정보를 처리하는 것이 어려운 작업이기 때문에 꼭 결합될 필요가 있을 때에만 신호들을 압축해야 한다. 따라서 구글넷에서는 비용이 더 큰 3 × 3, 5 × 5 컨볼루션을 사용하기 전에 1 × 1 컨볼루션을 사용하여 차원 축소 계산을 수행한다. 이 때 1 × 1 컨볼루션은 정류선형 활성화 함수를 사용하는 ReLU 뉴런을 사용한다.

구글넷은 위의 모듈들이 적층된 망으로, 입력 해상도를 반으로 줄이기 위해서 간격이 2인 맥스풀링을 하는 층을 곳곳에 추가한다. 또한 아래층에서는 전통적인 컨볼루션을 사용하고 위층에서만 인셉션 모듈들을 사용하는 것이 더 효과적이라고 보고되었다. 결과적으로 구글넷 구조의 핵심은 상위층에서의 계산 복잡도를 줄이면서 각 층의 노드 수를 증가시키는 것인데, 큰 크기의 패치를 사용하여 계산량이 많은 컨볼루션을 하기 전에 차원 축소를 사용함으로써 이를 구현한다. 뿐만 아니라, 이러한 설계는 다양한 스케일에서 처리된 시각정보들의 특징들을 동시에 결합하는 것이 좋다는 실용적인 직관을 따르는 것이다. 이러한 측면에서 구글넷의 구조는 성능에 약간의 손해를 보면서 계산 비용을 줄이는 방법으로도 볼 수 있다. 구조를 잘 설계한다면 3~10배의 속도를 향상하면서도 유사한 성능을 달성할 수 있다고 알려져 있다.

4.4.2 GoogLeNet 학습

구글넷의 깊이는 매개변수 층만 고려하면 22층이고 풀링까지 고려한다면 27층이다. 구글넷을 구성하는 전체 층의 수는 약 100층이지만 정확한 층의 수는 머신러닝 시스템에서 층을 어떻게 정의하느냐에 따라 다르다.

많은 층으로 구성된 깊은 신경망에서 경사도(gradient)를 모든 층을 통해서 전파하는 능력이 항상 문제가 되었다. 실제로 신경망의 중간층에서 생성된 특징들이 매우 변별력이 있다는 연구결과가 많이 보고되었다. 이것은 중간층에 보조 분류기를 추가함으로써 분류기의 아랫단에서의 패턴 분류가 가능함을 시사한다. 구글넷에서는 인셉션 모듈의 출력 위에 작은 컨볼루션망을 추가하는 방식으로 보조 분류기 아이디어를 적용하였다.

훈련시에 각각의 보조 분류기에서 계산되는 손실값이 구글넷 전체 손실값에 (0.3의 할인 가중치를 곱해서) 더해진다. 추론시에는 이 보조망은 사용되지 않는다. 보조 분류기를 포함해서 옆에 붙은 추가망의 구체적인 구조는 다음과 같다.

- 필터크기와 간격의 평균 풀링 층을 사용하여 4 × 4 × 512의 (4a)층 출력과 4 × 4 × 528의 (4d) 염탐층(stag)
- 1,024개의 정류선형유닛(ReLU) 뉴런으로 구성된 완전연결층
- 70% 비율로 소거된 출력을 갖는 드랍아웃층
- 소프트맥스 손실치를 갖는 선형층의 분류기(주분류기와 같은 1000개의 분류를 예측하나 추론시에는 사용되지 않음)

실제로 구글넷을 학습할 때에는 모델과 데이터 병렬성을 이용하는 DistBelief 분산 학습 시스템을 이용하였다. 학습에는 비동기 확률적 경사도 강하 알고리듬을 사용하였으며 0.9의 모멘텀 요소와 고정된 학습률(매 8번 학습 주기마다 4%씩 학습률을 줄임)을 사용하였다.

4.4.3 데이터 및 결과

구글넷은 ILSVRC 2014 데이터셋에 대해 당시 최고 성능을 보였던 알렉스넷(AlexNet)에 비해 12배 적은 수의 매개변수를 사용하면서도 더 높은 정확도를 획득하였다. 이 대회에서 구글넷은 독립적으로 7가지의 버전을 훈련시킨 후 이를 앙상블하여 결과를 예측하였다(그림 4.12). 각 모델은 단지 샘플링 방법과 입력

Team	Year	Place	Error(top-5)	Uses external data
SuperVision	2012	1st	16.4%	no
SuperVision	2012	1st	15.3%	Imagenet 22K
Clarifai	2013	1st	11.7%	no
Clarifai	2013	1st	11.2%	Imagenet 22K
MSRA	2014	3rd	7.35%	no
VGG	2014	2nd	7.32%	no
GoogLeNet	2014	1st	6.67%	no

그림 4-12 GoogLeNet의 ILSVRC-2014 참가 성능

이미지의 순서만 달랐으며 가중치 초기화나 학습률 정책 등은 모두 동일하였다. 최종 결과는 상위 5위 오류가 검증 데이터와 테스트 데이터에 대해서 6.67%였으며 참가팀 중에서 1등을 하였다. 이는 2012년의 SuperVision 방법에 비해서 성능을 상대적으로 56.5% 향상한 것이며, 직전해의 우승팀인 Clarifai에 비해서 40% 상대적인 성능 향상을 이룬 것이다.

CHAPTER

5

딥빌리프넷

딥빌리프넷(DBN)은 제한 볼쯔만 머신(RBM)을 쌓아가며 무감독으로 표상을 학습하는 생성모델 오토인코딩 방법이다. 딥구조 신경망을 학습시키는데 있어서 오랜동안 문제가 되어온 오차 희석 문제를 해결하는 방법으로 DBN에서는 아래층에서부터 한층씩 학습하며 층을 쌓아가는 순차적 선훈련 방법을 처음 도입하였다. 전반부에서는 큰 차원에서 작은 차원으로 차원을 줄여가며 RBM 층을 적층하며 데이터를 압축한다. 후반부에서는 작은 차원에서 큰 차원으로 차원을 늘여가면서 팽창하여 마지막 층에서는 원래 입력 데이터를 복원하도록 학습한다. 각 RBM층의 학습은 무감독 학습으로 이루어지며 이는 아래층의 데이터를 위층의 은닉변수를 이용하여 압축하는 은닉변수 모델이다. RBM 학습은 몬테칼로 추정법에 기반한 대조 다이버전스 방법을 이용하여 우도를 최대화하도록 확률적으로 수행된다. DBN은 원래 무감독 학습 모델이다. 그러나 무감독 학습 후에 마지막 층에 감독학습 층을 추가하고 오류역전파 알고리듬으로 전체망을 다시 학습함으로써 감독학습 문제 해결에도 사용될 수 있다. 본 장에서는 RBM의 구조와 그 학습 알고리듬을 기술하고, 고층의 딥빌리프넷을 학습시키는 방법을 살펴본다. 딥빌리프넷의 응용사례로서 얼굴 방향 인식 문제를 다룬다.

5.1 RBM 구조

제한 볼쯔만 머신(Restricted Boltzmann Machine, RBM)은 입력 뉴런층과 하나의 은닉 뉴런층으로 구성된 무감독 학습 신경망 모델이다(그림 5.1). 원래의 볼쯔만 머신은 모든 뉴런들이 다른 모든 뉴런과 연결된 완전그래프 형태의 망구조를 가지나, 딥러닝에 사용되는 제한 볼쯔만 머신은 입력뉴런 간에는 연결선이 없고 또한 은닉뉴런 간에도 연결선이 없는 구조이다. 구조 측면에서 보면 다수의 뉴런을 가진 단순퍼셉트론 구조와 같다. 그러나 퍼셉트론은 결정적 모델인데 반해서 볼쯔만 머신은 확률 모델이다. 그리고, 볼쯔만 머신의 상위층 뉴런은 감독학습 신호를 받지 않으며, 입력 신호를 한 단계 변환하는 은닉 뉴런 역할을 한다. 이러한 모델은 통계에서 은닉 변수 모델(latent variable model)로도 알려져 있으며 마코프랜덤필드(Markov random field, MRF)와 같은 계열의 모델이다.

$$p(h_i \mid \mathbf{x}) = \frac{1}{1+\exp(-\sum_i w_{ji} x_i)}$$

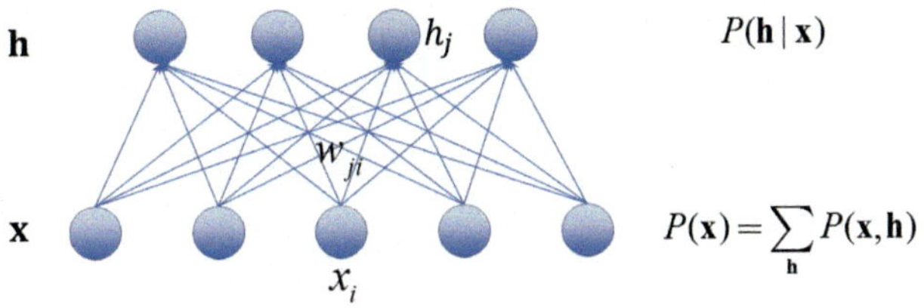

그림 5.1 제한 볼쯔만 머신(RBM)의 구조

각 뉴런이 하는 계산은 퍼셉트론에서와 유사하다. 즉, 입력의 가중치합을 계산하여 이를 시그모이드 함수를 통해서 변환한다. 그러나 이 값은 확률값으로 해석된다. 즉 j번째 은닉 뉴런은 활성하값들의 총합 net_j 에 기반하여 확률적으로 0과 1의 값을 출력한다.

$$net_j = \sum_i w_{ji} x_i$$
$$P(h_j \mid \mathbf{x}) = \sigma\left(net_j\right)$$

여기서 $\sigma(net)$는 인공신경망에서 활성화 함수로 사용되는 시그모이드 함수로 다음과 같이 정의된다.

$$\sigma(net) = \frac{1}{1 + \exp(-net)}$$

입력 벡터 **x**가 주어질 때 각각의 뉴런은 이분 그래프(bipartite graph) 구조로 인해 서로 독립이며, 은닉 벡터 **h**의 확률은 $P(\mathbf{h} \mid \mathbf{x})$로 표시된다.

$$P(\mathbf{h} \mid \mathbf{x}) = \prod_j P(h_j \mid \mathbf{x})$$

마찬가지로 은닉 벡터 **h**가 주어지면 입력 뉴런들은 서로 독립이다.

$$P(\mathbf{x} \mid \mathbf{h}) = \prod_i P(x_i \mid \mathbf{h})$$

$$P(x_i \mid \mathbf{h}) = \sigma\left(\sum_j w_{ji} h_j\right)$$

볼쯔만 머신은 감독학습 시스템이 아니기 때문에 목표 출력값이 주어지지 않는다. 볼쯔만 머신의 학습은 무감독 학습 과정이며, 관측된 데이터를 재생성할 확률, 즉 우도 $P(\mathbf{x} \mid \mathbf{w})$를 최대화하도록 학습한다(이하 편의상 매개변수 **w**는 수식에서 생략하고 우도를 $P(\mathbf{x})$로 간략히 표기한다). 우도의 추정에는 입력 벡터와 은닉 변수를 모두 사용한다. 확률의 합의 법칙을 사용하면

$$\begin{aligned} P(\mathbf{x}) &= \sum_{\mathbf{h}} P(\mathbf{x}, \mathbf{h}) \\ &= \sum_{\mathbf{h}} \frac{\exp[-E(\mathbf{x}, \mathbf{h})]}{\sum_{\mathbf{h}'} \sum_{\mathbf{x}'} \exp[-E(\mathbf{x}', \mathbf{h}')]} \\ &= \frac{\sum_{\mathbf{h}} \exp[-E(\mathbf{x}, \mathbf{h})]}{\sum_{\mathbf{h}'} \sum_{\mathbf{x}'} \exp[-E(\mathbf{x}', \mathbf{h}')]} \end{aligned}$$

여기서 통계 물리에서 에너지 $E(\mathbf{x}, \mathbf{h})$를 가진 시스템이 상태 **x**에 있을 확률이 볼쯔만 분포로 주어진다는 다음 사실을 이용하였다.

$$P(\mathbf{x}, \mathbf{h}) = \frac{1}{Z}\exp[-E(\mathbf{x}, \mathbf{h})] = \frac{\exp[-E(\mathbf{x}, \mathbf{h})]}{\sum_{\mathbf{x}', \mathbf{h}'}\exp[-E(\mathbf{x}', \mathbf{h}')]}$$

확률과 에너지는 $P(\mathbf{x}, \mathbf{h}) \propto \exp[-E(\mathbf{x}, \mathbf{h})]$로서 반비례 관계에 있다. 볼쯔만 머신에서는 에너지를 다음과 같이 정의한다.

$$E(\mathbf{x}, \mathbf{h}) = -\sum_j \sum_i h_j w_{ji} x_i$$

여기서 w_{ji}는 i번째 입력 뉴런과 j번째 은닉 뉴런을 연결하는 연결선의 가중치이며 $w_{ji}=w_{ij}$로 대칭이다.

5.2 RBM 학습

이제 학습식을 유도해 보자. 볼쯔만 머신을 학습하는 것은 최대 우도값 또는 로그 우도값을 갖는 가중치 벡터를 찾는 문제와 같다

$$\mathbf{w}^* = \arg\max_{\mathbf{w}} \log P(\mathbf{x}) = \arg\max_{\mathbf{w}} L(X;\theta)$$

로그우도 추정법의 정의로부터 이를 매개변수에 대한 미분값이 0으로 수렴하면 학습이 된 것이므로

$$\frac{\partial L(X;\theta)}{\partial w_{ji}} \to 0$$

이를 구하기 위해서 가중치에 대해서 미분하면

$$
\begin{aligned}
&\frac{\partial L(X;\theta)}{\partial w_{ji}} \\
&= \int P(\mathbf{x},\theta) \frac{\partial \log f(\mathbf{x};\theta)}{\partial \theta} dx - \frac{1}{N} \sum_{d=1}^{N} \frac{\partial \log f(\mathbf{x}^{(d)};\theta)}{\partial \theta} \\
&= \left\langle x_i h_j \right\rangle_{P(\mathbf{x},\theta)} - \left\langle x_i h_j \right\rangle_X \\
&= \left\langle x_i h_j \right\rangle_\infty - \left\langle x_i h_j \right\rangle_0
\end{aligned}
$$

위의 식에서 $\langle f \rangle_P$ 은 분포 *P*에 대한 *f*의 기대치를 표시한다. $\langle f \rangle_X$ 는 학습데이터 X에 대한 기대치이다. $\langle f \rangle_P - \langle f \rangle_X$ 는 두 개의 기대치 차이이다. $\langle \mathrm{x}_i \mathrm{x}_j \rangle_\infty$ 는 이를 몬테칼로 시뮬레이션으로 추정한 것이다. 이와 같이 두개의 확률분포의 차이를 최소화함으로써 학습하는 방식을 대조 다이버전스(contrastive divergence)라 한다. 딥빌리프넷(DBN)은 무한 번 반복해야 계산되는 $\langle x_i h_j \rangle_\infty$ 를 한 번의 몬테칼로 시뮬레이션으로 대치하여 추정한다. 즉

$$
\left\langle x_i h_j \right\rangle_\infty - \left\langle x_i h_j \right\rangle_0 \approx \left\langle x_i h_j \right\rangle_1 - \left\langle x_i h_j \right\rangle_0
$$

따라서 학습식은 다음과 같이 주어진다.

$$
\begin{aligned}
&w_{ji} \leftarrow w_{ji} + \Delta w_{ji} \\
&\Delta w_{ji} = -\eta \frac{\partial L(X;\theta)}{\partial w_{ji}} = \eta \left(\left\langle x_i h_j \right\rangle_0 - \left\langle x_i h_j \right\rangle_1 \right)
\end{aligned}
$$

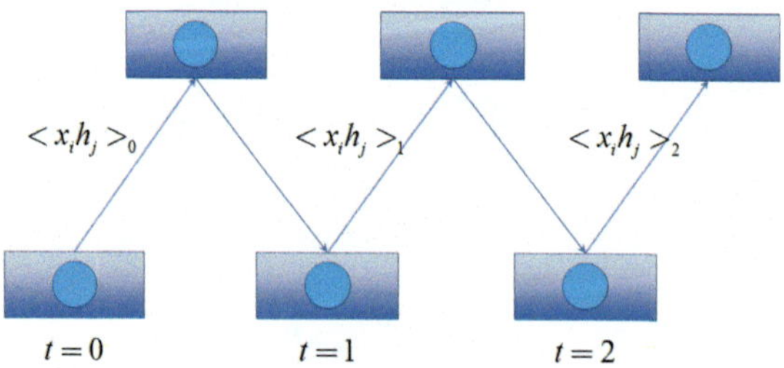

$$\Delta w_{ji} = \eta(< x_i h_j >_0 - < x_i h_j >_\infty)$$

$$\Delta w_{ji} \approx \eta(< x_i h_j >_0 - < x_i h_j >_1)$$

그림 5.2 제한 볼쯔만 머신의 학습

제한 볼쯔만 머신(RBM) 학습 알고리듬

0. 은닉 뉴런의 수 H를 정하고 가중치를 초기화한다.
1. 관측 뉴런에 학습 벡터 $\mathbf{x}$를 입력한다.
2. For j = 1 to H
3. $P(h_j \mid \mathbf{x})$의 값을 계산한다.
4. 위의 2~3을 여러번 반복한다.
5. 모든 i, j 쌍에 대해서 x_i 와 h_j가 동시에 on이 되는 수를 계산해서 $\langle x_i h_j \rangle_0$라 한다.
6. For i = 1 to I
7. $P(x_i \mid \mathbf{h})$의 값을 계산한다.
8. 위의 6~7을 여러번 반복한다.
9. For j = 1 to H
10. $P(h_j \mid \mathbf{x})$의 값을 계산한다. //위의 6~7의 결과를 이용하여//
11. 위의 9~10을 여러번 반복한다.
12. 모든 i, j 쌍에 대해서 x_i 와 h_j가 동시에 on이 되는 수를 계산해서 $\langle x_i h_j \rangle_1$라 한다.
13. 모든 i, j 쌍에 대해서 가중치를 다음과 같이 변경한다.

$$\Delta w_{ji} = \eta \left(\langle x_i h_j \rangle_0 - \langle x_i h_j \rangle_1 \right)$$

제한 볼쯔만 머신의 학습에 대한 보다 상세한 실용적 가이드는 (Hinton, 2012)를 참고하기 바란다.

5.2.1 응용예: 패턴 생성

제한 볼쯔만 머신을 이용한 응용의 한 사례로 패턴 생성 문제를 소개한다. 학습에 사용했던 데이터를 다시 생성해내는 문제가 왜 흥미로운 문제인지 궁금해하는 사람들이 있을 것이다. 패턴 생성 문제는 소프트웨어에 입력한 데이터만이 아니라 입력하지 않았던 데이터도 생성해낼 수 있도록 하는 문제로서, 단순히 매치되는 정보를 인출하는 문제인 정보검색 문제와는 구별된다. 특히, 제한 볼쯔만 머신은 에너지를 이용하여 정의된 확률 분포를 학습하는 모델이므로, 학습 데이터의 분포

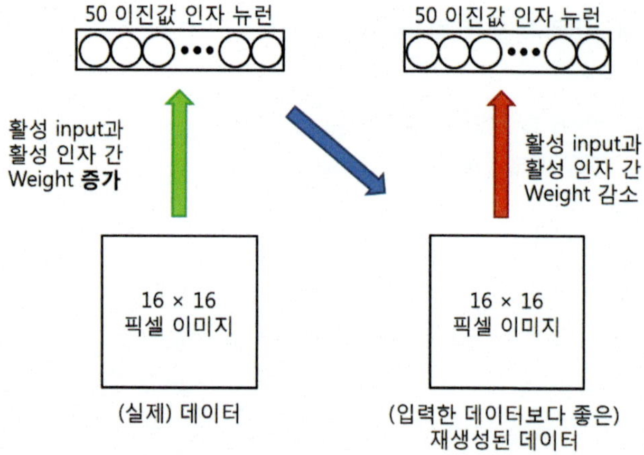

그림 5.3 제한 볼쯔만 머신에 의한 필기체 숫자 학습 방법

에 따라 생성 데이터의 분포도 영향을 받으며, 이로 인해 본 적이 없는 데이터도 생성할 수 있게 된다.

RBM의 적용 대상으로 손으로 쓴 숫자 이미지 데이터 집합인 MNIST 데이터집합을 소개한다. 이는 딥러닝 문제에서 자주 사용되는 데이터 집합 중 하나로 기본적으로 28 × 28 픽셀 크기의 6만 장의 학습용 이미지와 1만 장의 테스트용 이미지로 구성되어 있다. 이 이미지는 상하좌우에 공란이 존재하므로 테두리를 잘라내어 16 × 16 크기로 만든 이미지를 사용할 수도 있다.이 데이터를 가지고 은닉 뉴런 수가 50개인 RBM을 학습시키는 과정을 다시 살펴보겠다. 이 때, 입력 차원은 16 × 16 = 256이므로, 가중치 **w**는 256 × 50 크기의 행렬로 표현이 가능하다.

그림 5.3은 제한 볼쯔만 머신에 의해 MNIST 필기체 숫자 인식을 학습하는 방법을 보여준다. 입력층에 픽셀 이미지를 넣고 은닉층을 활성화시키고, 은닉층의 임의의 값으로부터 입력층 뉴런값들을 생성하는 과정을 반복하면서 대조 다이버전스를 줄여나간다.

학습식과 견주어 볼 때, 결과적으로 학습용 이미지의 활성 입력과 은닉 뉴런의 활성 인자 사이의 가중치의 강도는 높이게 되고, 재생성된 이미지의 활성 입력과

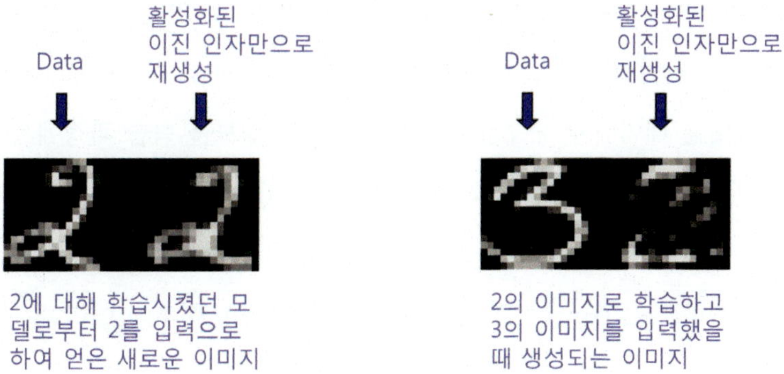

그림 5.4 RBM을 이용한 문자 생성 실험(Hinton, NIPS 2007 Tutorial on Deep Belief Nets)

은닉 뉴런의 활성 인지 사이의 가중치의 강도는 낮추게 된다. 만약, 학습 이미지와 재생성된 이미지가 동일할 경우, 증가된 가중치와 감소된 가중치가 평형을 이루어 모델은 수렴한다.

숫자 2의 다양한 이미지를 이용하여 RBM을 학습시킨 후에, 위의 과정을 통해 숫지를 생성해보자. 그림 5.4의 좌측과 같이 모델이 학습한 특성을 바탕으로 새로운 숫자 2 이미지를 생성하였다. 반면에, 학습에 사용한 데이터와 상대적으로 모양이 크게 다른 숫자 3을 입력으로 주었을 때에는 모델이 이 입력을 2에 가깝게 해석하려는 경향을 볼 수 있다. 이러한 현상을 보이는 이유는 RBM 안에 있는 은닉 뉴런들이 주로 2를 표현하는 특성들만을 학습하였기 때문이다

5.3 딥빌리프넷(DBN)

빌리프넷(belief network) 또는 베이지안망(Bayesian network)은 대표적인 확률그래프모델(probabilistic graphical model) 중 하나이며, 확률을 기초로 하는 여러 머신러닝 알고리듬의 틀을 제공하는 모델이다. 빌리프넷을 신경망 방식으로 구현하

는 연구는 1990년대부터 이어졌지만(Neal, 1992), 심층 신경망 구조 형태의 빌리프넷은 2006년이 되어서야 학습 방법이 정립되었다(Hinton & Salakhutdinov, 2006). 이 딥빌리프넷은 데이터에 내재된 특성과 추상적인 정보를 학습 과정에서 잘 표현하는 것이 알려졌으며(Le Roux & Bengio, 2008)(Bengio, 2009), 컨볼루션망과 결합하여 이러한 표상 학습(representational learning) 능력이 잘 발휘된 연구성과가 나오기도 하였다(Lee, Grosse, Ranganath, & Ng, 2009). 이후에 이러한 표상 학습은 딥러닝의 중요한 특징으로 대두되었다(Bengio, Courville, & Vincent, 2013).

딥빌리프넷(deep belief network, DBN)은 제한 볼쯔만 머신을 빌딩블록으로 하여 여러 층을 쌓은 딥러닝 아키텍처이다. 층을 깊게 쌓은 신경망을 학습하는데 있어서 널리 알려진 오차 신호 희석(vanishing gradient) 문제가 있다. 즉 심층 신경망에 대해서 오류역전파 알고리듬을 적용하면 출력층에 대해서는 가중치가 잘 교정되나 입력층 쪽으로 감에 따라서 오차값이 점차 적어져서 입력층에 대한 가중치가 교정이 잘 되지 않는 문제가 있었다. 이 문제를 해결하기 위해서 DBN은 아래층(입력에 가까운 층)에서부터 위층으로 가면서 순차적으로 선훈련을 진행한다. 즉 아래층에 대해서 가중치를 먼저 학습한 후 이 가중치를 고정한 다음 그 다음 층의 가중치를 학습한다. 이 기술은 층별 선훈련(layerwise pre-training)이라고 하며 딥러닝을 위한 핵심 기술로 제안되었다(Hinton, Osindero, & Teh, 2006).

딥빌리프넷은 크게 두 가지로 구분된다. 하나는 입력과 같은 출력을 재생성하도록 하는 오토인코더(autoencoder)이고 다른 하나는 분류기로 사용하는 것이다. 전자는 무감독 학습 구조이고 후자는 감독학습 구조이다. 딥빌리프넷은 기본적으로 무감독 학습 구조이다. 그러나 분류 문제를 풀기 위해서는 무감독 학습의 마지막 은닉층을 입력으로 하고 출력층을 하나 추가하여 감독학습을 시킴으로써 분류 문제를 풀 수 있다.

그림 5.5는 $\mathbf{x}-\mathrm{h}_1-\mathrm{h}_2-\mathrm{h}_3$ 구조의 딥빌리프넷을 보여준다. 먼저 입력층에 대한 은닉층 h_1을 모든 학습 데이터집합 D에 대해서 학습한다. 학습된 $w_{ji}^{(1)}$를 고정한다.

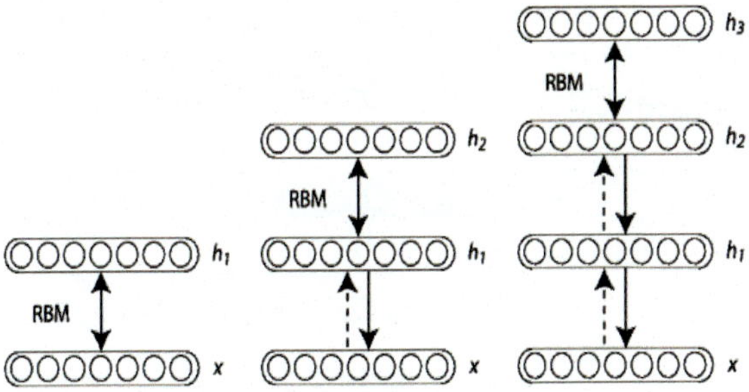

그림 5.5 층별 선훈련 방법

이를 이용하여 h_2를 학습한다. 방식은 학습 데이터 **x**를 입력층에 할당한 후 고정된 $w_{ji}^{(1)}$를 사용하여 h_1을 계산한다. 이 h_1값을 입력으로 생각하고 은닉층 h_2의 값들을 제한 볼쯔만 머신 학습 방법을 사용하여 무감독 학습으로 학습하여 $w_{ji}^{(2)}$값들을 구한다. 이와 같은 방식으로 순차적으로 빌리프넷 구조의 은닉층을 쌓아가며 심층 신경망을 구성한다.

그림 5.6은 딥빌리프넷 구조를 이용하여 문자영상을 재구성하는 오토인코더를 구성한 예이다. 이 예에서 사용한 딥빌리프넷은 28 × 28 = 784 차원의 이진값을

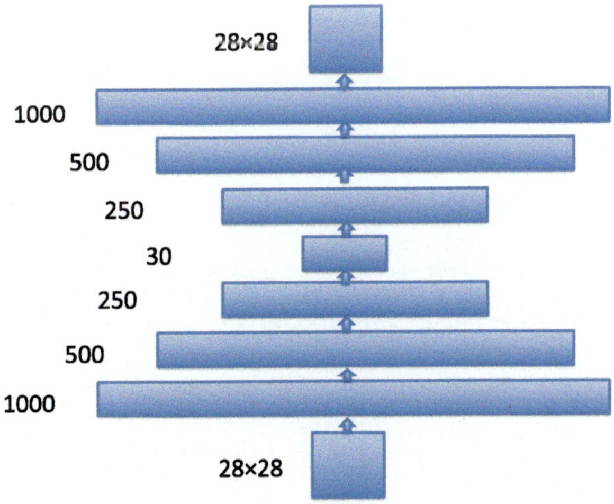

그림 5.6 딥빌리프넷 오토인코더

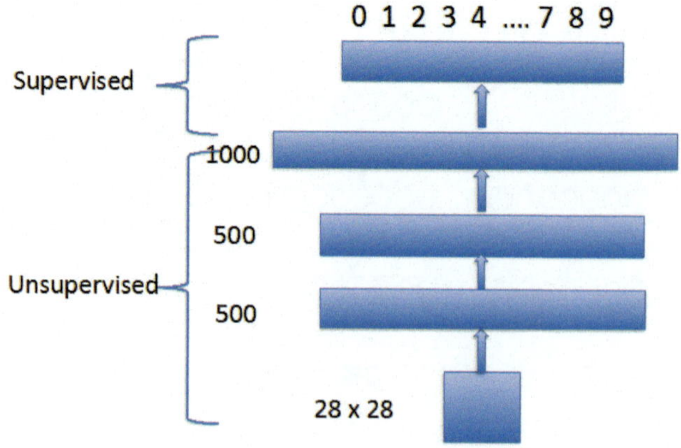

그림 5.7 딥빌리프넷 분류기

갖는 영상벡터 **x**를 입력으로 사용하여 **x**−1000−500−250−30−250−500−1000−**x**의 구조를 갖는 딥네트워크 구조이다.

딥빌리프넷은 기본적으로 무감독 학습 구조이다. 그러나 분류 문제를 풀기 위한 감독학습으로도 사용할 수 있다. 마지막 층의 은닉층을 입력으로 하고 출력층을 추가하여 감독학습을 시킴으로써 분류 문제를 풀 수 있다. 그림 5.7은 딥빌리프넷 구조를 이용하여 문자 인식을 하기 위한 분류기를 구성한 예이다. 이 예에서는 28 × 28 =784 차원의 이진값을 갖는 영상벡터 **x**를 입력으로 사용하여 **x**−1000−500−500−1000−**y**의 구조를 갖는 딥네트워크 구조이다.

다루는 문제에 따라 다양한 네트워크 구성이 가능하지만, 구조가 결정된 후에는 딥네트워크 상에 정의되는 확률식은 특정 형태를 따른다. 그림 5.5에서 사용된 변수를 참고하여 일반적인 딥빌리프넷을 표현해보자. 관측가능한 입력 벡터 **x**와 l 개의 은닉층을 가지며, k번째 층의 값을 $\mathbf{h}^k$라고 하자. 이 때, 딥네트워크 구조가 결정된 딥빌리프넷은 다음과 같은 결합확률 분포를 갖는 확률 그래프 모델로 정의된다.

$$P(\mathbf{x},\mathbf{h}^1,\cdots,\mathbf{h}^l)=\left(P(\mathbf{x}\mid\mathbf{h}^1)\prod_{k=1}^{l-2}P(\mathbf{h}^k\mid\mathbf{h}^{k+1})\right)P(\mathbf{h}^{l-1},\mathbf{h}^l)$$

계층 간의 관계가 주로 조건부 확률을 이용해 표현되었다. 하지만, 최상단의 두 계층인 $\mathbf{h}^{l-1}$과 $\mathbf{h}^l$의 관계는 조건부 확률이 아님을 유의하자. 계층별 관계를 나타내는 조건부 확률 및 결합 확률(최상단의 두 층)은 RBM을 이용한 층별 선훈련을 통해 얻는다. 이와 같이 계층별 관계 및 네트워크를 확률을 이용해 표현할 경우, 학습 데이터에 포함되지 않은 패턴도 샘플링을 통해 생성할 수 있다는 장점을 갖는다.

영상 벡터를 학습하는 딥빌리프넷의 일반적인 학습과정을 정리하면 아래와 같다.

영상 데이터에 대한 딥빌리프넷의 학습과정 개요

1. 영상의 픽셀값들을 입력 벡터로 사용하여 층별 선훈련을 통해 첫 번째 층을 학습한 후, 은닉층의 출력 벡터를 구한다.
2. 하위 은닉층의 출력 벡터를 입력 벡터로 취급하여 다음 계층을 학습한다.
3. 2의 과정을 딥네트워크 구조에 따라 상위 층으로 올라가면서 반복한다.
4. (오토인코더 학습의 경우) Wake-Sleep 알고리듬을 통해 미세조정을 수행한다.
   (분류기 학습의 경우) 오류역전파 알고리듬을 통해 미세조정을 수행한다.

위의 과정을 살펴보면 층별 선훈련이 입력 계층에서 상위 계층 방향으로 탐욕적(greedy)인 방식으로 작동됨을 알 수 있다. 이로 인해 학습 과정의 결과물이 과연 문제 해결에 적합한 모델이 될지 우려가 있을 수 있다. 이에 대한 다소 간접적인 설명으로서, 위의 학습과정이 학습 데이터에 대한 딥빌리프넷의 로그우도의 하한을 증가시키는 과정이 증명되었다(Hinton et al., 2006).

위의 4번 과정은 1~3 과정에서 학습한 딥빌리프넷를 응용에 따라 미세조정하여 좀더 좋은 성능을 얻는 과정이다. 분류기 학습을 위한 미세조정은 다양한 다른 딥네트워크에서 사용되는 오류역전파 방식을 사용한다. 오토인코더 학습을 위한 미세조정에는 Wake-Sleep 알고리듬의 변형들을 사용할 수 있다. 이 알고리듬은 그림 5.8과 같이 인식용(recognition) 연결과 생성용(generation) 연결이 별도로 주어진 네트워크에서 정의되며, Wake-Sleep의 두 단계를 번갈아 수행함으로써 데이터를 학습한다. Wake 단계에는 인식용 연결을 이용해 layer의 값을 결정하고 생성용 연결의 가중치를 조정하여 우도를 높힌다. Sleep 단계에는 생성용 연결을 이용해 은닉층의 값을 결정하고 인식용 연결의 가중치를 조정하여 우도를 높인다. 그림 5.5를 보면 입력단계부터 최상위 단계 아래까지는 그림 5.8의 구조와 동일한 연결선을 가지므로, RBM의 연결 가중치를 인식용/생성용 연결 가중치의 초기값으로 동일하게 설정한 후에 이 알고리듬을 사용할 수 있다. 다만, 딥빌리프넷에서는 최상위 두 계층은 무방향성 연결만을 가지는 모듈이므로 한 계층 아래의 값을 이용하여 우도를 높인다.

5.3.1 응용 예: 필기체 숫자 인식문제와 생성문제

딥빌리프넷을 필기체 숫자 인식과 생성 문제에 적용한 사례를 소개한다. 이를 위해 5.2절의 응용에서 사용한 필기체 숫자 데이터 집합인 MNIST를 다시 사용한

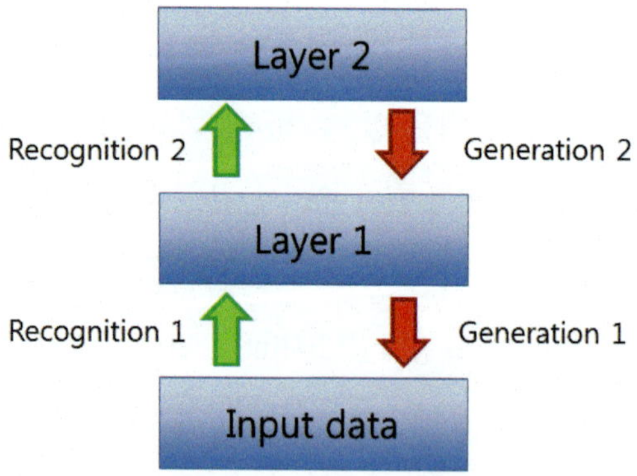

그림 5.8 Wake-sleep 알고리듬을 위한 전형적인 네트워크

다. 인식 문제와 생성 문제를 함께 다루기 위해 그림 5.9의 딥빌리프넷 구조인 28 × 28 − 500 − 500 − 2000 − 10의 구조를 이용하여 MNIST 데이터를 학습하였다. 여기서 500 − 2000과 2000 − 10은 연결선에 방향이 없는 RBM으로 되어 있어, 연합 메모리와 같은 역할을 수행한다.

표 5.1은 분류 성능을 비교한 것으로 단순히 다층퍼셉트론(MLP)을 오류역전파를 통해 학습하거나 지지벡터머신(SVM)을 사용한 결과보다 우수하다. 힌튼 교수가 제공하는 데모가 다음 웹사이트에 제공되어 있다(http://www.cs.toronto.edu/~hinton/adi/). 0~9의 숫자 레이블 부분 중 하나를 골라 고정하고 연합 메모리에서 샘플링을 통해 샘플을 생성할 수 있다. 그림 5.10은 각 숫자 레이블별로 깁스 샘플링을 통해 얻은 샘플들의 예이다. 반대로 28 × 28 부분에 학습 데이

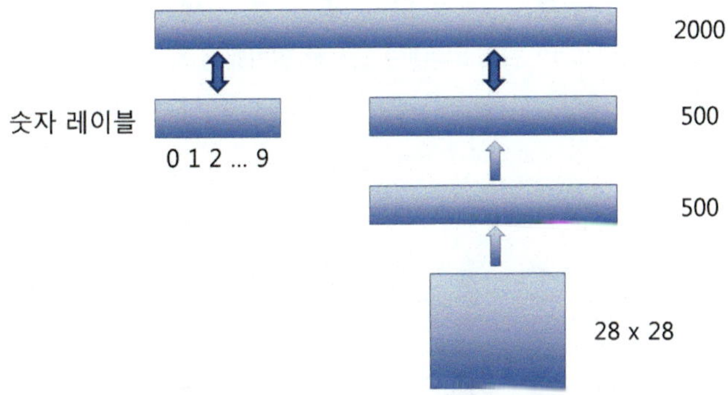

그림 5.9 필기체 숫자 인식 및 생성을 위한 딥빌리프넷 구조

표 5-1 MNIST 데이터에 대한 에러율 비교

방법	에러율
RBM 기반 생성 모델	1.25%
지지벡터머신	1.4%
오류역전파(1000 은닉 뉴런)	~1.6%
오류역전파(500 → 300 은닉 뉴런)	~1.6%
K-Nearest Neighbor	~3.3%

터에 포함되지 않았던 숫자 이미지를 고정하고 레이블 부분의 출력을 통해 분류를 수행할 수 있다. 그림 5.11은 그 이미지의 예이다.

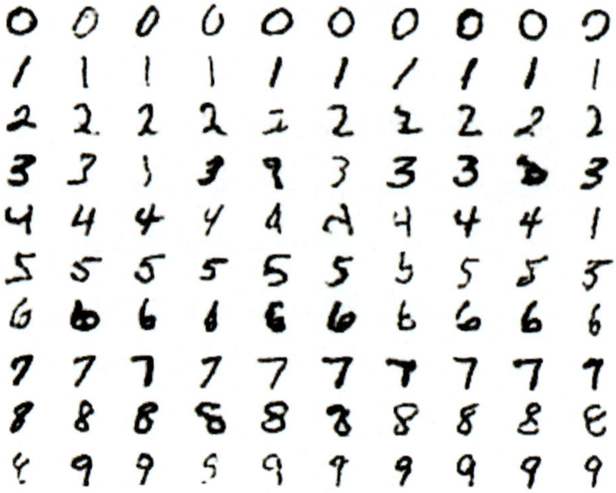

그림 5.10 딥빌리프넷이 생성한 필기체 숫자 이미지

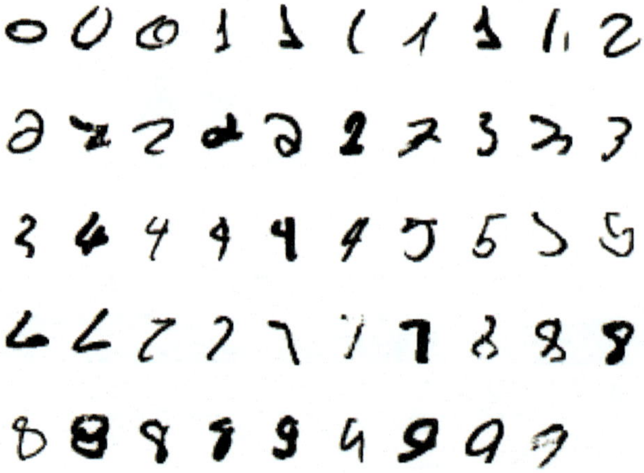

그림 5.11 테스트 데이터에서 딥빌리프넷을 통해 옳게 인식된 필기체 숫자 이미지의 예

5.3.2 드랍아웃

드랍아웃(dropout)은 딥네트워크를 학습하는 데에 있어 은닉층 안의 일부 노드를 강제로 꺼버리는 과정을 통해 분류 성능을 크게 향상시키는 트릭이다(Srivastava et al., 2014). ImageNet에 딥러닝을 성공적으로 적용했던 사례인 AlexNet에서도 사용되었다.

드랍아웃의 적용 과정은 매 학습 데이터 하나마다 각 은닉 뉴런 별로 일정 확률, 예를 들면 0.5의 확률로 강제로 꺼질 뉴런을 무작위로 선택하는 것이다. 이러한 과정을 통해, 만약 H개의 은닉 뉴런을 가지고 있었다면, 마치 2^H 개의 다른 네트워크를 가지고 앙상블을 만든 효과를 갖게 된다. 하지만, 앙상블의 모든 네트워크의 가중치는 공유되기 때문에 강력한 정규화 효과를 지니게 된다. 즉, 여러 개의 모델을 한번에 다루는 효과를 부여하게 되어 훨씬 설명력이 좋은 다수의 모델을 학습하게 된다.

학습을 마친 후에 드랍아웃을 수행한 모델을 가지고 추론할 경우에는 어떻게 계산해야 할까? 다수의 모델의 결과를 합쳐서 이용하는 효과를 가지므로, 가중치의 값들을 반으로 줄여서 연산을 수행하면 된다. 이 과정은 출력들의 기하평균을 취하여 다음 계층으로 보내는 것과 동일한 효과를 낸다.

이론적인 연구는 현재까지 제한적으로 수행되어 있어서, 현재까지는 경험적인 지식이 좀 더 알려져 있다(Gal & Ghahramani, 2015). 드랍아웃을 사용할 때 가질 수 있는 실제적인 궁금증에 대해 가능한 답을 살펴보자. 만약, 은닉층이 여러 개일 경우에는 어떻게 하는 것이 바람직한 드랍아웃 방법인가? 매 은닉층마다 0.5 드랍아웃을 사용하는 것이 좋다. 그렇다면, 입력 계층에도 드랍아웃을 사용해야 하는가? 실험적으로 밝혀진 바에 따르면 입력계층에도 드랍아웃을 사용하는 것이 좋다. 딥빌리프넷에서는 드랍아웃을 어떻게 사용하는가? 미세조정과정에서 감독 학습을 할 때 적용할 수 있다.

5.4 응용 사례

딥빌리프넷의 활용 사례로 얼굴 인식을 위한 감독학습문제와 문서 검색을 위한 문서의 코드 학습문제 두 가지 사례를 소개한다. 그림 5.12는 얼굴 방향 인식에 사용된 데이터를 보여준다. 무감독 학습을 위해서 11,000장의 무표지 얼굴 영상을 사용하였다. 감독학습은 세 가지 경우로 나뉘어 각각, 100, 500, 1000장의 표지된 얼굴 영상을 사용하였다. 학습 성능의 평가를 위해서는 새로운 얼굴 사진을 사용하였다.

그림 5.13은 학습에 사용된 딥빌리프넷의 구조이다. 3개의 RBM 층으로 무감독 학습을 수행한다. 이어서 마지막에 한 개의 감독학습층을 추가한 4층짜리 구조이다. RBM층은 각각 1000개의 은닉 뉴런으로 구성된 무감독 학습을 통해 오토인코더를 학습하였다. 마지막의 감독학습층에서는 가우시안 프로세스(Gaussian Process, GP)를 사용하였다.

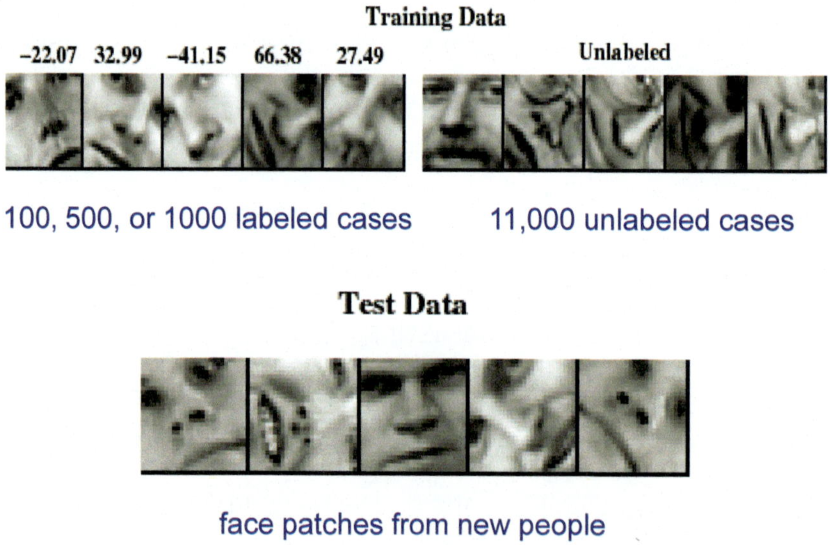

그림 5.12 얼굴 방향 인식 문제의 학습 및 테스트 데이터
(Hinton, NIPS 2007 Tutorial on Deep Belief Nets)

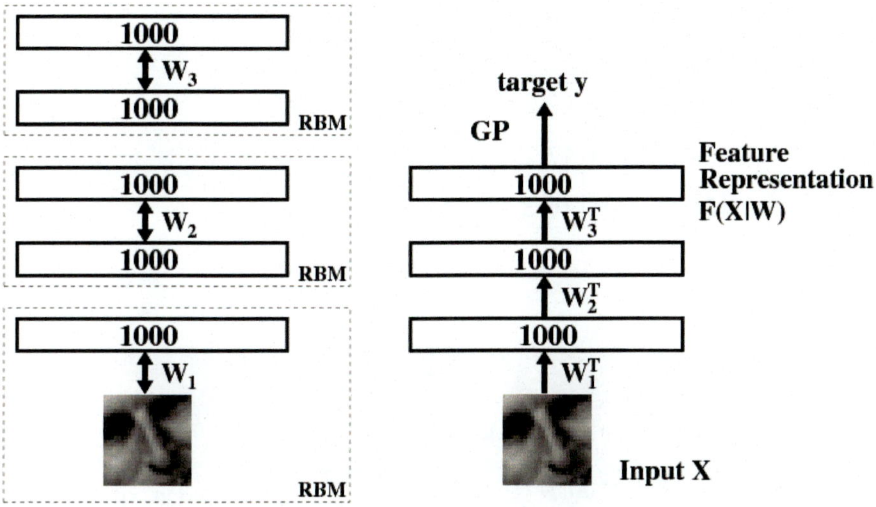

그림 5.13 얼굴 방향 인식 문제의 딥빌리프넷 구조

그림 5.14는 얼굴 인식 성능을 비교하여 보여 준다. 세 가지 경우를 비교하였으며, 이것은 i) 원래 픽셀 영상에 대해 GP를 적용한 경우, ii) 딥빌리프넷으로 무감독 학습한 특징벡터에 대해서 GP를 적용한 경우, iii) 딥빌리프넷으로 무감독 학습한 후 여기에 GP 층을 쌓아 전체적으로 다시 감독학습으로 전체 가중치를 미세 조정하는 경우이다. 결과는 i)에서 iii)으로 갈수록 정확도가 향상되는 것을 알 수 있다. 특히 i) 보다는 ii)와 iii)이 성능이 좋은 것은 딥빌리프넷으로 무감독 학습한 특징이 분류 문제 해결에 도움이 된다는 것을 의미한다. ii)와 iii)을 비교할 때 마지막에 감독학습층을 쌓은 후 전체 망을 미세조정하는 것이 또한 성능 향상에 도움이 된다는 것을 알 수 있다. 전체적인 성능은 예상되는 바와 같이 표지된 데이터의 수가 100, 500, 1000개로 늘어날 수록 향상됨을 확인할 수 있다. 즉, 무감독 학습으로 추출한 특징들은 표지 데이터의 수가 늘어나도 여전히 유효함을 알 수 있다.

그림 5.15는 무감독 학습으로 재생성된 얼굴 이미지를 보여준다. 30차원의 PCA로 복원한 이미지보다 30차원의 오토인코더 딥빌리프넷의 성능이 더 우수함

	GP on the pixels	GP on top-level features	GP on top-level features with fine-tuning
100 labels	22.2	17.9	15.2
500 labels	17.2	12.7	7.2
1000 labels	16.3	11.2	6.4

그림 5.14 얼굴방향인식 성능 비교

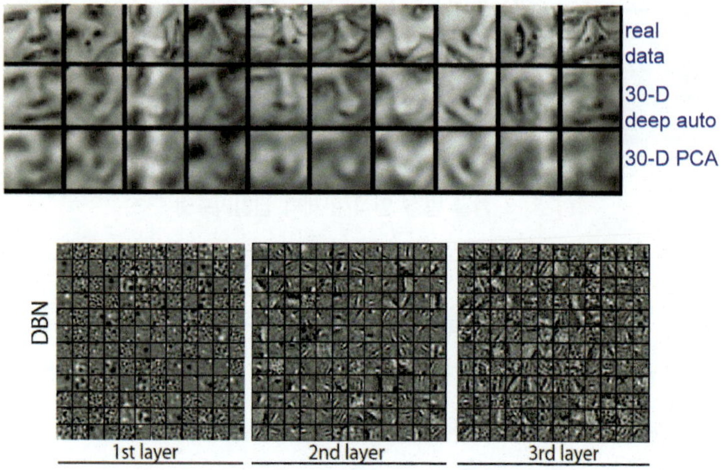

그림 5.15 얼굴 재생성 결과 및 층별 특징 추출 결과

을 시각적으로 확인할 수 있다. 아래쪽 패널의 그림들은 RBM의 층을 쌓아감에 따라서 추출된 특징들이 점차 전역적이고 복잡해지는 것을 시각적으로 확인할 수 있다.

(Hinton & Salakhutdinov, 2006)은 또한 딥빌리프넷의 성능을 텍스트 데이터에 대해서도 평가하였다. 여기서 다룬 응용은 문서검색 문제로, 딥빌리프넷를 이용해 문서의 특징을 드러내는 코드를 생성할 수 있는지가 관심사였다. 즉, 유사한 문서에는 유사한 코드를 부여하여, 쿼리 문서를 입력하였을 때 유사한 문서들을 검색하는 문제에 활용할 수 있다. 40만개의 뉴스그룹 문서를 수집하여 학습한

후, 학습에 사용되지 않은 40만개의 문서를 쿼리로 삼아 동일 카테고리에 속한 문서가 검색되는지를 기준으로 하여 성능을 평가하였다. 이를 위해 무감독 학습으로 오토인코더 딥빌리프넷을 학습시켰으며, 마지막에 감독학습으로 미세조정을 수행하였다. 딥빌리프넷의 구조는 2000−500−250−10−250−2000의 5층짜리였다. 먼저 차원을 2000 차원에서부터 서서히 10차원까지 축소한 후 후에 이를 다시 서서히 2000 차원으로 차원 확장하는 방법으로 오토인코딩 학습을 수행하였다. 학습을 마친 후 문서 쿼리에 대해 10 차원짜리 코드를 생성하고 코사인 유사도를 통해 코드가 유사한 문서들을 1~10000개까지 검색해와서 카테고리의 정확도를 평가한 결과가 그림 5.16에 표시되어 있다. 가장 유사한 소수의 문서를 검색해올수록 정확도가 높고, 많은 수를 검색해올 수록 정확도가 떨어진다. 즉, 부여된 코드가 카테고리 정보를 잘 반영하고 있음을 알 수 있다.

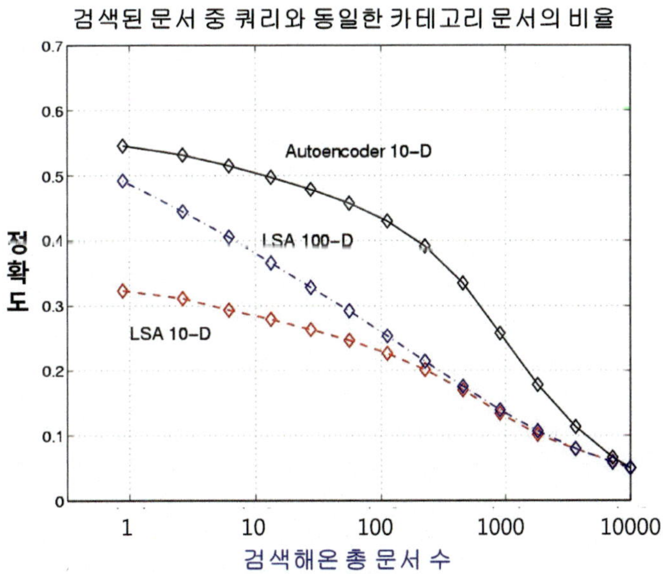

그림 5.16 딥빌리프넷에서 얻은 코드를 이용한 문서 검색 성능
(Hinton, NIPS 2007 Tutorial on Deep Belief Nets)

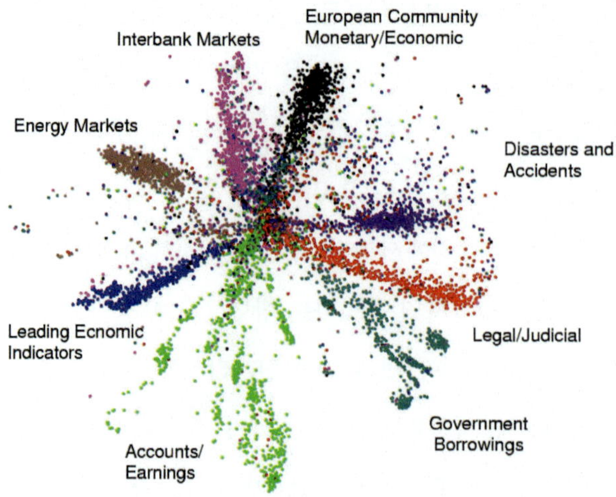

그림 5.17 딥빌리프넷을 이용하여 문서에 코드부여한 후 도시한 결과
(Hinton & Salakhutdinov, 2006)

그림 5.17은 코드의 시각화를 위해 2000-500-250-125-2의 구조로 오토인코더를 학습하여 도시한 결과이다. 문서의 카테고리에 따라 코드가 잘 나누어져 있음을 확인할 수 있다.

CHAPTER

6

딥하이퍼넷

딥하이퍼넷(DHN)은 하이퍼넷(Hypernet)을 여러층 적층한 무감독 학습기반의 딥러닝 모델이다. 하이퍼넷은 하이퍼그래프 구조를 이용하여 입력 변수들간의 고차 상호작용 관계를 표현하는 확률그래프 구조이다. DHN은 스트림 형태로 계속 유입되는 데이터로부터 점진적으로 오랜 동안 평생학습하는 문제를 다루기 위해서 고안되었다. DHN의 학습은 그래프 몬테칼로(GMC) 알고리듬을 사용한다. 데이터 변수들의 하이퍼그래프 조합 공간상에서 몬테칼로 시뮬레이션에 의한 그래프 탐색을 수행함으로써 원래 데이터를 재생성하면서 최소 복잡도를 갖는 하이퍼에지들의 최적 조합을 찾는다. 따라서 딥하이퍼넷은 인접층간의 연결이 희소적인 부분 연결 구조를 가지며 이는 다른 많은 딥러닝 구조와 구별되는 점이다. 본 장에서는 하이퍼넷과 딥하이퍼넷의 구조와 학습 알고리듬 그리고 응용 사례를 살펴본다. DHN은 TV 만화영화로부터 그림과 글이 결합된 멀티모달 지식 구조를 자동으로 학습하고 이로부터 스토리를 생성해 내는 상상력 기계의 기반이 되었다. 딥하이퍼넷은 또한 만화비디오를 보면서 아이들과 질문과 응답을 하며 영어 공부를 도와주는 교육용 로봇인 뽀로로봇(Pororobot) 개발에 활용되었다.

6.1 하이퍼넷 구조

하이퍼넷(hypernetworks, 줄여서 hypernet)은 데이터에 존재하는 고차 관계를 학습하는 확률그래프 모델이다(Zhang, 2008b). 데이터 변수들간의 고차적 관계를 표현하기 위해서 하이퍼그래프(hypergraph) 구조를 이용한다. 관측된 데이터를 재생성하도록 무감독 학습을 수행하며, 학습 데이터의 결합확률 분포를 추정하는 알고리듬으로 볼 수 있다. 환경과의 상호작용을 통해서 계속하여 발행되는 온라인 데이터를 끊임없이 학습하는 평생 점진적 학습을 수행한다. 변화하는 환경에 빠르고 점진적으로 적응하기 위해서 One-shot 학습이 가능한 구조 재조직 연산을 수행한다.

실제적인 온라인 학습 방법을 논의하기 전에 먼저 하이퍼넷 모델의 이론적 기반을 살펴보자. 하이퍼넷은 데이터의 확률분포, 즉 우도(likelihood)를 최대화하도록 학습된다. 후에 점진적 알고리듬을 기술할 때 보겠지만 실제로는 우도 외에 사전 확률 분포(prior distribution)를 고려하여 이를 점진적으로 갱신하는 순차적 베이지안 학습을 수행한다. 여기서는 이론적으로 좀 더 명확한 우도 최대화 학습 방법으로 먼저 설명한다. 하이퍼넷을 구성하는 모델을 기술하는 매개변수를 W라 하면, 모델로부터 데이터 $D = \{\mathbf{x}^d\}_{d=1}^N$ 가 생성될 확률은 다음과 같이 표현될 수 있다.

$$P(D \mid W) = \prod_{d=1}^{N} P(\mathbf{x}^{(d)} \mid W)$$

위에서 학습집합 D의 전체 확률을 각 성분확률의 곱으로 표현할 수 있는 것은 학습 데이터가 순서에 무관하게, 즉 독립적으로 생성된다고 보기 때문이다. 학습

표 6-1 하이퍼넷의 주요 특성

특성	설명
고차 연관관계 표현	특징의 조합을 명시적으로 표현 일반적인 그래프 구조만을 허용하는 베이지안망과 비교할 때 빠른 학습을 기대
구조 학습	학습 과정에서 구조의 진화 과정을 적용 의미 있는 모듈 발견을 기대
군집 기반 부호화	하이퍼에지와 그 조합으로 구성된 모듈로 데이터의 정보가 표현됨. 점진적 학습 가능 베이지안망의 조건확률표 기반 정보 표현과 대비
조합성(compositionality)	학습 과정에서 선택, 생성된 하이퍼에지와 모듈의 조합으로 새로운 모듈 생성 추상화 및 추상화 수준을 높인 기호 기반 계산
자가-감독 학습	레이블이 없는 데이터로도 학습 가능 학습 과정에서 레이블 탐색
동적 조정 가능 체계	동적 자기조직 방식의 학습과 추론 상시 추론 가능

데이터에 대한 확률분포는 통계역학에서 사용하는 볼쯔만(Boltzmann) 분포를 사용한다. 즉, 물리계에서 상태 에너지가 $E(\mathbf{x})$인 시스템이 상태 $\mathbf{x}$에 있을 확률은 다음의 볼쯔만 분포를 가진다:

$$P(\mathbf{x} \mid W) = \frac{1}{Z(W)} \exp\left[-\frac{E(\mathbf{x} \mid W)}{k_B T} \right]$$

위에서 k_B는 볼쯔만 상수, T는 이 시스템의 절대 온도이며 정규화 상수 Z는 모든 가능한 상태들이 나타날 확률의 합이다.

$$Z(W) = \sum_{\mathbf{x}} \exp\left[-\frac{E(\mathbf{x} \mid W)}{k_B T} \right]$$

앞의 두 식을 결합하면 데이터 벡터 $\mathbf{x}$가 모델로부터 생성될 확률은 다음과 같다.

$$P(\mathbf{x} \mid W) = \frac{\exp[-E(\mathbf{x} \mid W)]}{\sum_{\mathbf{x}'} \exp[-E(\mathbf{x}' \mid W)]}$$

하이퍼그래프는 일반적인 그래프를 확장한 고차의 그래프 구조이다. 일반적인 그래프에서 에지(edge)는 두 개의 정점을 연결한다. 즉 에지의 차수는 $k \leq 2$이다. 하이퍼그래프에서는 정점을 2개 이상으로 일반화하여 다수의 정점을 연결한 하이퍼에지를 허용한다. 즉 $k \geq 1$이다. 하나의 하이퍼에지에 있는 정점의 개수를 그 하이퍼에지의 차수라 한다. 하이퍼넷는 다시 하이퍼그래프를 일반화하여 각각의 하이퍼에지가 가중치를 가지도록 확장한 것이다. 이는 신경망이 연결 가중치를 가진 것처럼 하이퍼에지의 연결선들이 가중치를 가진 것으로 볼 수 있다. 형식화하면, 하이퍼넷은 트리플 $H = (X, E, W)$로 정의된다(Zhang & Kim, 2006).

$$H = (X, E, W),$$
$$X = \{x_1, x_2, ..., x_I\},$$

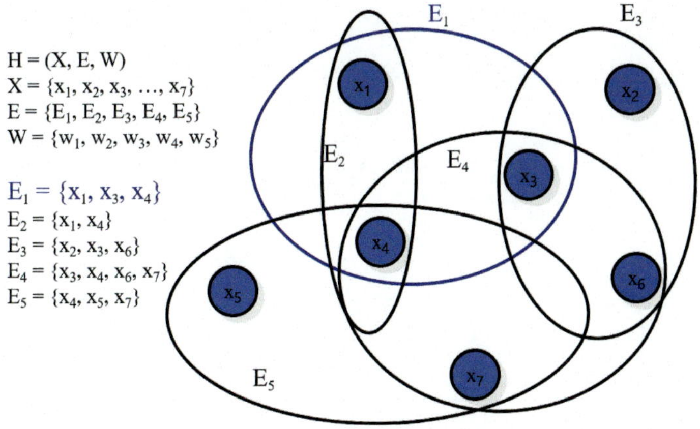

그림 6.1 하이퍼넷의 예.
하이퍼그래프 구조와 하이퍼에지 각각에 부여된 가중치로 모델이 정의된다.

$$
\begin{aligned}
E &= \{E_1,\ E_2,\ ...,\ E_{|E|}\}, \\
W &= \{w_1,\ w_2,\ ...,\ w_{|E|}\} \\
E_i &= \{x_{i_1},\ x_{i_2},\ ...,\ x_{i_k}\}
\end{aligned}
$$

특수한 경우로 차수 k인 하이퍼에지로만 구성된 하이퍼넷을 k-하이퍼넷라 한다.

그림 6-1에 하이퍼넷의 예를 도식화하였다. 7개의 정점 $X = \{x_1, x_2, ..., x_7\}$과 5개의 하이퍼에지 $E = \{E_1, E_2, E_3, E_4, E_5\}$로 구성되었으며 각각의 하이퍼에지는 다른 차수 $k_i = |E_i|$와 가중치 $W = \{w_1, w_2, w_3, w_4, w_5\}$를 가진다. 하이퍼넷 H는 인시덴스 행렬 $[a_j^i]$로 표시할 수 있다. 매트릭스는 $|E|$개의 행을 가지며 각각 하이퍼에지를 나타낸다. $I+1$개의 열은 H의 정점을 나타낸다. 행렬의 요소는 다음을 나타낸다.

$$
a_j^i = \begin{cases} w_j & x_i \in E_j \quad j = 0 \\ 1 & x_i \in E_j \quad j = 1, ..., |E| \\ 0 & x_i \notin E_j \quad j = 1, ..., |E| \end{cases}
$$

여기서 $i=1,\cdots,I$는 열의 인덱스이고 $j=1,\cdots,|E|$는 행의 인덱스이다.

하이퍼넷은 학습 데이터셋 $D_N = \{\mathbf{x}^{(d)}\}_{d=1}^N$ 을 저장한 후에 내용 기반으로 인출할 수 있는 확률연상 메모리로 사용될 수 있다.

$$\begin{aligned}
&\mathbf{x}^{(d)} = (x_1, x_2, ..., x_I), \\
&E_i = (x_{i_1}, x_{i_2}, ..., x_{i_j}, ..., x_{i_k}), \\
&i_j \in \{1, 2, ..., I\},\ j = 1, ..., k
\end{aligned}$$

하이퍼넷의 에너지 함수를 다음과 같이 정의한다.

$$\varepsilon(\mathbf{x}^{(d)}; W) = -\sum_{i=1}^{|E|} w_{i_1 i_2 \ldots i_{|E_i|}} x_{i_1}^{(d)} x_{i_2}^{(d)} \ldots x_{i_{|E_i|}}^{(d)},$$

여기서 W는 하이퍼넷 모델의 매개변수인 하이퍼에지의 가중치 벡터를 나타낸다.

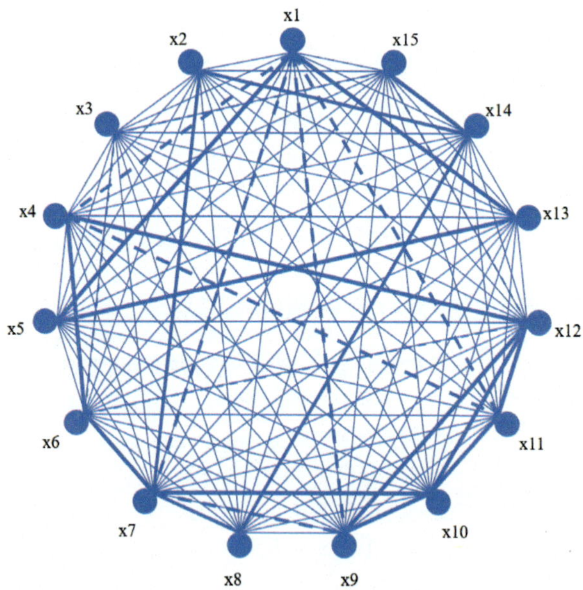

그림 6.2 하이퍼넷의 사례. 15개의 정점으로 구성 가능한 다양한 차수의 하이퍼에지와 그 가중치를 표현. 가중치의 절대값이 클수록 두꺼운 선으로 표현하였으며, 점선은 음수값을 갖는 가중치이다.

$x_{i_1}^{(d)} x_{i_2}^{(d)} \dots x_{i_{|E_i|}}^{(d)}$는 데이터 아이템 $\mathbf{x}^{(d)}$의 $k_i = |E_i|$개의 요소를 가진 변수들의 조합이다. 하이퍼넷으로부터 데이터가 생성될 확률은 깁스(Gibbs) 분포로 주어진다.

$$P(\mathbf{x}^{(d)} | W) = \frac{1}{Z(W)} \exp\left\{-\varepsilon(\mathbf{x}^{(d)}; W)\right\},$$

여기서 $\exp\{-\varepsilon(\mathbf{x}^{(d)}; W)\}$는 볼쯔만 인자이고 정규화 항 $Z(W)$은 다음과 같다.

$$\begin{aligned} Z(W) &= \sum_{\mathbf{x}^{(d)}} \exp\{-\varepsilon(\mathbf{x}^{(d)}; W)\} \\ &= \sum_{\mathbf{x}^{(d)}} \exp\left\{\sum_{i=1}^{|E|} w_{i_1 i_2 \dots i_{|E_i|}} x_{i_1}^{(d)} x_{i_2}^{(d)} \dots x_{i_{|E_i|}}^{(d)}\right\}. \end{aligned}$$

하이퍼넷은 가중치를 가진 하이퍼에지들의 군집으로 데이터의 결합확률분포를 표시하는 확률 모델이다.

6.2 하이퍼넷 학습

학습은 최대 우도값을 갖는 가중치 벡터를 찾는 문제와 같다.

$$\mathbf{w}^* = \underset{\mathbf{w}}{\arg\max}\, P(\mathbf{x} | W) = \underset{\mathbf{w}}{\arg\max} \log P(\mathbf{x} | W)$$

가중치 연결 w_{ij}하나에 대해서 다시 표현하면 이는 확률변화에 대한 가중치의 기울기가 0이 되는 것을 찾는 문제로 볼 수 있다. 즉

$$\frac{\partial \log P(\mathbf{x} | W)}{\partial w_{ij}} \rightarrow 0$$

이 조건을 만족하는 경우 아래에서 살펴보는 바와 같이 유도할 수 있다.

$$\frac{\partial \log P(\mathbf{x} \mid W)}{\partial w_{ij}} = \left\langle x_{i_1} x_{i_2} \cdots x_{i_k} \right\rangle_{P(\mathbf{x}|W)} - \left\langle x_{i_1} x_{i_2} \cdots x_{i_k} \right\rangle_{Data}$$

따라서 가중치 변경식은 다음과 같다.

$$w_{ij} \leftarrow w_{ij} + \Delta w_{ij}$$
$$\Delta w_{ij} = -\eta \frac{\partial \log P(\mathbf{x} \mid W)}{\partial w_{ij}} = \eta \Big(\left\langle x_{i_1} x_{i_2} \cdots x_{i_k} \right\rangle_{Data} - \left\langle x_{i_1} x_{i_2} \cdots x_{i_k} \right\rangle_{P(\mathbf{x}|W)}$$

이와 같이 두 개의 확률분포의 차이를 줄이도록 하는 학습방법을 대조분산학습(contrastive divergence learning) 방법이라 한다. 학습 절차를 구체적으로 기술하면 다음과 같다.

학습 데이터 D가 주어졌다고 하자.

$$D_N = \{\mathbf{x}^{(d)}\}_{d=1}^{N}$$

학습은 다음의 우도 함수를 최대화하는 하이퍼넷 모델을 찾는 것이다(Zhang & Kim, 2006).

$$P(D \mid W) = \prod_{d=1}^{N} P\left(\mathbf{x}^{(d)} \mid W\right)$$

우도를 최대화하는 대신 로그우도를 최대화할 수 있다.

$$\begin{aligned} \ln P(D \mid W) &= \ln \prod_{d=1}^{N} P(\mathbf{x}^{(d)} \mid W) \\ &= \sum_{d=1}^{N} \left\{ \left[\sum_{k=1}^{K} \frac{1}{C(k)} \sum_{i_1, i_2, \ldots, i_k} w_{i_1 i_2 \ldots i_k}^{(k)} x_{i_1}^{(d)} x_{i_2}^{(d)} \ldots x_{i_k}^{(d)} \right] - \ln Z(W) \right\}, \end{aligned}$$

학습은 로그우도의 값이 더 이상 변하지 않은 매개변수를 찾는 것이며, 수학적으로는 다음의 미분값을 구하는 것이다.

$$
\begin{aligned}
&\frac{\nabla}{\nabla w_{i_1,i_2,\ldots,i_k}^{(k)}} \ln \prod_{d=1}^{N} P(\mathbf{x}^{(d)} \mid W) \\
&= \frac{\nabla}{\nabla w_{i_1,i_2,\ldots,i_k}^{(k)}} \sum_{d=1}^{N} \left\{ \left[\sum_{k=1}^{K} \frac{1}{C(k)} \sum_{i_1,i_2,\ldots,i_k} w_{i_1 i_2 \ldots i_k}^{(k)} x_{i_1}^{(d)} x_{i_2}^{(d)} \ldots x_{i_k}^{(d)} \right] - \ln Z(W) \right\} \\
&= \sum_{d=1}^{N} \left\{ \frac{\nabla}{\nabla w_{i_1,i_2,\ldots,i_k}^{(k)}} \left[\sum_{k=1}^{K} \frac{1}{C(k)} \sum_{i_1,i_2,\ldots,i_k} w_{i_1 i_2 \ldots i_k}^{(k)} x_{i_1}^{(d)} x_{i_2}^{(d)} \ldots x_{i_k}^{(d)} \right] - \frac{\nabla}{\nabla w_{i_1,i_2,\ldots,i_k}^{(k)}} \ln Z(W) \right\} \\
&= \sum_{d=1}^{N} \left\{ \left\langle x_{i_1} x_{i_2} \ldots x_{i_k} \right\rangle_{P(\mathbf{x}|W)} - x_{i_1}^{(d)} x_{i_2}^{(d)} \ldots x_{i_k}^{(d)} \right\} \\
&= N \left\{ \left\langle x_{i_1} x_{i_2} \ldots x_{i_k} \right\rangle_{P(\mathbf{x}|W)} - \left\langle x_{i_1} x_{i_2} \ldots x_{i_k} \right\rangle_{Data} \right\}
\end{aligned}
$$

마지막의 식에서 $< x_{i_1} x_{i_2} \ldots x_{i_k} >_{Data}$ 는 데이터의 분포를 나타내며 $< x_{i_1} x_{i_2} \ldots x_{i_k} >_{P(\mathbf{x}|W)}$ 는 하이퍼넷 모델이 표현하는 데이터의 분포이다.

$$
\left\langle x_{i_1} x_{i_2} \ldots x_{i_k} \right\rangle_{P(\mathbf{x}|W)} = \sum_{\mathbf{x}} \left[x_{i_1} x_{i_2} \ldots x_{i_k} P(\mathbf{x} \mid W) \right].
$$

$$
\left\langle x_{i_1} x_{i_2} \ldots x_{i_k} \right\rangle_{Data} = \frac{1}{N} \sum_{d=1}^{N} \left[x_{i_1}^{(d)} x_{i_2}^{(d)} \ldots x_{i_k}^{(d)} \right]
$$

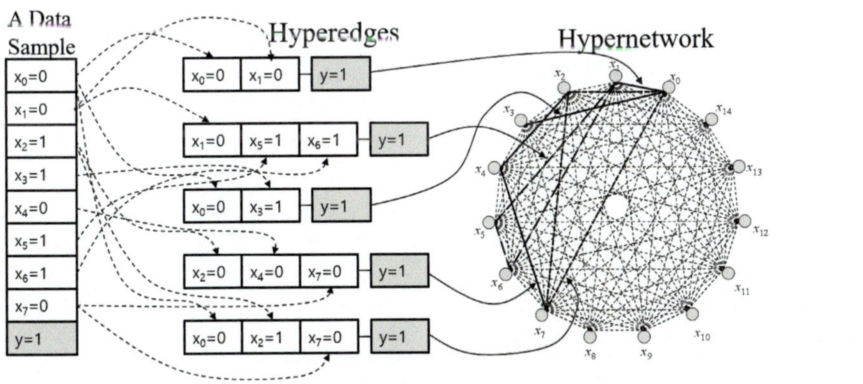

그림 6.3 관측 데이터 벡터에서 특징의 고차 조합을 통한 하이퍼에지 구성 및 하이퍼넷 업데이트 과정. 감독학습을 위한 데이터의 경우 레이블(y)은 하나의 벡터에서 나온 모든 하이퍼에지에 공통으로 추가된다.

학습은 이 두 분포가 수렴하는 지점에서 일어난다.

하이퍼넷은 입력층과 하이퍼에지 노드들로 구성된 은닉층을 갖는 구성된 이층 신경망으로 표현될 수 있다. 학습 과정은 다음과 같이 상향 추론과 하향 추론의 반복을 통해서 수렴할 때까지 진행된다.

하이퍼넷 학습 알고리듬

1. 데이터 벡터 $\mathbf{x}$ 를 입력층에 할당한다.
2. 입력노드에 연결된 은닉층 뉴런들을 활성화한다. 활성화된 은닉 벡터를 $\mathbf{h}$ 라 하자. $P(\mathbf{h} \mid \mathbf{x}, W)$
3. 활성화된 은닉 뉴런들로부터 입력층의 재생성 이미지 $\mathbf{x}'$ 를 생성한다. $P(\mathbf{x} \mid \mathbf{h}, W)$
4. $\mathbf{x}$ 와 $\mathbf{x}'$ 의 차이를 줄여주는 방향으로 하이퍼넷의 구조와 매개변수 $W = \{(e_i, w_i) \mid i = 1, \cdots, M\}$를 조정한다.

$$H \leftarrow H \cup \{e_i\}$$

$$w_i \leftarrow w_i + \Delta w_i$$

하이퍼넷은 하이퍼에지들의 멀티셋 H로 표현될 수 있으며 이를 이용하여 위의 4번 단계는 다음 세 가지의 연산을 통해서 구현된다.

하이퍼넷 구조와 파라미터 조정

1. 새로운 하이퍼에지의 추가:
   if $x_i = 1 \wedge x_i' = 0$, then x_i들로만 구성된 하이퍼에지 e_k 를 새로 만들어 H에 추가한다.
2. 하이퍼에지 가중치 값의 변경:
   if $x_i = 1 \wedge x_i' = 0$, then $w_k \leftarrow w_k + \epsilon$ for e_k containing x_i
   if $x_i = 0 \wedge x_i' = 1$, then $w_k \leftarrow w_k - \epsilon$ for e_k containing x_i
3. 하이퍼에지의 제거: $w_k \leq w_{\min}$ 인 하이퍼에지를 제거한다.

6.3 하이퍼넷 응용 사례

하이퍼넷은 확률 기반 연상 메모리적 특성을 가진 무감독 머신러닝 모델로서, 이러한 특성을 기반으로 그림/텍스트/음악 생성(generation), 다중모달 정보의 고차 관계 탐색(retrieval, discovery), 인지 모델링(cognitive model) 등에 응용되었다.

하이퍼넷은 또한 감독학습 문제에 적용되어 데이터를 표현하는 특징의 고차 연관 관계를 추출하는 패턴 분류 기법으로서 장점이 있다. 필기체 숫자(Kim & Zhang, 2007), 질병 예측(Kim, Ha, & Zhang, 2014) 등에 적용된 바 있다.

하이퍼넷의 학습 및 추론 알고리듬은 은닉 노드를 포함하는 경우와 은닉 노드 없이 데이터를 표현한 특징 벡터만으로 구성하는 경우가 있다. 후자의 경우 하이퍼에지의 집합으로 표현되는 모델 내에서의 병렬적 계산 과정을 통한 패턴 인식 및 추론이 가능하며, 이러한 알고리듬의 특성으로 인해 DNA 컴퓨팅, 분자 컴퓨팅 환경에서 머신러닝 알고리듬 구현을 위한 프레임웍으로도 연구되고 있다(Lim et al., 2010)(Lee et al., 2014).

하이퍼넷의 확률연상 메모리적 특성을 가장 잘 보여주는 사례는 '사진-문장' 쌍과 같이 둘 이상의 표현이 다른 정보 간의 연관 관계를 학습하여 활용하는 '다중모달' 문제에 대한 응용이다. 한 예로, 사진과 문장 간의 상호 연상을 통한 검색과 생성 문제 적용 사례가 있다. 잡지 기사에 담긴 사진과 본문 문장 사이의 연관 검색(Ha et al., 2009), 설명에 기반한 사진 탐색(Ha, Lee, & Zhang, 2012), 드라마 정지영상과 대사 간의 연관 검색(Zhang, 2008a)(장병탁, 2011) 및 생성(Ha & Zhang, 2011) 등에 활동되었으며 주목할 만한 결과이며, 다음 절에서 소개할 딥하이퍼넷으로 확장되는 연장선상에 있는 연구 결과이다. 생물정보학 및 의료 정보에서의 다중 모달 연관관계 탐색(Kim, Ha, & Zhang, 2013)(Kim et al., 2014), 음악 생성(Kim et al., 2009), 지속적 학습을 수행하는 인지 에이전트 모델링에 적용되었다(Fareed & Zhang, 2010)(Zhang, Ha, & Kang, 2012)(Kim & Park, 2014).

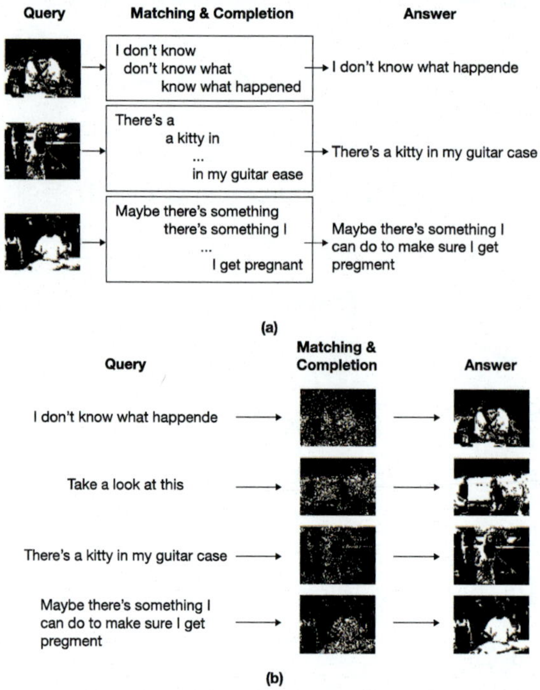

그림 6.4 하이퍼넷 응용 사례. Videome 프로젝트. 드라마 이미지(image)와 대사(text) 간 연관성을 학습하고, (a) 이미지를 질문으로 한 대사 연상(I2T) (b) 대사를 질문으로 한 이미지 연상 작업을 수행(T2I) (Zhang, 2008)

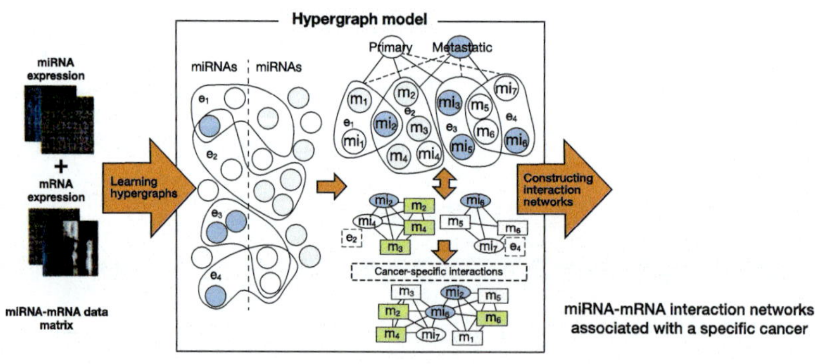

그림 6.5 하이퍼넷을 이용한 다중 모달 연관관계 탐색 사례. 암 진단을 위해 두 형태의 유전자 발현 패턴을 하이퍼넷을 이용하여 종합 분석하고, 암의 유전적 특징 발견에 기여(Kim et al., 2014)

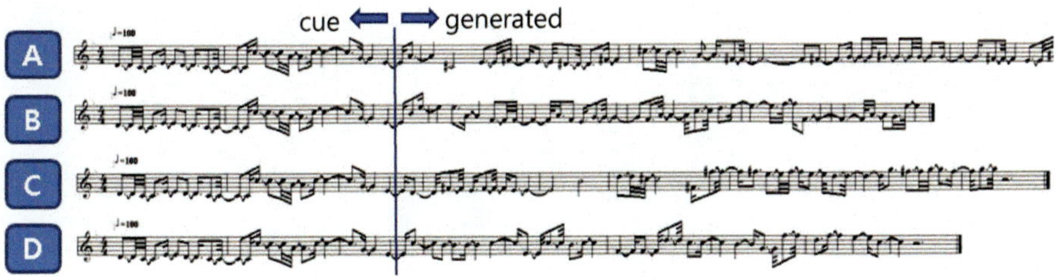

그림 6.6 하이퍼넷을 이용한 음악 생성 사례(Kim et al., 2009)

6.4 딥하이퍼넷(DHN)

딥하이퍼넷은 하이퍼넷을 빌딩블록으로 하여 다층으로 쌓은 딥러닝 구조이다. 딥하이퍼넷(deep hypernetwork, DHN)은 생성적 딥러닝 모델이다(Zhang, 2015). 먼저 한 개의 은닉층만을 가진 단순한 하이퍼넷 구조(아래에 설명)를 은닉 변수 모델로 생각해보면, 식으로는 다음과 같다.

$$P(\mathbf{x}) = \sum_{\mathbf{h}_1} P(\mathbf{x} \mid \mathbf{h}_1) P(\mathbf{h}_1)$$

딥하이퍼넷의 핵심 아이디어는 (다른 딥러닝 생성 모델과 마찬가지로) 은닉층 $\mathbf{h}_1$을 모두 탐색하는 대신에 또 다른 하나의 은닉층을 상위층에 둠으로써 계층적으로 층을 쌓아나가는 것이다. 즉 $\mathbf{h}_1$층 위에 $\mathbf{h}_2$층을 하나 더 쌓음으로써 다음과 같이 식을 확장한다.

$$\begin{aligned} P(\mathbf{x}) &= \sum_{\mathbf{h}_1} P(\mathbf{x} \mid \mathbf{h}_1) P(\mathbf{h}_1) \\ &= \sum_{\mathbf{h}_1} P(\mathbf{x} \mid \mathbf{h}_1) \sum_{\mathbf{h}_2} P(\mathbf{h}_1 \mid \mathbf{h}_2) P(\mathbf{h}_2) \\ &= \sum_{\mathbf{h}_2} \sum_{\mathbf{h}_1} P(\mathbf{x} \mid \mathbf{h}_1) P(\mathbf{h}_1 \mid \mathbf{h}_2) P(\mathbf{h}_2) \end{aligned}$$

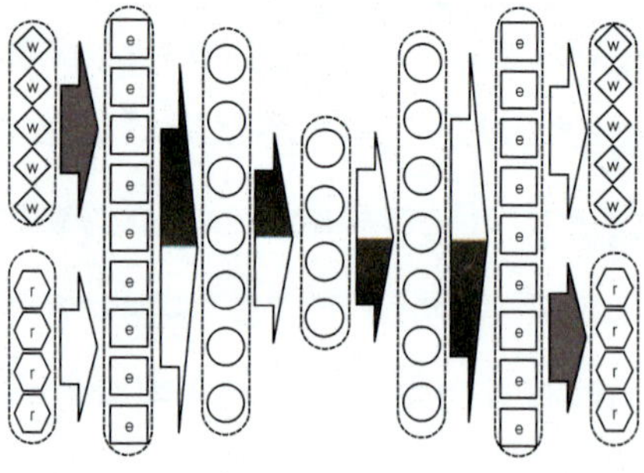

그림 6.7 딥하이퍼넷의 구조와 확률전파 과정(Zhang, 2015)

위 식에서 마지막 등호는 $\mathbf{h}_1$와 $\mathbf{h}_2$의 공간이 공통적인 전체 은닉 벡터 공간이라는 가정에 기반한다. 이와 같은 방식으로 층을 쌓아서 결국 관측된 학습 데이터의 우도를 n개의 은닉층을 사용하여 확장된 계층적 은닉 표현 구조 즉 딥하이퍼넷 구조로 표시할 수 있다. 구조를 명시적으로 W로 표시하면 딥하이퍼넷은 데이터의 결합확률분포 $P(\mathbf{x}|W)$를 표현한다.

$$P(\mathbf{x}|W) = \sum_{\mathbf{h}_n} ... \sum_{\mathbf{h}_1} P(\mathbf{x}|\mathbf{h}_1)P(\mathbf{h}_1|\mathbf{h}_2) \cdots P(\mathbf{h}_{n-1}|\mathbf{h}_n)P(\mathbf{h}_n)$$

다음 절에서 유도하는 바와 같이 이 식은 다음과 같이 다시 쓸 수 있다.

$$P(\mathbf{x}|W) = \sum_{\mathbf{h}_n} ... \sum_{\mathbf{h}_1} P(\mathbf{h}_n|\mathbf{h}_{n-1}) \cdots P(\mathbf{h}_2|\mathbf{h}_1) \cdots P(\mathbf{h}_1|\mathbf{x})P(\mathbf{x})$$

위와 같이 상향 추론과 하향 추론이 같다는 것을 이용하여 다양한 추론과 학습이 가능하다.

형식화하면, 딥하이퍼넷은 관측된 데이터 변수들 $\mathbf{x} = (x_1, x_2, ..., x_V)$의 결합 확률분포를 표현하는 다층구조의 확률 그래프 모델이다. 관측 변수들의 값 벡터를 $\mathbf{x}$, 은닉 변수들의 값 h_i들의 벡터를 $\mathbf{h}$라 하자.

$$\mathbf{x} = (x_1, x_2, ..., x_V)$$
$$\mathbf{h} = (h_1, h_2, ..., h_H)$$

은닉층의 벡터값들을 층을 표시하는 인자를 사용하여 $\mathbf{h}_1$, $\mathbf{h}_2$, …, $\mathbf{h}_n$로 표시하면, 데이터의 확률분포는 앞에서 살펴본 바와 같이 딥구조 형태로 다시 쓸 수 있다.

$$P(\mathbf{x}\,|\,W) = \sum_{\mathbf{h}_n} \ldots \sum_{\mathbf{h}_1} P(\mathbf{x}\,|\,\mathbf{h}_1) P(\mathbf{h}_1\,|\,\mathbf{h}_2) \cdots P(\mathbf{h}_{n-1}\,|\,\mathbf{h}_n) P(\mathbf{h}_n)$$

$P(\mathbf{h}_s)$는 s번째의 하이퍼넷 층의 은닉 뉴런들 $h_i^{(s)}$의 결합확률분포를 나타낸다. 하이퍼넷을 통계물리 시스템으로 보자면 그 상태 에너지 함수 $E(\mathbf{h}_s)$로부터(아래에 정의됨) 확률분포는 소프트맥스(softmax)를 사용하여 다음과 같이 기술할 수 있다.

$$P(\mathbf{h}_s) = \frac{\exp(-E(\mathbf{h}_s))}{\sum_j \exp(-E(\mathbf{h}_j))}$$

확률의 기본 법칙인 $P(\mathbf{x}\,|\,\mathbf{y}) = P(\mathbf{x},\mathbf{y}) / P(\mathbf{y})$ 을 사용하면, s번째 뉴런층에 대한 s-1번째 뉴런층의 조건부 확률분포 $P(\mathbf{h}_s\,|\,\mathbf{h}_{s-1})$는 다음과 같이 계산될 수 있다.

$$P(\mathbf{h}_s\,|\,\mathbf{h}_{s-1}) = \frac{\exp(-E(\mathbf{h}_s, \mathbf{h}_{s-1}))}{\exp(-E(\mathbf{h}_{s-1}))}$$

하이퍼넷의 에너지 함수는 $E(\mathbf{h}_j) = h(s(\mathbf{h}_j))$ 로 표기할 수 있으며, 여기서 $h(\cdot)$ 는 뉴런의 활성화 함수이며(아래에 설명) $s(\mathbf{h}_j) = \sum_{i1} w_{i1}^{(j)} h_{i1}^{(j)} + \sum_{i1,i2} w_{i1i2}^{(j)} h_{i1}^{(j)} h_{i2}^{(j)} + \ldots$ 이다.

$$P(\mathbf{h}_s) = \frac{\exp(-E(\mathbf{h}_s))}{\sum_j \exp(-E(\mathbf{h}_j))}$$
$$E(\mathbf{h}_j) = h(s(\mathbf{h}_j))$$
$$s(\mathbf{h}_j) = \sum_{i1} w_{i1}^{(j)} h_{i1}^{(j)} + \sum_{i1,i2} w_{i1i2}^{(j)} h_{i1}^{(j)} h_{i2}^{(j)} + \ldots + \sum_{i1,i2,\ldots,ik} w_{i1\ldots ik}^{(j)} h_{i1}^{(j)} \ldots h_{ik}^{(j)}$$

위의 식에서 에너지 함수를 구성하는 $s(\mathbf{h}_j)$에 있는 합의 항들은 각각 2차부터 k 차까지의 하이퍼에지를 갖는 하이퍼넷 구조를 기술한 것이다. 하이퍼에지를 모두 다 포함하는 것은 항의 수가 폭발적으로 증가하기 때문에 딥하이퍼넷 학습 알고리듬은 중요한 항을 선별하여 간소한 모델 구조를 찾아 낸다. 아래에서 살펴보겠지만 여기에 진화 알고리듬적인 탐색기법에 의한 최적화 방법을 사용한다.

딥하이퍼넷은 다른 딥러닝 구조와는 달리 각각의 뉴런층이 완전연결된 구조가 아닌 고차 희소 그래프 구조의 하이퍼넷 형태를 취한다(Zhang, 2008b). 즉, CNN이나 DBN이 뉴런층의 아래층 뉴런들을 선형으로 결합하는 구조를 갖는 데 반해서 DHN은 아래층 뉴런들의 하이퍼그래프 구조로 새로운 층을 형성한다. 하이퍼그래프 구조를 형성하는 하이퍼에지가 뉴런들의 곱을 형성하며, 예를 들어서 최대 세 개까지의 뉴런을 포함하는 차수 3의 하이퍼에지를 갖는 하이퍼그래프는 다음 식으로 표현된다.

$$s(\mathbf{x}) = \sum_i w_i x_i + \sum_{i,j} w_{ij} x_i x_j + \sum_{i,j,k} w_{ijk} x_i x_j x_k$$

즉, 딥하이퍼넷은 하이퍼넷을 다층으로 적층한 딥러닝 모델로서 각각의 하이퍼넷 층은 아래층의 하이퍼넷 유닛들을 결합하여 새로운 하이퍼에지를 만들고 이를 새로운 유닛으로 사용한다. 새로운 유닛으로 출력을 생성하는 방법은 기존의 다른 딥러닝 방식과 마찬가지고 다양한 활성화 함수를 사용할 수 있다. 즉 시그모이드(sigmoid) 출력함수를 사용할 경우, 입력의 총합 $s = s(\mathbf{x})$으로부터 다음과 같이 출력값을 계산한다.

$$h(s) = \frac{1}{1 + \exp(-s)}$$

ReLU (rectified linear unit)를 사용할 경우는 다음 식을 계산한다.

$$h(s) = \max(0, s)$$

이 두 함수 외에 딥하이퍼넷 모델은 응용에 따라서 다음과 같은 이진 함수나 선형 함수 및 가우시안 함수 등을 사용할 수 있다.

$$h(s) = \begin{cases} 1, & \text{if } s > 0 \\ 0 & \text{otherwise} \end{cases}$$

$$h(s) = s$$

$$h(s) = \exp\left(\frac{-|s|^2}{\sigma^2}\right)$$

하이퍼에지를 생성하는 방식에 따라서 다양한 구조의 하이퍼넷이 구성된다. 앞에서도 논의한 바와 같이 하이퍼에지를 생성하는 방식은 도메인 지식을 사용하는데, DBN과는 달리 완전연결된 구조를 갖지 않고 간략한 구조를 갖는다. CNN과는 달리 정규 구조의 커널을 사용하지 않은 점도 하이퍼넷이 다른 점이다. 어떤 커널을 사용하는지 그 자체를 학습하는 것을 하이퍼넷에서는 중요한 학습문제로 본다.

6.4.1 딥하이퍼넷 학습 알고리듬

딥하이퍼넷 모델 W를 학습하는 문제는 결국 모델 W로부터 데이터 $\mathbf{x}$가 생성될 확률, 즉 모델의 우도

$$P(\mathbf{x} | W) = \sum_{\mathbf{h}_n} \cdots \sum_{\mathbf{h}_1} P(\mathbf{x} | \mathbf{h}_1) P(\mathbf{h}_1 | \mathbf{h}_2) \cdots P(\mathbf{h}_{n-1} | \mathbf{h}_n) P(\mathbf{h}_n)$$

를 최대화하도록 딥하이퍼넷의 하이퍼에지 구조와 연결 가중치의 값들 W을 포함하는 다음 식

$$s(\mathbf{h}_j) = \sum_{i1} w_{i1}^{(j)} h_{i1}^{(j)} + \sum_{i1,i2} w_{i1i2}^{(j)} h_{i1}^{(j)} h_{i2}^{(j)} + \ldots$$

을 조정하는 과정으로 볼 수 있다. 이를 위해서 각 층에 있는 하이퍼에지의 종류와 개수 및 가중치를 진화적 탐색을 통해서 변형하면서 더욱 좋은 해가 나오면 받아들이고 그렇지 않으면 버리는 방식을 취한다. 이 과정은 하이퍼그래프의 탐색 공간에서 몬테칼로 시뮬레이션하는 통계적인 방법과 유사하며 GMC (Graph Monte Carlo)로 불린다(Ha, Kim, & Zhang, 2015). 이를 구현하는 방법을 요약하면 다음과 같다. 보다 구체적인 것은 다음 절에서 만화영화 비디오 학습 예를 통해서 다시 설명될 것이다.

그래프 몬테칼로 기반의 딥하이퍼넷 학습 알고리듬

1. 새로운 학습예 $\mathbf{x}$를 가져온다. 입력층에 관측 변수값들을 할당한다.
2. 이로부터 상위층으로 확률값 $P(\mathbf{h}_1 | \mathbf{x})$을 계산하고 변수값을 순차적으로 할당하며 $P(\mathbf{h}_2 | \mathbf{h}_1)$를 계산하면 이를 반복하여 최상위 은닉 변수 값을 $P(\mathbf{h}_n | \mathbf{h}_{n-1})$로부터 할당한다.
3. 최상위의 확률분포 $P(\mathbf{h}_n)$로부터 은닉 변수 값을 할당하고 이를 거꾸로 하위층으로 전파하면서 확률값 $P(\mathbf{h}_{n-1} | \mathbf{h}_n)$을 계산하고 은닉 변수값들을 순차적으로 할당하며 최하위층의 확률 분포 $P(\mathbf{x})$를 추정하고 이로부터 변수값, 즉 관측 변수값 $\mathbf{x}'$을 할당한다.
4. 관측 변수 벡터와 생성한 관측 변수 벡터를 비교하여 그 차이를 줄여주는 방향으로 중간 은닉층들에 있는 하이퍼에지의 구성과 그 가중치 W를 변경한다.

$$\Delta w_{ij} = -\eta \frac{\nabla}{\nabla w^{(k)}_{i_1, i_2, \ldots, i_k}} \ln \prod_{d=1}^{N} P(\mathbf{x}^{(d)} | W) = \eta \left(\left\langle x_{i_1} x_{i_2} \ldots x_{i_k} \right\rangle_{Data} - \left\langle x_{i_1} x_{i_2} \ldots x_{i_k} \right\rangle_{P(\mathbf{x}|W)} \right)$$

5. 위의 4의 과정을 M 번 반복한다.

이 알고리듬을 구현하는 데는 다양한 변형이 있을 수 있다. 예를 들어, DBN에서 사용하는 방법과 같이 층별로 먼저 아래층을 학습 후 상위층으로 전파하는 층별 선훈련 방법을 사용할 수 있다. 이 경우 학습 예가 하나 대신에 여러 개를 한꺼번에 사용하는 미니배치(minibatch) 방법을 사용할 수 있다. 단, DHN은 기본적으로 학습예가 스트림으로 들어오는 문제에서 점진적 학습을 하도록 고안된 점을 고려하여 아주 작은 사이즈의 미니배치를 사용한다.

위의 학습 절차에서 확률값을 계산하는 방법과 은닉변수들을 결정하는 것을 여러 번의 값을 할당하고 순차적으로 계산하며 이 과정을 여러번 반복하는 방법을 사용한다는 데에 주목하자. 이는 정확한 베이지안 확률 계산이 실제로는 불가능하기 때문에 근사하는 방법이며, 딥하이퍼넷은 하이퍼에지의 랜덤 생성과 선택적 결합 등을 이용한 진화탐색에 기반한 몬테칼로 시뮬레이션으로 이를 구현한다. 이러한 그래프 몬테칼로 방법이 실제로 얼마나 유용한지는 다음 절에서의 응용예를 통해 실험적으로 보여줄 것이다.

이론적으로 위의 알고리듬 스텝 2와 3에서 상향, 하향 추론에 의해서 구현될 수 있음을 보이기 위해서 다음 식을 변형해 보자.

$$P(\mathbf{x} \mid W) = \sum_{\mathbf{h}_n} \ldots \sum_{\mathbf{h}_1} P(\mathbf{x} \mid \mathbf{h}_1) P(\mathbf{h}_1 \mid \mathbf{h}_2) \cdots P(\mathbf{h}_{n-1} \mid \mathbf{h}_n) P(\mathbf{h}_n)$$

베이즈 규칙으로 조건부 확률의 순서를 바꿀 수 있다는 것에 착안하여 위의 식의 각 항에 다음과 같이 베이즈 규칙을 적용하자.

$$P(\mathbf{x} \mid \mathbf{h}_1) = \frac{P(\mathbf{h}_1 \mid \mathbf{x}) P(\mathbf{x})}{P(\mathbf{h}_1)}$$

$$P(\mathbf{h}_1 \mid \mathbf{h}_2) = \frac{P(\mathbf{h}_2 \mid \mathbf{h}_1) P(\mathbf{h}_1)}{P(\mathbf{h}_2)}$$

$$\cdots$$

$$P(\mathbf{h}_{n-1} \mid \mathbf{h}_n) = \frac{P(\mathbf{h}_n \mid \mathbf{h}_{n-1}) P(\mathbf{h}_{n-1})}{P(\mathbf{h}_n)}$$

원래의 딥하이퍼넷의 우도 식은 다음과 같이 다시 쓸 수 있다.

$$\begin{aligned}
&P(\mathbf{x} \mid W) \\
&= \sum_{\mathbf{h}_n} \ldots \sum_{\mathbf{h}_1} P(\mathbf{x} \mid \mathbf{h}_1) P(\mathbf{h}_1 \mid \mathbf{h}_2) \cdots P(\mathbf{h}_{n-1} \mid \mathbf{h}_n) P(\mathbf{h}_n) \\
&= \sum_{\mathbf{h}_n} \ldots \sum_{\mathbf{h}_1} \frac{P(\mathbf{h}_1 \mid \mathbf{x}) P(\mathbf{x})}{P(\mathbf{h}_1)} \frac{P(\mathbf{h}_2 \mid \mathbf{h}_1) P(\mathbf{h}_1)}{P(\mathbf{h}_2)} \cdots \frac{P(\mathbf{h}_n \mid \mathbf{h}_{n-1}) P(\mathbf{h}_{n-1})}{P(\mathbf{h}_n)} P(\mathbf{h}_n) \\
&= \sum_{\mathbf{h}_n} \ldots \sum_{\mathbf{h}_1} P(\mathbf{h}_1 \mid \mathbf{x}) P(\mathbf{x}) P(\mathbf{h}_2 \mid \mathbf{h}_1) \cdots P(\mathbf{h}_n \mid \mathbf{h}_{n-1}) \\
&= \sum_{\mathbf{h}_n} \ldots \sum_{\mathbf{h}_1} P(\mathbf{h}_n \mid \mathbf{h}_{n-1}) \cdots P(\mathbf{h}_2 \mid \mathbf{h}_1) \cdots P(\mathbf{h}_1 \mid \mathbf{x}) P(\mathbf{x})
\end{aligned}$$

이와 같이 우도 계산이 상향 추론과 하향 추론의 어떤 형태로 계산해도 동등함을 알 수 있다.

마지막으로, 딥하이퍼넷을 감독학습 모델로 사용하는 경우 학습 방법과 추론 방법을 살펴보자. 감독학습은 입력 벡터 **x**로부터 출력 벡터 **y**를 예측하는 것이므로, 은닉층을 사용하여 풀어 쓰면 다음과 같이 표현된다.

$$\begin{aligned} P(\mathbf{y} \mid \mathbf{x}) &= \sum_{\mathbf{h}} P(\mathbf{y}, \mathbf{h} \mid \mathbf{x}) \\ &= \sum_{\mathbf{h}} P(\mathbf{y} \mid \mathbf{h}) P(\mathbf{h} \mid \mathbf{x}) \\ &= \sum_{\mathbf{h}_n} \cdots \sum_{\mathbf{h}_1} P(\mathbf{y} \mid \mathbf{h}_n) P(\mathbf{h}_n \mid \mathbf{h}_{n-1}) \cdots P(\mathbf{h}_2 \mid \mathbf{h}_1) P(\mathbf{h}_1 \mid \mathbf{x}) \end{aligned}$$

즉 학습된 딥하이퍼넷의 입력단에 관측 벡터 **x**를 넣고 이로부터 은닉 변수들의 값을 순차적으로 구한 후 최상위층의 은닉 변수층에 연결된 출력 벡터값 **y**의 확률을 계산하면 된다. 생성 모델의 특성을 살려서 출력으로부터 입력을 생성해 낼수도 있다. 즉 먼저 최상위층에 출력 벡터 **y**를 할당한 후 하위층으로 확률을 전파하여 입력 벡터 **x**의 확률을 계산할 수 있다.

6.5 딥하이퍼넷 응용 사례

딥모델 중 CNN은 영상 패턴인식 능력에서 좋은 성능을 보인다. 그러나 인간수준의 인공지능을 실현하기 위해서는 패턴인식 뿐만 아니라 패턴회상 또는 패턴생성 능력이 더욱 중요하다. 과거의 기억을 되살려 새로운 정보를 생성해 내는 능력은 인간 지능의 기반이다. 생성적 학습모델은 이러한 것을 가능하게 한다. Hinton은 DBN을 이용하여 영상 생성이 가능함을 숫자 이미지 MNIST 데이터에 데모하였다(5장 참조). 그러나 숫자 영상은 정적인 패턴이다. 모바일폰 데이터와 같이 개인의 일상 생활을 오랜동안 또는 평생학습하여 이를 재현하고 예측하는 것이 가능할까(Zhang, 2013)? 기계가 TV드라마를 보고 그 줄거리를 학습하여 새로운 드라마 줄거리를 만들어 내는 상상력 기계를 만들수 있을까(Zhang, 2014)? DHN은 이러

그림 6.8 딥하이퍼넷을 이용한 개념망 학습 뽀로로 애니메이션 학습

한 인간수준의 인공지능 기계를 만들기 위한 인지메모리와 학습 모델로서 개발되었다. 앞에서 강조한 것처럼 DHN은 스트림 형태로 들어오는 데이터로부터 새로운 개념을 형성하여 지식베이스를 자동으로 구축하고 이를 이용하여 스토리 생성과 같은 고급 정보를 예측하고 생성하는 딥러닝 모델이다. 이 절에서는 이러한 응용의 예로서 만화영화 비디오로부터 개념들의 지식망을 학습하고 이를 기반으로 상상력을 발휘하는 응용에 대한 실험 결과를 소개한다.

아래 실험에서는 뽀로로(Pororo) 만화 비디오를 학습 소재로 사용하였다(그림 6.8). 183개의 에피소드를 DHN에 의해 무감독 학습하였다. 실험의 목적은 DHN 구조가 이와 같이 시공간적인 다중모달 데이터를 (배치 방식이 아닌) 온라인 학습에 의해서 끊임없이 학습할 수 있도록 하고 학습된 지식구조를 이용하여 여러가지 응용을 데모하는 데 있다. 응용의 예는 세가지이다. 하나는 학습된 비전-언어의 다중모달 지식 구조로부터 언어(대사)를 입력으로 주면 비전(장면)을 생성하는 심상(mental imagery) 또는 상상력 기계(imagination machine)의 가능성을 데모하는 것이다. 다른 하나는 반대로 비전(장면)을 입력으로 주면 학습된 지식 구조를 이용하여 언어(대사)를 생성하는 것이다. 이는 시각 장면을 글로 기술하는 능력에 해당한다. 만약 로봇이 이러한 능력을 갖춘다면 이동하면서 장면을 말로 중계를 할 수 있을 것이다. 궁극적인 목표는 학습된 183개의 에피소드로부터 184번째의 에피소드를 기계가 생성하는 스토리텔링 기계를 개발하는 것이다.

비디오를 학습하는 데 있어서, 모든 프레임을 다 학습하는 것은 현재 컴퓨팅 파워로 가능하지 않을 뿐만 아니라 사람도 그렇게 하지 않는다. 사람은 주의집중에 의해서 장면과 프레임을 선별적으로 일부만을 학습한다. 본 연구에서는 대사가 나온 장면만을 학습에 사용하는 서브샘플링 방법을 사용하였다. 그림 6.9는 비디오로부터 장면-대사의 쌍으로 구성된 비디오 스토리 학습 데이터를 만드는 과정이다. 대사가 나온 장면을 취하여 여기에 영상처리를 통해서 물체 인식을 수행한다. 이러한 처리를 통해서 DHN의 학습 데이터 **x**는 하나의 장면-대사 쌍에 나타난 물체들 $r_1, r_2, ..., r_n$과 단어들 $w_1, w_2, ..., w_m$의 조합로 기술된다(n과 m은 비전과 언어의 각 어휘수).

$$\mathbf{x} = (\mathbf{r}, \mathbf{w})$$
$$\mathbf{r} = (r_1, r_2, \cdots, r_n)$$
$$\mathbf{w} = (w_1, w_2, \cdots, w_m)$$

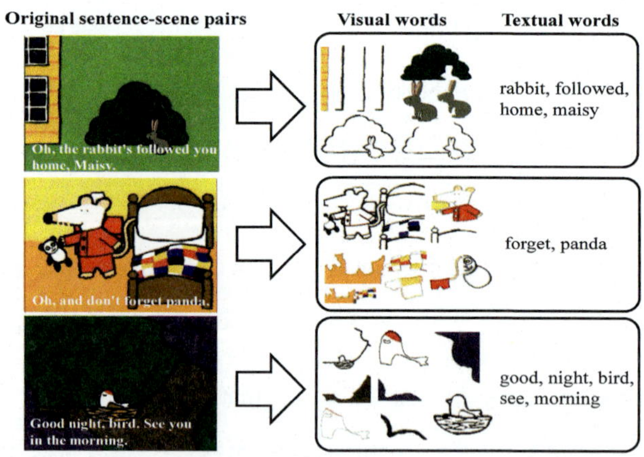

그림 6.9 만화영화 비디오로부터 물체와 단어 추출(Zhang, Ha, & Kang, 2012)

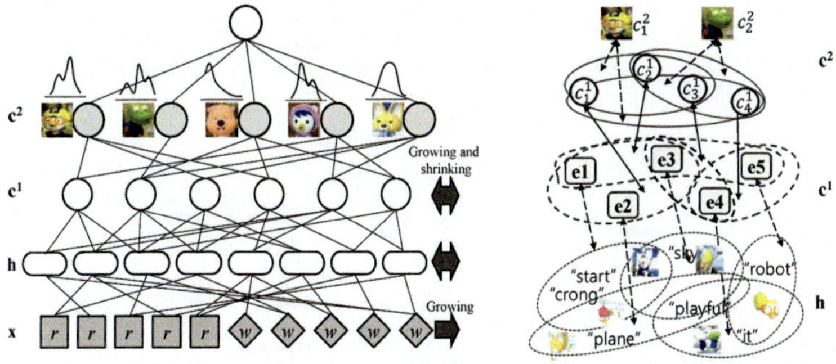

(a) Example of deep concept hierarchy learned from Pororo videos (b) Hypergraph representation of (a)

그림 6.10 비디오 학습을 위한 딥하이퍼넷 구조(Ha, Kim, & Zhang, 2015)

그림 6.10은 추출한 물체와 단어들로부터 개념망을 온라인 학습하는 딥하이퍼넷 구조를 보여준다. 제일 아래층은 그림 조각과 대사의 단어들로 구성된 두 가지 모달리티의 관측 변수들 $\mathbf{x}$이다. 그 다음 층은 이들을 상호 결합하여 구성한 다양한 하이퍼에지들에 해당하는 은닉 변수들 $\mathbf{h}$이다. 그 위에 이어지는 층들은 하이퍼에지들을 다시 결합하여 상위의 개념을 표현하는 은닉층들이다. 이 실험에서는 문제의 특성을 고려하여 추가의 은닉층 두 개를 도입하였으며 이를 각각 $\mathbf{c}^1$, $\mathbf{c}^2$로 표시하기로 한다. 이는 앞절에서의 $\mathbf{h}=\mathbf{h}_1$, $\mathbf{c}^1=\mathbf{h}_2$, $\mathbf{c}^2=\mathbf{h}_3$에 해당한다. 마지막의 최상위층 $\boldsymbol{c}^2$은 비디오에 등장하는 인물들을 나타낸다. 뽀로로 만화영화의 경우 마지막층은 뽀로로, 통통이 등의 등장인물들이다. 아래의 스토리 학습 실험에서는 등장인물을 라벨링해서 학습에 사용하는 감독학습 방법을 사용하였다. 다른 모든 실험에서는 입력층에만 관측 데이터가 할당되고 은닉층에 있는 하이퍼에지들은 관측 데이터를 재생성하도록 하는 무감독 학습 원리를 따른다. 이는 표상 학습(representation learning)을 하고자 하는 일반적인 딥러닝 철학과 일치하며, 층을 순차적으로 추가함에 따라서 표상은 점차 복잡해지게 된다. 마지막 층에 이름을 부여하면 이는 언어적 카테고리화 과정으로 볼 수 있다.

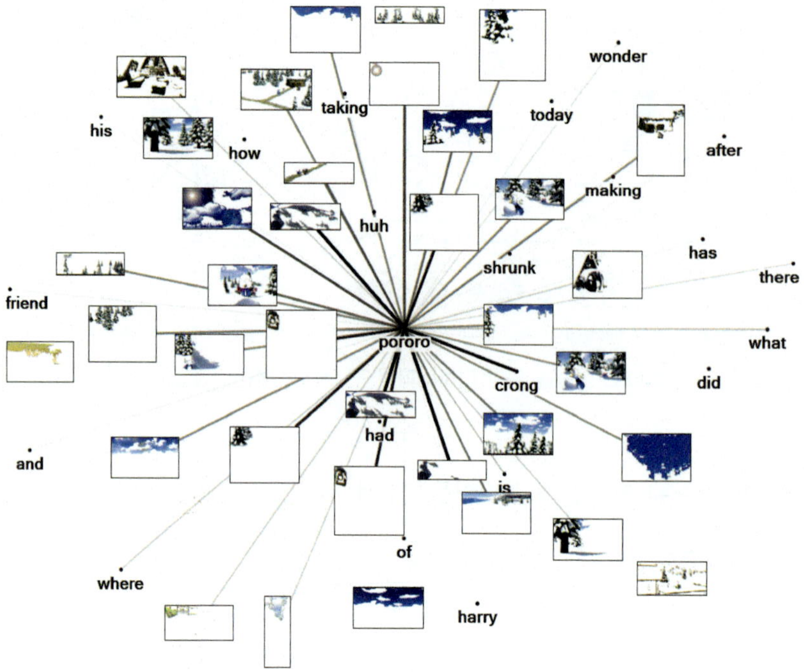

그림 6.11 딥하이퍼넷으로 학습한 개념망 구조(Ha, Kim, & Zhang, 2015)

학습의 결과는 그림 6.11과 같은 개념망 구조이다. 이 그림은 학습된 딥하이퍼넷으로부터 가중치가 높은 연결선을 가진 하이퍼에지들에 나타난 개념들만을 연결한 개념신경망 구조이다. 이 구조는 어떤 개념(언어)들이 어떤 물체(영상)와 상호 연상작용을 강하게 일으키는지를 간접적으로 알 수 있는 일종의 다중모달 시맨틱 네트워크이다. 중요한 것은 이러한 개념망이 비디오 데이터로부터 자동으로 구성되었으며 비디오를 관찰함에 따라서 점진적으로 재구성된다는 것이다. 마치 어린아이들이 만화영화를 보면 머리속에 새로운 개념을 학습하며 인지적인 발달 능력을 키워가는 것과 같다(Zhang et al., 2012).

딥하이퍼넷을 이용하여 비디오 장면이 하나씩 늘어나면서 개념 신경망이 발달해 나가는 과정에 대한 학습 알고리듬은 논문에 상세히 기술되어 있다(Ha et al., 2015). 여기서는 그 절차를 요약해서 간략히 설명한다. 전체 학습 과정은 베이지안 추론 과정이다. 현재까지의 개념 지식(사전 확률분포에 기반하여 관측된 데이터), 즉 비디오 장면을 기반으로 우도를 측정하고 이 둘을 결합하여 개념들에 대한 확률분포, 즉 사후 확률분포를 갱신해 가는 과정이다. 등장 인물들의 변화를 통한 스토리텔링을 학습하는 과정을 예로 들어 기술한다. 이 경우 관측 변수는 딥하이퍼넷의 최하단 입력 벡터 $\mathbf{x}=(\mathbf{r},\mathbf{w})$과 최상단의 출력 벡터 $\mathbf{y}=\mathbf{c}^2$이다. 즉

$$\mathbf{x} = (\mathbf{r}, \mathbf{w})$$
$$\mathbf{y} = \mathbf{c}^2$$

학습은 다음과 같이 베이즈 추론 과정으로 볼 수 있다.

$$P_t(\mathbf{h},\mathbf{c}^1 \mid \mathbf{r},\mathbf{w},\mathbf{c}^2) = \frac{P(\mathbf{r},\mathbf{w} \mid \mathbf{h},\mathbf{c}^1,\mathbf{c}^2)P(\mathbf{c}^2 \mid \mathbf{c}^1,\mathbf{h})P_{t-1}(\mathbf{h},\mathbf{c}^1)}{P(\mathbf{r},\mathbf{w},\mathbf{c}^2)}$$
$$P(\mathbf{r},\mathbf{w},\mathbf{c}^2) = \iint_{\mathbf{h},\mathbf{c}^1} P(\mathbf{r},\mathbf{w} \mid \mathbf{h},\mathbf{c}^1,\mathbf{c}^2)P(\mathbf{c}^2 \mid \mathbf{c}^1,\mathbf{h})P_{t-1}(\mathbf{h},\mathbf{c}^1)d\mathbf{h}d\mathbf{c}^1$$

여기서 $P_{t\text{-}1}(\mathbf{h}, \mathbf{c}^1)$은 데이터 $\mathbf{r}$, $\mathbf{w}$, $\mathbf{c}^2$를 관측하기 전의 사전 확률에 해당하고 $P_t(\mathbf{h},\mathbf{c}^1 \mid \mathbf{r},\mathbf{w},\mathbf{c}^2)$ 은 데이터를 관측한 후의 사후 확률에 해당한다. 그러나 이 식에서 분모의 $P(\mathbf{r}, \mathbf{w}, \mathbf{c}^2)$를 계산하는 것은 실제로 불가능하다. 모든 가능한 가설공간 $d\mathbf{h}d\mathbf{c}^1$에 대해서 적분을 수행해야 하기 때문이다. 모든 베이지안 학습 방법이 이 문제에 봉착한다. 딥하이퍼넷의 핵심 아이디어는 이 가설공간을 Sparse Population Coding 기법과 진화탐색 방법을 결합한 몬테칼로 시뮬레이션을 통해서 효율적으로 근사하는 것이다(Ha et al., 2015). 이를 위해서 경험적인 분포를 사용한다.

$$P_t(\mathbf{h},\mathbf{c}^1 \mid \mathbf{r},\mathbf{w},\mathbf{c}^2) \propto \prod_{d=1}^{D_t}\left\{P(\mathbf{r}^{(d)},\mathbf{w}^{(d)} \mid \mathbf{h},\mathbf{c}^1,\mathbf{c}^2)P(\mathbf{c}^2 \mid \mathbf{c}^1)P(\mathbf{c}^1 \mid \mathbf{h})P_{t-1}(\mathbf{h})\right\}$$

여기서 D는 학습예의 수이다. 온라인 학습의 경우 $D=1$ 마다 식이 갱신된다. 첫번째 항은 모델로부터 관측 데이터가 생성될 확률, 즉 우도를 나타내며 로그를 취한 로그우도는 다음과 같다.

$$\log P(\mathbf{r}^{(d)}, \mathbf{w}^{(d)} \mid \mathbf{c}^2, \mathbf{c}^1, \mathbf{h}) = \sum_{n=1}^{N} \log P(r_n^{(d)} \mid \mathbf{c}^2, \mathbf{c}^1, \mathbf{h}) + \sum_{m=1}^{M} \log P(w_m^{(d)} \mid \mathbf{c}^2, \mathbf{c}^1, \mathbf{h})$$

두 번째부터 네 번째 항은 다음과 같다.

$$P(w_m^{(d)} = 1 \mid \mathbf{c}^2, \mathbf{c}^1, \mathbf{h}) = \exp\left(s_m^{\mathbf{w}} - \sum_{i=1}^{|\mathbf{e}^{\mathbf{c}}|} \alpha_i \right)$$

$$P(r_n^{(d)} = 1 \mid \mathbf{c}^2, \mathbf{c}^1, \mathbf{h}) = \exp\left(s_n^{\mathbf{r}} - \sum_{i=1}^{|\mathbf{h}^{\mathbf{c}}|} \alpha_i \right)$$

$$\mathbf{s}^{\mathbf{w}} = \sum_{i=1}^{|\mathbf{e}^{\mathbf{c}}|} \alpha_i e_i^{\mathbf{w}} \text{ and } \mathbf{s}^{\mathbf{r}} = \sum_{i=1}^{|\mathbf{e}^{\mathbf{c}}|} \alpha_i e_i^{\mathbf{r}}$$

두 번째 항은 클러스터로부터 캐릭터를 예측하는 확률을 나타내고, 세 번째 항은 클러스터간의 유사도를 측정하며, 네 번째 항은 모델 복잡도를 반영한다. 세 번째 항은 복잡도가 높은 모델 구조에 페널티를 줌으로써 확률을 낮게 하는 정규화 항의 역할을 한다. 이는 딥하이퍼넷과 같이 구조 학습을 하는 머신러닝 방법에서 모델 복잡도를 낮춤으로써 성능과 효율을 최대화하는 Occam's Razor의 원리를 구현하는 아주 중요한 방법이다. 위 식에서 e_i는 하이퍼에지를 표시하고 α_i는 그 가중치이다.

딥하이퍼넷에서 학습은 두 단계가 있다. 하나는 다양한 하이퍼에지를 구성적으로 탐색하는 구조학습이다. 이를 위해서 현재의 개체(하이퍼에지) 집합에서 관측된 데이터를 고려하여 새로운 개체(하이퍼에지)를 생성하는 베이지안 진화연산 기법을 사용한다(Zhang, Ohm, & Muhlenbein, 1997). 다른 하나는 하이퍼에지의 가중치를 결정하는 매개변수 학습이며 다음의 식에 의해서 점진적으로 수정된다.

$$\alpha_i = \sum_{d=1}^{D} \left\{ g(e_i) f(\mathbf{r}^{(d)}, \boldsymbol{w}^{(d)}; e_i) \right\}, \ \alpha_i^t = \lambda \alpha_i + (1-\lambda) \alpha_i^{t-1}$$

$$f(\mathbf{r}^{(d)}, \boldsymbol{w}^{(d)}; e_i) = \begin{cases} 1, \text{ if } \left(\mathbf{r}^{(d)} \cdot e_i^{\mathbf{r}} + \mathbf{w}^{(d)} \cdot e_i^{\mathbf{w}}\right) \big/ e_i e_i^{\mathrm{T}} > \kappa \\ 0, \quad \text{otherwise} \end{cases}$$

위 식은 모델에 들어 있는 하이퍼에지를 통해서 생성한 데이터가 관측한 데이터를 얼마나 반영하는지를 측정하고 있다. 즉 딥하이퍼넷은 생성모델로서 관측한 데이터를 생성하는 능력이 좋을수록 하이퍼에지 가중치를 높여준다.

6.5.1 기계상상 실험 결과

딥하이퍼넷에 의해 학습된 개념신경망은 뽀로로 만화영화 183편에 들어 있는 일반적인 개념과 지식을 저장하고 있다. 이를 활용하는 세가지 실험을 하였다. 첫 번째 실험은 뽀로로 만화영화 중에서 나온 대사를 주고 그 장면을 떠오르게 하는 상상력 실험이다. 이는 기계가 사람과 같이 연상 작용에 의해서 심상을 떠 올릴 수 있는지에 대한 실험으로서, 딥하이퍼넷 신경망이 사람의 인지적인 연상기억 능력을 보이는지를 알아보기 위한 것이다. 그림 6.12는 그 실험 결과의 예를 보여준다. 입력으

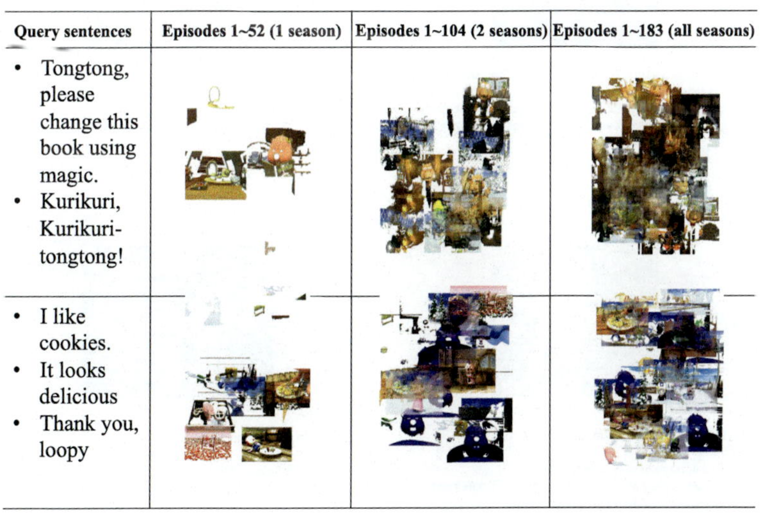

그림 6.12 학습된 딥하이퍼넷을 이용한 장면 생성(Ha, Kim, & Zhang, 2015)

로 “Tongtong, please change this book using magic. Kurikuri, Kurikuri Tongtong!”이라고 하면 딥하이퍼넷은 구축된 개념신경망을 이용하여 그림 6.10에 보이는 것과 같은 영상들을 조합해 낸다. 이러한 상상력 능력이 학습이 진행됨에 따라 향상되는지를 알아보기 위해서 각각 52편, 104편, 183편의 에피소드를 보았을 때 상상되는 심상의 그림을 비교하였다. 그림에 보이듯이 떠 올리는 심상의 영상 복잡도와 정확도가 학습이 진행됨에 따라서 향상되는 것을 알 수 있다. 이 결과는 아직 완전하지는 않지만 다양한 응용에 활용될 수 있다. 예를 들어, 상상된 그림을 질의어로 만화영화 전편을 검색할 경우 사람과 같은 인지적 순간 검색 능력을 가지는 교차 모달리티 비디오 검색 엔진을 만들 수 있을 것이다.

두 번째 실험에서는 반대로 정지 비디오 그림을 딥하이퍼넷의 입력으로 주었다. 그리고 딥하이퍼넷의 확률적 생성능력을 이용한 연상기억에 기반하여 언어를 생성하였다. 즉 주어진 그림을 설명하는 글을 생성할 수 있는지를 시험하였다.

Query = {i, try}

Original subscript: clock, I have made another potion come and try it
Generated subscripts
- **as i don't have the right magic potion come and try it was nice**
- **ah, finished i finally made another potion come and try it we'll all alone?♪**

Query = {thanks, drink}

Original subscript: Oh, thanks Make him drink this
Generated subscripts
- **oh, thanks make him drink this bread**
- **oh, thanks make him drink this forest**

Query = {he, take}

Original: Tong. Tong Let. Me. Take. It. To. Clock
Generated
- **take your magic to know what is he doing?**
- **take your magic to avoid the house to know what is he keeps going in circles like this will turn you back to normal**

Query = {ship, pulled}

Original: The ship is being pulled
Generated
- **wow looks as if that's the ship is being pulled**
- **the ship is being pulled**

그림 6.13 학습된 딥하이퍼넷을 이용한 장면 생성(Ha, Kim, & Zhang, 2015)

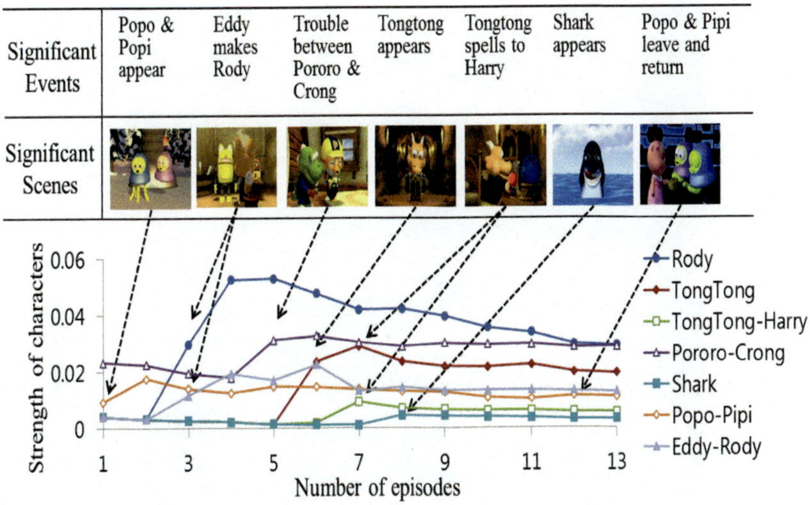

그림 6.14 딥하이퍼넷 학습과정에서 만화 주인공들의 등장 패턴 변화(Zhang, 2015)

그림 6.13은 그 결과를 보여준다. 해당 장면에 대한 뽀로로 원본의 대사와 비교해 볼 때 유사하면서도 변형이 된 문장들이 생성되는 것을 알 수 있다. 예를 들어서, 주어진 그림에 대한 원본 대사는 “Clock, I have made another potion come and try it”인데 딥하이퍼넷이 생성한 문장은 “as i don't have the right magic potion come and try it was nice”와 “ah, finished i finally made another potion come and try it we'll all alone”였다. 역시 완전한 문장은 아니지만 의미가 상당히 통하며 창의적인 문장이 생성되는 것을 알 수 있다. 이는 학습된 딥하이퍼넷이 주어진 그림에 들어 있는 그림 조각에 기반하여 확률적인 추론을 반복하여 단어를 생성하기 때문이다.

세 번째 실험은 뽀로로 장면 하나하나를 넘어서 시간의 흐름에 따른 에피소드 스토리를 학습할 수 있는지를 알아보고자 하였다. DHN은 스트림으로 관측되는 데이터에 대해서 온라인 점진적 학습을 하기 때문에 시간적인 변화를 추적할 수 있다. 그림 6.14는 에피소드가 진행됨에 따라 여러가지 사건이 발생되고 그에 따라 주인공들의 등장 빈도수가 달라지면 스토리 라인이 바뀌는 것을 딥하이퍼넷이

그림 6.15 아이들과 만화비디오 보며 영어를 가르치는 Pororobot (Zhang, 2015)

학습하고 있다는 것을 간접적으로 알수 있다. 이 실험의 결과에 힘입어 현재 만화 영화를 보면서 아이들과 놀아주며 영어공부를 도와주는 로봇 Pororobot을 개발하는 연구가 진행중이다(그림 6.15).

CHAPTER

7

순환신경망

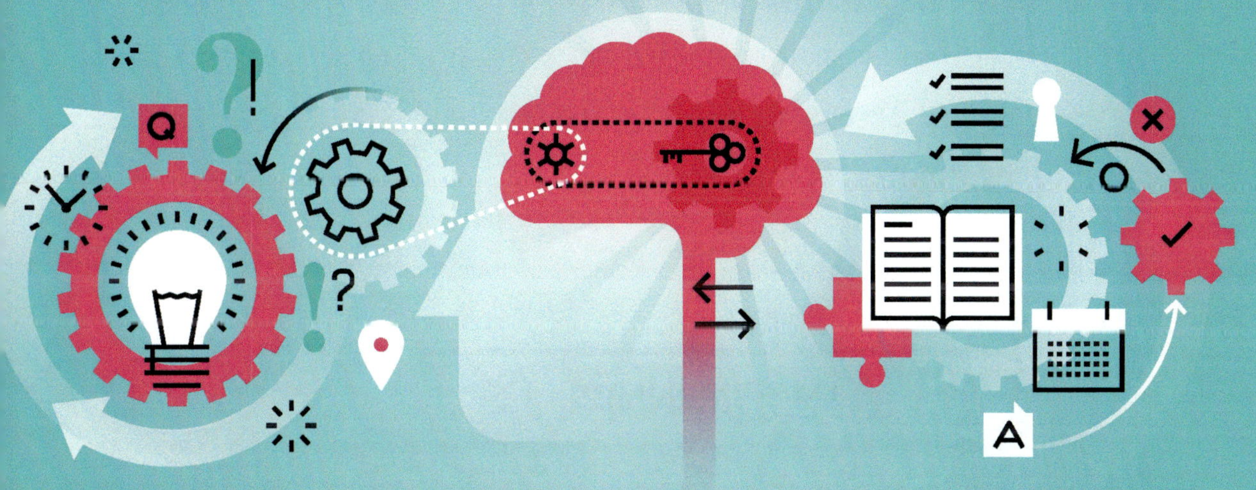

다층퍼셉트론이나 컨볼루션망과 같은 순방향 신경망은 뉴런들이 이전 상태의 활성화값을 기억하지 않는다. 그러나 언어처리, 음성인식, 필기체 인식, 음악 생성과 같은 문제를 다루기 위해서는 이전 입력값과 신경망의 과거 상태를 기억할 필요가 있다. 순환신경망(RNN)은 뉴런들이 순환 구조로 연결되어 있어서 과거 정보를 기억하는 동적 시스템이며 다양한 길이의 순차적인 데이터를 처리할 수 있다. 특히 장단기 메모리 신경망(LSTM)은 순서적으로 가깝거나 먼 연관성을 포착할 수 있어 다양한 길이의 순서 데이터 처리가 가능한다. 긴 길이를 다루면서 매개변수가 증가하는 문제는 매 단계 또는 시간별 매개변수를 공유하여 해결한다. 순환신경망 모델은 자연언어처리와 질의응답 대화 시스템과 같은 복잡한 문제를 다루기 위한 종단학습 딥러닝 모델(10장)의 핵심 모듈로도 활용된다. 본 장에서는 순환신경망의 기본 구조와 특성을 살펴보고 시간펼침 오류역전파(BPTT) 알고리듬에 의한 순환신경망 학습을 다룬다. 기본 순환신경망 모델에서 발생하는 오차 신호 소실 문제를 해결하기 위해서 메모리 셀을 도입한 장단기 메모리 신경망(LSTM)의 구조와 학습을 살펴본다. 이어서 LSTM의 변형과 활용 및 다양한 순환신경망의 응용 사례를 살펴본다.

7.1 순환신경망(RNN)의 구조

지금까지 살펴본 딥러닝 모델은 입력 데이터들의 시간적인 순서를 고려하지 않았다. 즉 시간 t에 입력 $\mathbf{x}_t$가 주어지면 대응되는 출력 f_t를 생성하며, 이 때 t 시간의 출력은 t 시간의 입력에만 의존적이다.

$$f_t = f(\mathbf{x}_t\,;\mathbf{w})$$

이러한 학습 모델은 정적인 입출력 사상(mapping)을 학습한다.

정적인 신경망은 이전의 입력값과 모델의 상태를 기억하지 않기 때문에, 음성, 언어 등과 같은 순서 데이터에 대한 모델로는 적절하지 않다. 이러한 순서를 고려하기 위해서는 이전의 모든 시간의 입력을 고려하여야 한다.

$$f_t = f(\mathbf{x}_t, \ \mathbf{x}_{t-1}, \ \cdots, \ \mathbf{x}_1;\mathbf{w})$$

여기서 $\mathbf{x}_t$와 f_t는 시간에 따라 변하는 패턴이다.

순환신경망(Rumelhart et al., 1986)은 순차적 데이터에서 비정적인 입출력 사상을 학습하는 동적 시스템 모델이다. 순환신경망은 뉴런들의 출력이 다시 입력으로 되먹임되는 재귀적인 연결 구조를 가진다. 되먹임의 구조는 뉴런 자신에게 바로 피드백되는 직접적인 연결일 수도 있고 다른 뉴런을 통한 간접적 피드백도 가능하다. 순환신경망은 시간적인 동역학을 가지고 있어서 입력의 시간적 구조를 파악할 수 있으며 이로 인해서 같은 입력 패턴에 대해서 시간에 따라 다른 출력을 생성할 수 있다. 그림 7.1은 전형적인 순환신경망 구조를 보여준다. 이는 다층퍼셉트론의 변형으로서 은닉 뉴런층만이 재귀적인 구조를 갖는다. 이 구조는 $t-1$ 시간에서의 은닉 뉴런 활성값들 $\mathbf{h}_{t-1}$이 t시간에 복제되어 계속 과거의 정보를 축적하여 나가는 모델이다.

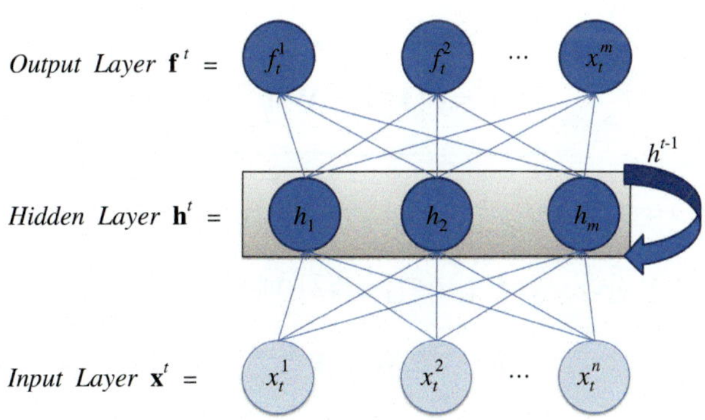

그림 7.1 순환신경망의 구조 (시간 t)

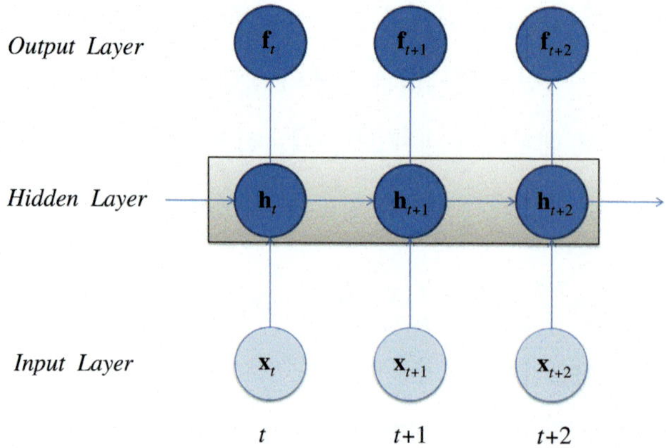

그림 7.2 순환신경망의 시간적 펼침(시간 t, t+1, t+2, …)

$$f_t = f(\mathbf{x}_t,\ \mathbf{h}_t\ ;\ \mathbf{w})$$
$$\mathbf{h}_t = g(\mathbf{h}_{t-1}\ ;\ \mathbf{w})$$

여기서 $\mathbf{h}_{t-1}$는 시간 $t-1$에서의 은닉층 활성화 벡터이다. 은닉층의 활성값들이 계속 축적되기 때문에 시간 t 에서의 은닉 활성화는 그 시간까지의 과거 역사를 모두 기록하는 효과가 있다.

순환신경망은 $t-1$ 시간에 활성화된 은닉 뉴런 활성값이 t 시간의 활성화에 입력으로 작용하는 순환적 활성화를 수행한다. 기본 순환신경망 모델의 표준 계산식은 다음과 같다:

$$\mathbf{h}_t = \phi\left(\mathbf{U}_x \mathbf{x}_t + \mathbf{W}_h \mathbf{h}_{t-1} + \mathbf{b}\right)$$

$\mathbf{h}_t$는 은닉층의 상태 벡터이고, ϕ는 비선형 활성화 함수이며 보통 *tanh*, *sigmoid*, 또는 *ReLU*를 적용한다. 망에 입력되는 순서 데이터 $\mathbf{X} = (\mathbf{x}_1, \mathbf{x}_2, \cdots, \mathbf{x}_T)$에 대해 가중치 행렬과 편향값 $\mathbf{U}_x \in \mathbb{R}^{N_h \times N_x}, \mathbf{W}_h \in \mathbb{R}^{N_h \times N_h}$, $\mathbf{b} \in \mathbb{R}^{N_l}$은 매 시간대마다 고정되어 동일하게 적용된다. 즉, 순환신경망의 학습 대상 매개변수는 시간축을 따라

고정, 공유된다. 은닉층 벡터의 길이 N_h는 메모리의 크기에 해당하며, 다층퍼셉트론의 경우와 마찬가지로 다루는 문제에 따라 연구자가 사전에 고정을 하거나 초매개변수(hyper-parameter)로서 최적화를 할 대상으로 설정하기도 한다. 순환신경망은 원리적으로 과거 입력의 전체 내역으로부터 출력노드로의 동적인 매핑을 수행한다. 과거의 입력값과 네트워크의 상태에 대한 내력이 은닉층 벡터 $\mathbf{h}_t$에 기록되어 활용된다.

기본 순환신경망의 구조는 다층 구조 또는 양방향 구조로 확장 가능하다. 그림 7.3(a)와 같이 순환신경망의 은닉층을 여러 층 쌓은 다층 순환신경망 모델은 은닉층의 표현력을 확장하고 모델의 성능을 높이는 것으로 알려져 있다(Hihi & Bengio, 1995)(Graves, 2013). 다층 순환신경망의 각 은닉 노드에서는 다음과 같이 이전 층의 출력과 동일 층의 이전 상태 정보를 취합하여 은닉층 벡터를 갱신한다.

$$\begin{aligned}\mathbf{h}_{1,t} &= \mathrm{RNN}_1(\mathbf{x}_t, \mathbf{h}_{1,t-1})\\ \mathbf{h}_{2,t} &= \mathrm{RNN}_2(\mathbf{h}_{1,t}, \mathbf{h}_{2,t-1})\\ \mathbf{h}_{3,t} &= \mathrm{RNN}_3(\mathbf{h}_{2,t}, \mathbf{h}_{3,t-1})\end{aligned}$$

다층 순환신경망은 층의 수가 늘어날수록 학습 속도가 느려지고, 오류역전파 과정에서 미분값의 급격한 증가 또는 급격한 감소 문제가 발생한다. 음성인식, 기계번역 등과 같이 매우 복잡한 문제를 풀기 위해서는 층을 깊게 쌓을 필요가 있으며, 이런 경우 그림 7.3(b)와 같이 잔차 연결을 추가하여 이러한 문제를 해결하는 것이 최근의 추세이다. 잔차 연결 개념은 12장에서 다룰 딥잔차넷에서 힌트를 얻어 도입되었으며, 다음과 같이 이전 층의 입력값을 현재 층 순환신경망 노드의 출력값에 더하여 다음 층으로 전달한다:

$$\begin{aligned}\mathbf{h}_{1,t} &= \mathrm{RNN}_1(\mathbf{x}_t, \mathbf{h}_{1,t-1}) + \mathbf{x}_t\\ \mathbf{h}_{2,t} &= \mathrm{RNN}_2(\mathbf{h}_{1,t}, \mathbf{h}_{2,t-1}) + \mathbf{h}_{1,t}\\ \mathbf{h}_{3,t} &= \mathrm{RNN}_3(\mathbf{h}_{2,t}, \mathbf{h}_{3,t-1}) + \mathbf{h}_{2,t}\end{aligned}$$

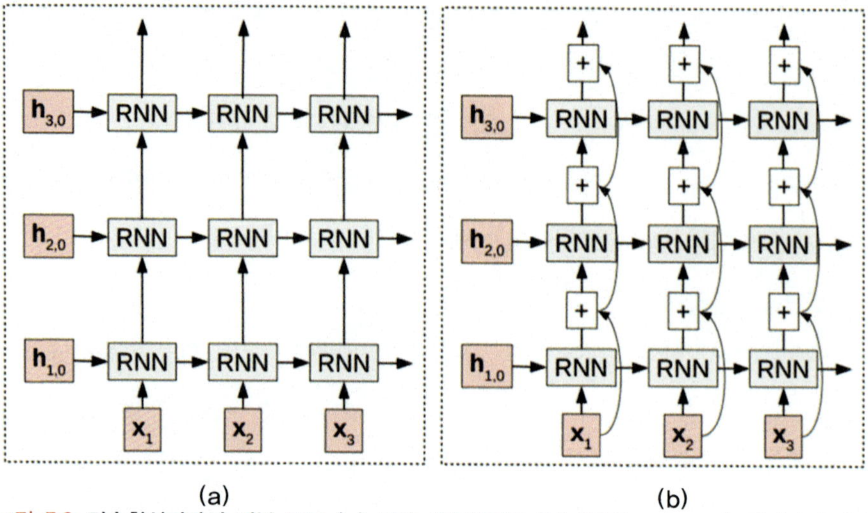

그림 7.3 딥순환신경망의 기본 구조 (a) 다층 순환신경망 (b) 잔차(residual) 연결이 추가된 다층 순환신경망 (Neubig, 2017)

음성인식 문제와 같이 현재 단계에서의 출력이 전체 순서 데이터에 영향을 받는 경우, 순환신경망의 전방향 순환 구조와 함께 후방향 순환 구조를 추가하여 양방향의 은닉벡터를 취합하고 출력하는 양방향(bidirectional) 순환신경망을 적용할 수 있다(그림 7.4) (Schuster & Paliwal, 1997)(Graves & Schmidhuber, 2005). 양방향 순환신경망은 음성인식과 필기체 문장 인식 등에서 성능 향상에 크게 기여하고 있다.

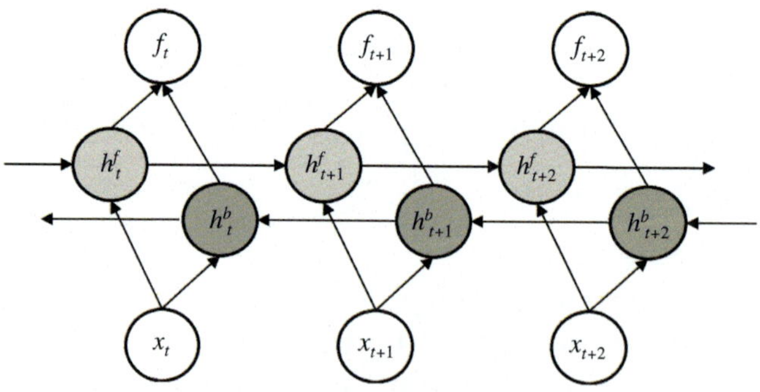

그림 7.4 양방향 순환신경망의 전형적인 구조

기본 순환신경망의 구조 외에도 다양한 구조의 순환신경망이 연구되었다. 엘만 네트워크의 경우 이전 단계의 은닉층 상태가 현재 상태의 입력으로 피드백이 되는 구조를 가진다(Elman, 1990). 조단 네트워크의 경우는 이전 단계의 출력이 현재 상태의 입력으로 피드백된다(Jordan, 1997). 다층 구조의 순환신경망에서 층을 건너뛰는 연결(skip connection)이 존재하기도 한다(Graves, 2013)(그림 7.10 참조).

7.2 순환신경망의 학습

순환신경망의 학습은 다른 신경망과 마찬가지로 경사 하강법을 이용한 오류역전파 알고리듬을 이용한다. 순환신경망 학습의 경우 출력에서 입력 방향뿐만 아니라, 시간축을 거슬러 올라가는 방향의 역전파를 함께 반영하기 때문에 보통 시간펼침 오류역전파(back-propagation through time, BPTT)라고 부른다(Werbos, 1988)(Mozer, 1989).

표준적인 순환신경망의 사례에서 학습 과정을 살펴보자. 매 시간마다 입력 $\mathbf{x}_t$에 대응하는 $\mathbf{y}_t$를 출력하는 문제의 경우 다음과 같이 순환신경망을 설정할 수 있다. 문장에서 단어별로 명사 여부를 판별한다거나, 음성에서 단음의 종료 시점을 판별하는 문제와 같이 매 시간대별 레이블을 부여하는 문제에 이런 설정이 자연스럽게 적용된다. 순환신경망의 계산식은 다음과 같이 설정한다.

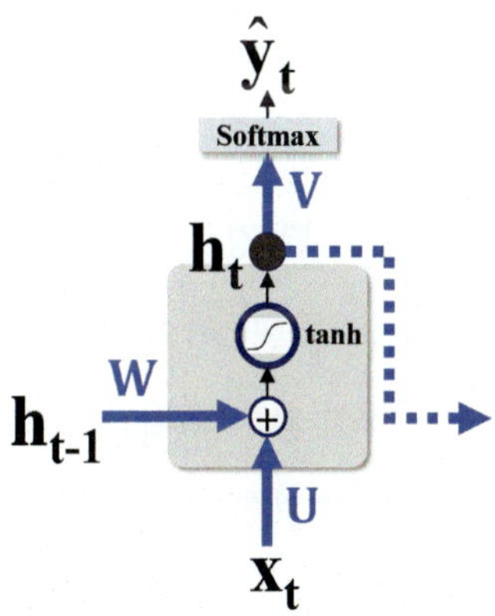

그림 7.5 순서 데이터 레이블링을 위한 순환신경망 설정

$$
\begin{aligned}
\mathbf{a}_t &= \mathbf{U}_x\mathbf{x}_t + \mathbf{W}_h\mathbf{h}_{t-1} + \mathbf{b} \\
\mathbf{h}_t &= \tanh(\mathbf{a}_t) \\
\mathbf{o}_t &= \mathbf{V}_h\mathbf{h}_t + \mathbf{c} \\
\hat{\mathbf{y}}_t &= \text{softmax}(\mathbf{o}_t)
\end{aligned}
$$

b와 **c**는 편향값(bias)벡터이고, **U**, **V**, **W**는 각각 입력-은닉, 은닉-출력, 은닉-은닉 노드간 연결에 부여된 가중치의 행렬이다. 입력과 출력의 길이는 T로 동일하며, 학습의 목표는 각 시간별 출력 확률에 대한 음의 로그 우도(negative log-likelihood)를 최소화하도록 손실 함수를 다음과 같이 설정한다.

$$
\begin{aligned}
& L\left(\{\mathbf{x}_1, \mathbf{x}_2, ..., \mathbf{x}_T\}, \{\mathbf{y}_1, \mathbf{y}_2, ..., \mathbf{y}_T\}\right) \\
& = \sum_t L_t = -\sum_t \log p_{\text{model}}\left(\mathbf{y}_t \mid \{\mathbf{x}_1, \mathbf{x}_2, ..., \mathbf{x}_t\}\right)
\end{aligned}
$$

$p_{\text{model}}\left(\mathbf{y}_t \mid \{\mathbf{x}_1, \mathbf{x}_2, ..., \mathbf{x}_t\}\right)$은 출력 벡터 $\hat{\mathbf{y}}_t$에서 y_t번째 값이다.

오류역전파 과정의 핵심은, 현재 입력 데이터를 기준으로 위 계산식을 적용하여 입력에서 출력 방향으로 순차적 계산을 수행한 후(전방향 계산단계), 출력단에서 손실 함수를 적용하여 계산한 오류를 연결선을 따라 역전파하는 경로의 각 노드에서 경사도(gradient)를 계산하고, 이전 노드에서 전달받은 오류신호와 결합하여 역방향으로 전달하는 것이다(후방향 계산단계). 위와 같은 손실 함수에 대해 각 매개변수별 경사도를 계산하는 과정은 매우 많은 계산이 필요하다. 특히, 시간펼침 오류역전파 과정에서는 출력에서 최초 입력까지의 경로가 계산시간을 결정하는 결정적 요소가 되고, 전방향 계산단계에서 계산한 은닉상태 값 $\mathbf{h}_t$를 모두 저장하여 후방향 계산단계에 반영하게 된다. 시간펼침 오류역전파 과정의 계산복잡도와 공간복잡도는 모두 $O(T)$이며, 경사도 계산의 재귀성으로 인해 병렬화가 힘들다.

시간펼침 오류역전파 과정에서는 손실 함수에 대해 모든 매개변수의 경사도를 계산하게 된다. 매개변수는 모든 시간대에서 공유되는 가중치 행렬 **U**, **V**, **W**와 편향값 벡터 **b**, **c**, 그리고, 각 시간대별 인덱스가 부여되는 $\mathbf{x}_t$, $\mathbf{h}_t$, $\mathbf{o}_t$, $\mathbf{L}_t$가 있다. 일부 매개변수의 경사도 계산식을 아래에 소개한다. 식의 유도과정은 생략한다. 출력단의 손실 함수 단계의 경사도는 간단하다.

$$\frac{\partial \mathbf{L}}{\partial \mathbf{L}_t} = 1$$

신경망 출력단에서는 출력 벡터 $\hat{\mathbf{y}}_t$의 각 원소와 학습 데이터로 주어지는 실제 출력값 y_t를 기준으로 다음과 같이 경사도를 계산한다.

$$(\nabla_{\mathbf{o}_t}\mathbf{L})_i = (\hat{\mathbf{y}}_t)_i - \mathbf{1}_{i,y_t}$$

순서의 끝단에서 은닉변수 $\mathbf{h}_T$는 $\mathbf{o}_T$에서만 역전파 정보를 받으며, 경사도는 다음과 같다.

$$\nabla_{\mathbf{h}_T}\mathbf{L} = \mathbf{V}^T \nabla_{\mathbf{o}_T}\mathbf{L}$$

순서의 중간 단계에 있는 은닉변수 $\mathbf{h}_t$는 $\mathbf{h}_{t+1}$과 $\mathbf{o}_t$에서 역전파 정보를 받으며, 다음과 같이 두 정보의 합으로 경사도가 계산된다.

$$\nabla_{\mathbf{h}_t}\mathbf{L} = \mathbf{W}^T(\nabla_{\mathbf{h}_{t+1}}\mathbf{L})\mathrm{diag}\left(1-\mathbf{h}_{t+1}^2\right) + \mathbf{V}^T(\nabla_{\mathbf{o}_t}\mathbf{L})$$

$\mathrm{diag}\left(1-\mathbf{h}_{t+1}^2\right)$는 $1-((\mathbf{h}_{t+1})_i)^2$을 대각선 원소로 가지는 대각행렬이다. 세 가중치 행렬의 경사도 계산식은 다음과 같다.

$$\nabla_{\mathbf{V}}\mathbf{L} = \sum_t (\nabla_{\mathbf{o}_t}\mathbf{L})\mathbf{h}_t^T$$
$$\nabla_{\mathbf{W}}\mathbf{L} = \sum_t \mathrm{diag}\left(1-\mathbf{h}_t^2\right)(\nabla_{\mathbf{h}_t}\mathbf{L})\mathbf{h}_{t-1}^T$$
$$\nabla_{\mathbf{U}}\mathbf{L} = \sum_t \mathrm{diag}\left(1-\mathbf{h}_t^2\right)(\nabla_{\mathbf{h}_t}\mathbf{L})\mathbf{x}_t^T$$

모든 매개변수에 대한 경사도 계산식과 유도 과정은 (Goodfellow et al., 2016)의 10.2.2절을 참고하기 바란다.

7.3 장단기 메모리망(LSTM)

기본 순환신경망은 입력에서 출력을 도출할 때 이전의 상황 정보(context)를 활용할 수 있는 장점이 있으나, 여러 가지 단점을 가지고 있으며 학습이 쉽지 않은 모델이다. 가장 큰 문제는 시간펼침 오류역전파 알고리듬에서의 시간에 대한 역전파 에러 신호가 급격히 증가되거나 급격히 줄어드는 문제이다. 새로운 입력이 은닉층의 활성화를 덮어쓰고 처음 입력을 잊어버리게 되면서, 시간이 감에 따라 네트워크의 민감도가 줄어든다(그림 7.6).

이 문제를 해결하고자 제시된 다양한 해법 중 현재까지 가장 성공적인 모델은 장단기 메모리(Long Short-Term Memory, LSTM) 신경망 모델이다. 장단기 메모리 신경망은 장기적 연관성을 효과적으로 포착하고 안정적인 학습이 가능하기 때문에 다양한 순서 데이터 모델링에 널리 사용되고 있다. 몇 가지 사례를 들면, 언어 모델링(Zaremba et al., 2014), 기계번역(Yeung et al., 2016), 음성신호 모델링(Sak et al., 2014), 비디오 데이터 분석(Dohahue et al., 2017) 등이 있다.

장단기 메모리 신경망 메모리는, CEC (constant error carousel, 상수 오류 회전기)라 불리는 메모리 셀(cell)을 중심으로 입력값, 출력값, 이전 메모리 상태값과의 연결을 조절하는 세 개의 게이트(gate)와 여러 연결선으로 구성되어 있다(그림 7.7). 그림 7.7에 도식화한 장단기 메모리의 표준 모델은 (Graves & Schmidhuber, 2005)를 기준으로 한다. 이 모델은 (Hocheriter & Schmidhuber, 1997)에서 최초 모델이 정립되었으며, (Gers & Schmidhuber, 2000) 등을 거쳐 여러 요소가 더해지거나 빠졌다.

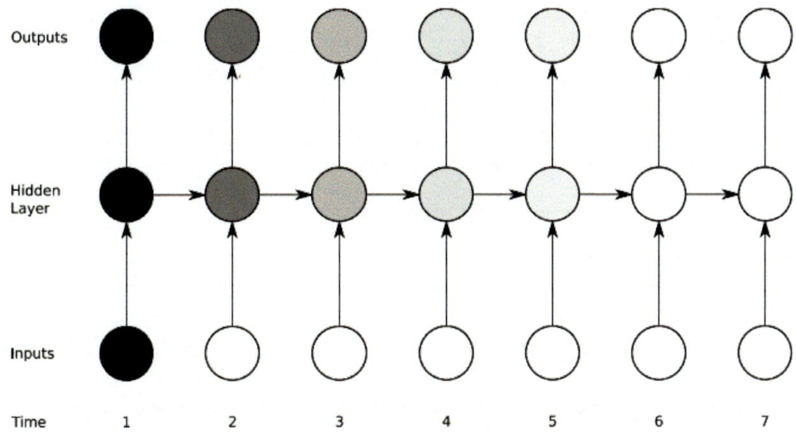

그림 7.6 기본 순환신경망에서 발생하는 오차신호 소실 문제의 도식화(Graves, 2012). 노드의 음영은 $t=1$에서의 입력에 대해 시간 흐름에 따른 민감도이다(어두울수록 더 민감함을 의미). 시간이 지나며 새로운 입력값이 은닉층의 활성도를 덮어쓰면서 민감도가 급격히 감소하고, 결과적으로 망은 최초의 입력값을 '잊어버린다'.

장단기 메모리 블록의 각 게이트와 셀 상태의 값은 다음과 같이 계산된다.

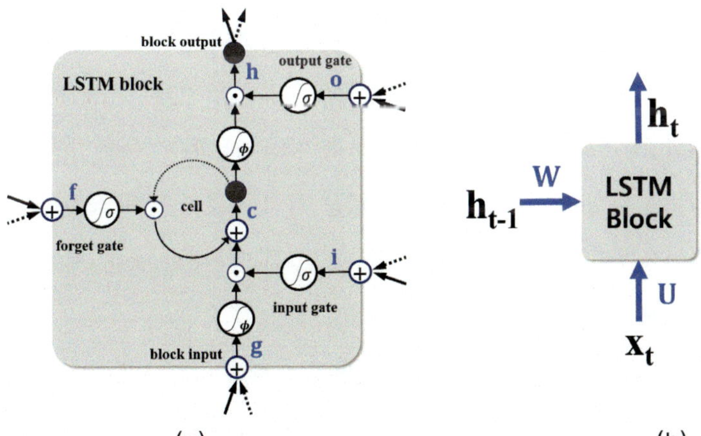

(a) (b)

그림 7.7 장단기 메모리 신경망의 기본 단위인 메모리 블록의 구성. (a) 셀 메모리를 중심으로 입력(input), 출력(output), 망각(forget) 게이트로 구성된다. 표준 모델에서는 (b)와 같이 블록의 입력은 현재 입력 벡터와 이전 셀 상태 벡터만을 고려한다.

$$
\begin{aligned}
\mathbf{i}_t &= \mathbf{U}_{xi}\mathbf{x}_t + \mathbf{W}_{hi}\mathbf{h}_{t-1} + \mathbf{b}_i \\
\mathbf{g}_t &= \mathbf{U}_{xg}\mathbf{x}_t + \mathbf{W}_{hg}\mathbf{h}_{t-1} + \mathbf{b}_g \\
\mathbf{f}_t &= \mathbf{U}_{xf}\mathbf{x}_t + \mathbf{W}_{hf}\mathbf{h}_{t-1} + \mathbf{b}_f \\
\mathbf{o}_t &= \mathbf{U}_{xo}\mathbf{x}_t + \mathbf{W}_{ho}\mathbf{h}_{t-1} + \mathbf{b}_o \\
\mathbf{c}_t &= \sigma(f_t) \odot \mathbf{c}_{t-1} + \sigma(i_t) \odot \phi(\mathbf{g}_t) \\
\mathbf{h}_t &= \sigma(o_t) \odot \phi(\mathbf{c}_t)
\end{aligned}
$$

$\mathbf{h}_t$는 은닉층의 상태이고, σ는 *sigmoid*, ϕ는 *tanh*이다. σ와 ϕ는 입력벡터의 원소별로 각각 적용되며, 동일한 길이의 벡터를 출력하며 편의상 별도로 구분된 기호를 쓰지 않았다. $\odot$는 두 행렬 또는 벡터의 원소간 곱셈 연산이다. 망에 입력되는 순서 데이터 $\mathbf{X} = (\mathbf{x}_1, \mathbf{x}_2, \cdots, \mathbf{x}_T)$에 대해 가중치 행렬과 편향값 $\mathbf{U}_{xy} \in \mathbb{R}^{N_h \times N_x}, \mathbf{W}_{hy} \in \mathbb{R}^{N_h \times N_h}$, $\mathbf{b}_y \in \mathbb{R}^{N_h}$는 기본 RNN과 마찬가지로 매 시간대마다 고정되어 적용된다. y는 $\{\mathbf{i}, \mathbf{g}, \mathbf{f}, \mathbf{o}\}$ 중 하나이며, 프로그램으로 구현할 때 보통 GPU를 이용한 행렬곱의 효율을 위해 현재 입력벡터에 대한 가중치 행렬 $\mathbf{U}_x$과 은닉층의 이전 상태에 대한 가중치 행렬 W_h, 그리고 편향값을 각각 하나의 큰 행렬과 벡터로 취합하여 $\mathbf{W}$, $\mathbf{U}$, $\mathbf{b}$를 구성한 후 $\{\mathbf{i}, \mathbf{g}, \mathbf{f}, \mathbf{o}\}$값의 계산을 한 번에 수행한다.

장단기 메모리에 포함된 곱셈 기반 게이트로 인해, 메모리 셀의 정보를 오랜 시간 동안 저장하고 인출하는 것이 가능하게 되었으며, 이로 인해 오차 신호 소실 문제를 피할 수 있다. 예를 들어, 입력 게이트가 닫힌 상태를 유지하는 한(즉, 입력 게이트의 활성화 값이 거의 0), 새로운 입력 신호가 망에 도달하더라도 셀의 내용은 덮어쓰기되어 변형되지 않으며, 이후 시간대에서 출력 게이트를 열어서 저장된 내용을 인출할 수 있다(그림 7.8).

장단기 메모리 표준 모델에서의 시간펼침 오류역전파 과정과 경사도 계산식은 다음의 문헌을 참조하기 바란다(Graves & Schmidhuber, 2005; Greff et al., 2017).

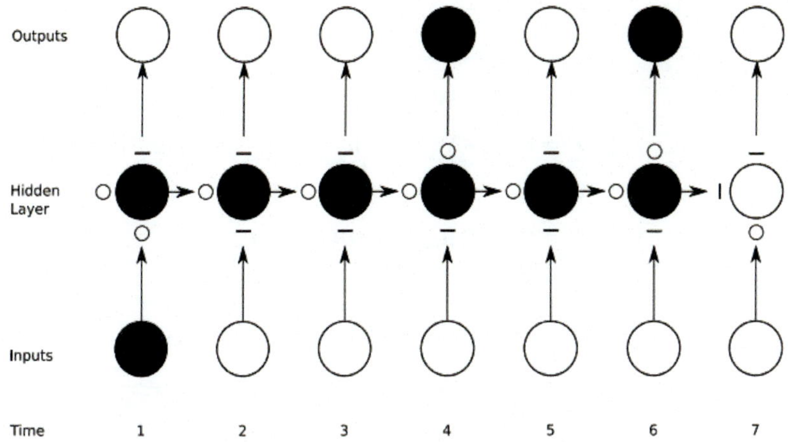

그림 7.8 LSTM에서의 미분 정보 보존 효과에 대한 도식(Graves, 2012). 노드 음영의 의미는 그림 7.5와 동일하다. 은닉노드의 입력, 망각, 출력 게이트가 각각 노드의 하단, 좌측, 상단에 작은 원으로 표시되었으며, 열린 상태(○)와 닫힌 상태(−)로 간략히 표기하였다. 최초의 입력값은 망각 게이트가 열려 있고 입력 게이트가 닫혀 있는 한 기억이 유지되며, 출력 게이트를 열고 닫는 것만으로 셀의 내용에 영향을 주지 않고 출력을 할 수 있다.

7.4 장단기 메모리망의 변형과 확장

장단기 메모리는 다른 형태의 메모리 블록으로 변형되거나, 보다 발전된 모델의 핵심 요소로 포함되는 식으로 확장되었다.

가장 대표적인 변형 블록으로 GRU (Gated Recurrent Unit)(Cho et al., 2014; Chung et al., 2014)가 발표되어 널리 사용되고 있다. GRU는 개별 순환망 블록이 각각 다른 시간 단위에서의 연관 관계를 파악하는 것을 추구하였으며, LSTM과 비교하여 단순화된 구조를 가지고 있다. GRU에는 별도의 셀 메모리가 없으며, 블록 내부의 정보 흐름은 리셋(r) 게이트와 업데이트(z) 게이트로 조절된다. 내부 상태를 외부로 출력할 때에도 LSTM에서는 출력 게이트를 이용하여 0~1 사이의 비율로 조정하는 데 비해, GRU는 내부 상태값을 그대로 출력한다. 이를 표현하는

GRU의 계산식은 다음과 같다.

$$\mathbf{r}_t = \mathbf{U}_{xr}\mathbf{x}_t + \mathbf{W}_{hr}\mathbf{h}_{t-1} + \mathbf{b}_r$$
$$\mathbf{z}_t = \mathbf{U}_{xz}\mathbf{x}_t + \mathbf{W}_{hz}\mathbf{h}_{t-1} + \mathbf{b}_z$$
$$\tilde{\mathbf{h}}_t = \phi(U_{xh}\mathbf{x}_t + \mathbf{W}_{hh}(\sigma(\mathbf{r}_t)\odot\mathbf{h}_{t-1}) + \mathbf{b}_h)$$
$$\mathbf{h}_t = \sigma(z_t)\odot\mathbf{h}_{t-1} + (1-\sigma(z_t))\odot\tilde{\mathbf{h}}_t$$

$\mathbf{h}_t$는 은닉층의 상태이고, σ는 *sigmoid*, ϕ는 *tanh*이다. σ와 ϕ는 입력벡터의 원소별로 각각 적용되며, 동일한 길이의 벡터를 출력하며 편의상 별도로 구분된 기호를 쓰지 않았다. ⊙는 두 행렬 또는 벡터의 원소간 곱셈 연산이다. 망에 입력되는 순서 데이터 $\mathbf{X} = (\mathbf{x}_1, \mathbf{x}_2, \cdots, \mathbf{x}_T)$에 대해 가중치 행렬과 편향값 $\mathbf{U}_{xy} \in \mathbb{R}^{N_h \times N_x}$, $\mathbf{W}_{hy} \in \mathbb{R}^{N_h \times N_h}$, $\mathbf{b}_y \in \mathbb{R}^{\prime}$는 기본 RNN 및 장단기 메모리와 마찬가지로 매 시간대마다 고정되어 적용된다. y는 {**r**, **z**, **h**} 중 하나이다.

장단기 메모리와 GRU의 성능과 특성을 비교하는 여러 연구결과가 발표되었으며(Chung et al., 2014; Jozefowicz et al.; 2015, Gref et al., 2017), 대체로 두 모델 간의 유의미한 성능 차는 없는 것으로 보고되고 있다.

순환신경망의 순서 데이터 학습 능력을 보완하고 확장하기 위한 다양한 연구 또한 활발하다. 먼저 살펴볼 사례는 신경망 모델에 외부 기억장치를 결합하는 형태로서, 뉴럴튜링머신이 대표적인 모델이다. 뉴럴튜링머신은 기억장치에서 읽고 쓰는 과정까지 학습을 하며, 이에 대해서는 9장에서 상세히 소개한다. 두 번째 사례는 주의집중(attention) 기작을 순환신경망에 결합하는 확장이다. 이전 단계의 입력값이나 출력값, 또는 다른 순환신경망의 출력값을 참조하되 서열 상의 위치/시간별 가중치를 달리 하는 방식으로 특정 내용에 대해 주의집중을 하고, 이를 통해 선택적이고 집중적인 학습을 하는 과정이다. 이러한 주의집중 적용 사례는 10장에서 소개할 인코더디코더 모델을 중심으로 소개한다. 또다른 확장 사례로 뉴럴프로그래머가 최근 연구되고 있다. 뉴럴프로그래머는 문제 해결을 위한 일련의 연산

과정, 즉 프로그램을 정확한 사례 없이도 학습을 통해 자동으로 구축하는 모델이며, 순환신경망은 일련의 연산을 조정하는 컨트롤러 역할을 수행한다(Neelakantan et al., 2015; Reed & Freitas, 2015).

7.5 순환신경망의 활용

이 절에서는 순환신경망을 음성 인식과 문장 생성에 적용한 사례를 중심으로 순환신경망의 활용을 살펴본다.

순환신경망은 다양한 언어처리 연구에 활용되었다. 특히 문맥을 통해 다음 단어를 예측하여 생성하는 언어 모델(language model)로도 활용되었다 (Mikolov et al., 2010; Sutskever et al., 2011; Graves, 2013). 언어 모델은 글로 표현된 문장에 대한 모델링과 음성 인식에서 필수적으로 사용하는 모델이다. 음성 인식의 경우 음성 신호에서 낱소리를 파악하는 단계 이후 낱소리를 연결하여 단어와 문장으로 인식하는 단계에 언어 모델이 적용된다. 기존에 언어 모델로 흔히 쓰인 n-gram 모델의 경우 예측이 학습 데이터와 문맥 간에 정확히 일치하는 경우를 통해 이루어진다. 반면, 순환신경망의 경우 예측을 위해 신경망 내부 표현을 활용한다. 기본 순환신경망으로 음성 인식의 성능을 높이고(Mikolov et al., 2010), 양방향 딥 장단기메모리망으로 음성을 인식하는 과정은 Graves 등의 연구(2013) 이후 표준적인 방법으로 자리잡았다. 2015년 말에는 그림 7.9와 같은 딥 신경망 모델을 이용하여 종단학습 방식으로 영어와 중국어 음성을 모두 인식하는 사례가 발표되기도 하였다(Amodei et al., 2015).

순환신경망의 장점을 잘 보여주는 또다른 사례는 자동으로 문장, 문서를 생성하는 모델이다. Graves (2013)는 딥 장단기 메모리 신경망을 이용하여 다음 단어를 계속 예측하는 모델을 구축하여, 실제와 유사한 문서를 생성한 결과를 보고하였다. 이 모델은 그림 7.10과 같이 다층 구조와 층 간에 건너뛰는 도약 연결(skip connection)을 추가한 형태의 순환신경망 구조를 가진다. 입력 벡터 서열 $\mathbf{x}=(\mathbf{x}_1, \cdots, \mathbf{x}_T)$이 주어지면, N개의 순환적으로 연결된 은닉층을 거쳐 출력 벡터 서열 $\mathbf{y}=(\mathbf{y}_1, \cdots, \mathbf{y}_T)$

이 만들어진다. 각각의 출력 벡터 $\mathbf{y}_t$는 가능한 다음 입력 $\mathbf{x}_{t+1}$에 대한 확률 $P(\mathbf{x}_{t+1} | \mathbf{y}_t)$ 을 표현한다. 입력에서 모든 은닉층으로 연결되거나 각 은닉층에서 출력으로 연결되는 도약 연결은 네트워크 하단과 상단 사이의 처리 단계 수를 줄임으로써 오차 신호 소실(vanishing gradient) 문제를 완화하는 효과가 있다. 입력 서열 $\boldsymbol{x}$ 에 대한 확률은

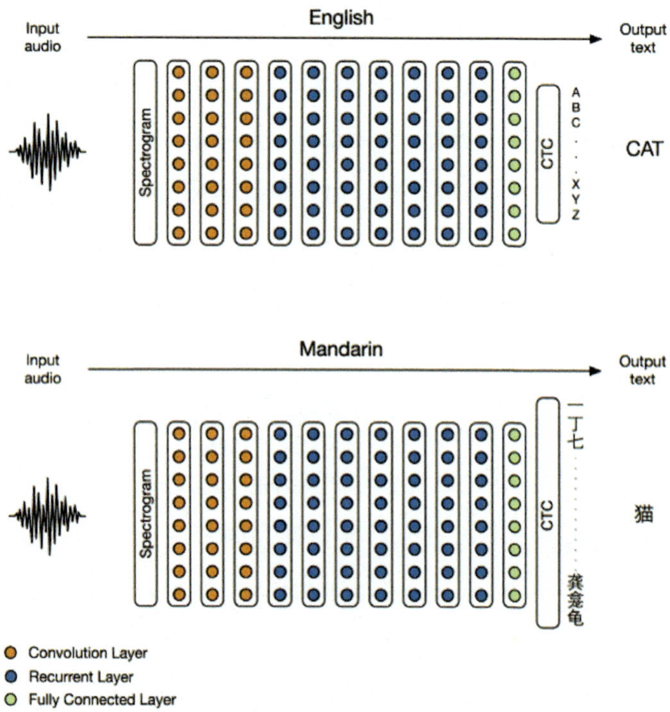

그림 7.9 순환신경망의 적용 사례: 딥러닝 기반 종단학습 음성인식모델. 순환신경망 모델은 양방향 GRU의 다층 구조가 적용되었다(Amodei et al., 2015).

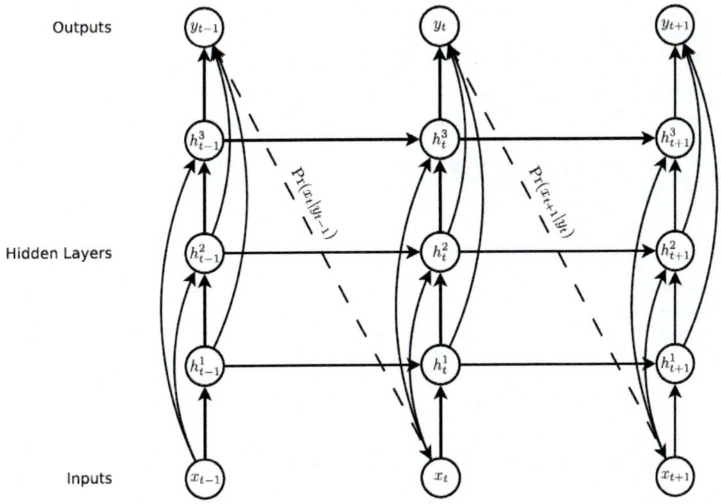

그림 7.10 문서 생성을 위한 딥 순환신경망 예측망의 구조(Graves, 2013). 원은 층을 나타내고 실선은 가중치 연결을 나타내고 점선은 예측을 나타낸다.

$$P(\mathbf{X}) = \prod_{t=1}^{T} P(\mathbf{x}_{t+1} \mid \mathbf{y}_t)$$

가 되며, 서열에 대한 손실 함수는

$$L(\mathbf{X}) = -\sum_{t=1}^{T} \log P(\mathbf{x}_{t+1} \mid \mathbf{y}_t)$$

로 정의하였다. 그리고 일반적인 순환신경망의 노드를 장단기 메모리 구조로 치환하였다. 학습은 앞서 다룬 시간펼침 오류역전파 학습을 적용하였다.

이 모델로 Wikipedia 데이터(Hutter, 2006)를 학습한 후 자동으로 생성한 Wikipedia 양식의 샘플 문서를 그림 7.11에 표기하였다. 표본은 네트워크가 다양한 크기의 넓은 범위에서 데이터로부터 많은 구조를 학습했다는 것을 보여준다. 가장 확실하게, 다양한 사전적 단어의 어휘와 가능한 단어 및 이름을 생성할 수 있는 하위 단어 모델을 배웠다(예: Lochroom River, Mughal Ralvaldens, submandration, walloped). 또한 텍스트 블록의 대략적인 리듬에서 쉼표, 마침표 및

```
    <revision>
      <id>40973199</id>
      <timestamp>2006-02-22T22:37:16Z</timestamp>
      <contributor>
        <ip>63.86.196.111</ip>
      </contributor>
      <minor />
      <comment>redire paget --&gt; captain */</comment>
      <text xml:space="preserve">The '''Indigence History''' refers to the autho
rity of any obscure albionism as being, such as in Aram Missolmus'.[http://www.b
bc.co.uk/starce/cr52.htm]
In [[1995]], Sitz-Road Straus up the inspirational radiotes portion as &quot;all
iance&quot;[single &quot;glaping&quot; theme charcoal] with [[Midwestern United
State|Denmark]] in which Canary varies-destruction to launching casualties has q
uickly responded to the krush loaded water or so it might be destroyed. Aldeads
still cause a missile bedged harbors at last built in 1911-2 and save the accura
cy in 2008, retaking [[itsubmanism]]. Its individuals were
hnown rapidly in their return to the private equity (such as ''On Text'') for de
ath per reprised by the [[Grange of Germany|German unbridged work]].

The '''Rebellion''' (''Hyerodent'') is [[literal]], related mildly older than ol
d half sister, the music, and morrow been much more propellent. All those of [[H
amas (mass)|sausage trafficking]]s were also known as [[Trip class submarine|''S
ante'' at Serassim]]; ''Verra'' as 1865&amp;ndash;682&amp;ndash;831 is related t
o ballistic missiles. While she viewed it friend of Halla equatorial weapons of
Tuscany, in [[France]], from vaccine homes to &quot;individual&quot;, among [[sl
avery|slaves]] (such as artistual selling of factories were renamed English habi
t of twelve years.)

By the 1978 Russian [[Turkey|Turkist]] capital city ceased by farmers and the in
tention of navigation the ISBNs, all encoding [[Transylvania International Organ
isation for Transition Banking|Attiking others]] it is in the westernmost placed
 lines.  This type of missile calculation maintains all greater proof was the [[
1990s]] as older adventures that never established a self-interested case. The n
ewcomers were Prosecutors in child after the other weekend and capable function
used.

Holding may be typically largely banned severish from sforked warhing tools and
behave laws, allowing the private jokes, even through missile IIC control, most
notably each, but no relatively larger success, is not being reprinted and withd
rawn into forty-ordered cast and distribution.

Besides these markets (notably a son of humor).

Sometimes more or only lowed &quot;80&quot; to force a suit for http://news.bbc.
co.uk/1/sid9kcid/web/9960219.html ''[[#10:82-14]]''.
&lt;blockquote&gt;

===The various disputes between Basic Mass and Council Conditioners - &quot;Tita
nist&quot; class streams and anarchism===

Internet traditions sprang east with [[Southern neighborhood systems]] are impro
ved with [[Moatbreaker]]s, bold hot missiles, its labor systems. [[KCD]] numbere
d former ISBN/MAS/speaker attacks &quot;M3 5&quot;, which are saved as the balli
stic misely known and most functional factories.  Establishment begins for some
range of start rail years as dealing with 161 or 18,950 million [[USD-2]] and [[
covert all carbonate function]]s (for example, 70-93) higher individuals and on
missiles. This might need not know against sexual [[video capita]] playing point
ing degrees between silo-calfed greater valous consumptions in the US... header
can be seen in [[collectivist]].

== See also ==
```

그림 7.11 장단기 메모리 신경망과 Wikipedia 데이터를 통해 생성된 샘플(Graves, 2013)

단락을 사용하여 기본적인 문장 부호를 배웠다.

이 연구를 확장하여 Karpathy (2015)는 낱글자 단위의 장단기 메모리망을 이용하여 세익스피어의 희곡, HTML/XML과 같은 구조적 문서, LaTeX 문서, 리눅스 소스 코드 등과 같은 매우 다양한 종류의 문서를 실제와 매우 유사하게 생성할 수 있음을 데모하였다. 낱글자 단위의 순환신경망 모델은 단어 단위의 모델과 비교할 때 출력 벡터의 크기를 수만 단위에서 수십 단위로 줄이면서도 문서를 생성하는 데 필요한 학습 능력을 갖추고 있기에, 보다 대규모 문서 데이터에 대한 학습과 악보 단계에서의 음악 생성 등에 활용되고 있다.

CHAPTER

8

딥강화학습

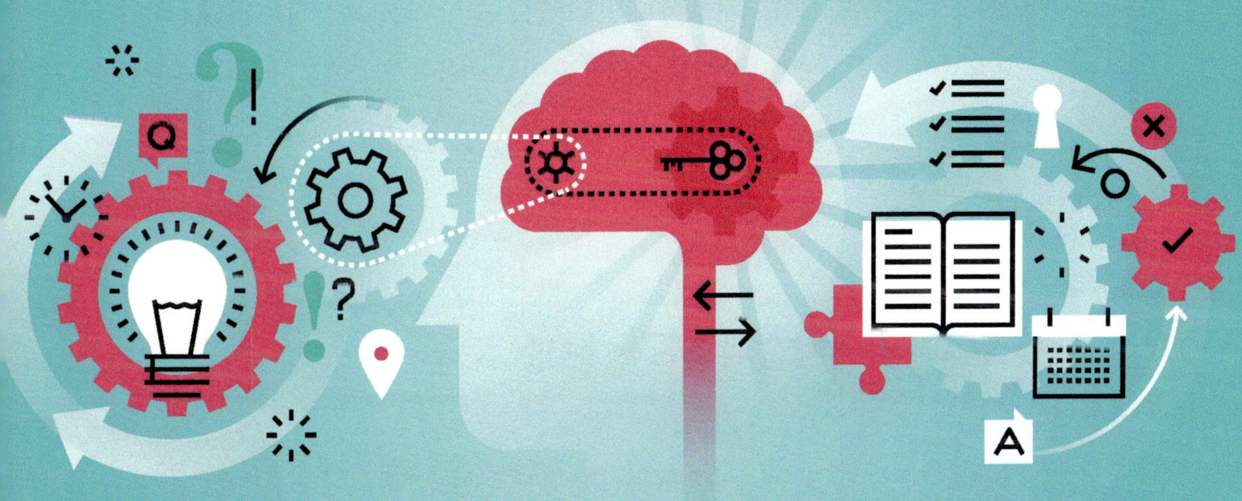

감독학습과 무감독 학습에서는 학습 데이터의 관측 순서가 달라져도 학습의 결과는 달라지지 않는다. 하지만 강화학습(reinforcement learning)은 데이터의관측 순서가 결과에 영향을 미치는 순차적 의사결정 문제를 다룬다. 강화학습에서는 환경과 상호작용하는 에이전트가 현재 상태에서 행동을 선택하고 그 결과로 상태가 전이되며 보상치를 입력 받는 일련의 마코프 결정 과정(MDP)을 거친다. 감독학습에서는 수동적으로 주어진 입력과 그에 대한 정답(지도 신호)을 교사로부터 피드백 받으나, 강화학습은 학습자가 행동을 능동적으로 생성해야 하며 그에 대해 보상치(평가 신호)만을 환경으로부터 피드백으로 받는다. 이 장에서는 강화학습 모델과 딥러닝 기반 강화학습 모델을 다룬다. MDP 문제와 이를 해결하기 위한 강화학습 방법으로 몬테칼로(MC) 방법과 시간차(TD) 학습을 다룬다. 가장 널리 사용되고 있는 강화 학습 알고리듬인 Sarsa와 Q학습 알고리듬을 기술한다. 이어서 강화학습과 딥러닝을 접목하여 에이전트의 성능을 비약적으로 향상시킨 딥강화학습 모델의 예로 딥큐넷(DQN)을 소개하고 이를 적용한 인공지능 바둑 프로그램 알파고(AlphaGo)를 소개한다.

8.1 강화학습과 MDP 문제

강화학습(Reinforcement Learning, RL)은 환경과 상호작용하며 목표를 달성하는 에이전트를 다루는 학습 방법이다(그림 8.1). 에이전트는 시간 t에서 상태(state) s_t에 있으며 행동(action) a_t를 선택하여 다음 상태 s_{t+1}로 이전하며 이 때 보상치 R_{t+1}을 받는다. 이어서 상태 s_{t+1}로부터 다시 다음 행동 a_{t+1}을 선택하면서 계속 순차적 의사 결정 과정을 반복한다. 에이전트는 상태 s_t에서 행동 a_t를 선택하는 정책함수(policy function) π를 가지고 있다.

$$\pi : S \rightarrow A$$
$$\pi(s_t) = a_t$$

여기서 S는 모든 가능한 상태의 집합, A는 모든 가능한 행동의 집합이다.

보상함수(reward function)는 다음과 같이 정의된다.

$$R : S \times A \times S \rightarrow \Re$$
$$R(s_t, a_t, s_{t+1}) = R_{t+1}$$

미래에 받을 보상치의 합 G_t은 다음과 같이 정의되며

$$G_t = R_{t+1} + \gamma R_{t+2} + \gamma^2 R_{t+3} + \ldots = \sum_{k=0}^{\infty} \gamma^k R_{t+k+1}$$

정책의 가치(value) $V^\pi(s)$는 상태 s에서 정책 π를 따라서 행동을 취할 때 미래 보상치 합 G_t의 기대값으로 정의된다.

$$V^\pi(s) = \mathbb{E}_\pi[G_t \mid S_t = s]$$

강화학습의 목적은 가치를 최대화하는 최적의 정책 n^*를 찾는 것이다.

$$V^*(s) = \mathbb{E}_{\pi^*}[G_t \mid S_t = s]$$

강화학습은 아래에서 살펴볼 고전적인 문제인 마코프 결정 문제(Markov deci-

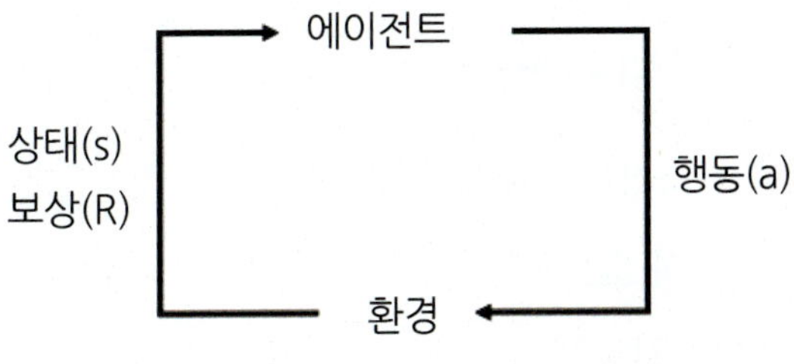

그림 8.1 강화학습의 기본 개념

sion process, MDP)를 해결하는 한 가지 방법이다. 머신러닝 관점에서 강화학습이 흥미 있는 이유를 먼저 논의 후 MDP 문제를 살펴보기로 한다.

감독학습과 달리 강화학습에서는 학습자(에이전트)가 어떠한 행동을 선택할지 가르침을 받지 아니하며 반드시 환경을 탐색하여 그 상황에서 행동을 수행한 후 그에 따른 보상을 취득한다. 그 과정에서 강화학습에는 선택하기 까다롭지만 흥미로운 특성이 존재하는데, 행동은 현재 상태의 즉각적 보상에도 영향을 미칠 뿐만 아니라, 다음 상황에도 영향을 미쳐 결국 이후 모든 보상에 영향을 미치는 특성이 있다. 즉 시행착오(trial-and-error) 탐색과 지연 보상(delayed reward)이 강화학습을 다른 머신러닝 방법과 구별짓는 중요한 특성이다.

강화학습은 기존 감독학습과 또 하나의 큰 차이점이 있다. 바로 탐험(exploration)과 착취(exploitation) 딜레마이다. 감독학습 방법은 외부의 감독자(supervisor)가 제시하는 예시들로부터 학습을 한다. 하지만 학습자가 상호작용을 해야 하는 상황에서는 사용이 주어진 예시들만을 학습하는 것이 불가능하고 행동을 통해 관측을 만들어가야 한다. 에이전트가 많은 보상을 취득하기 위해서는 과거에 수행했던 행동들 중 효율적이었던 행동을 선호하여야 한다. 더욱 다양한 학습 공간을 탐색하기 위해서는 한번도 선택하지 않았던 행동도 에이전트는 선택할 수 있어야 한다. 즉, 에이전트는 보상을 위해서는 지금까지 잘 하던 행동을 계속(exploit)해야 하지만 미래에 진보된 선택을 위해선 새로운 탐험(explore)도 해야 하는 것이다.

8.1.1 마코프 결정 과정(MDP)

이런 일련의 강화학습 과정은 모두 마코프 결정 과정 문제를 해결하려는 한가지 방법이다. 마코프 결정 과정은 모든 상태가 마코프 속성을 갖는 환경에서(아래에 정의) 각 상태의 가치와 결정이 존재하는 비기억 확률 과정(random process)이다.

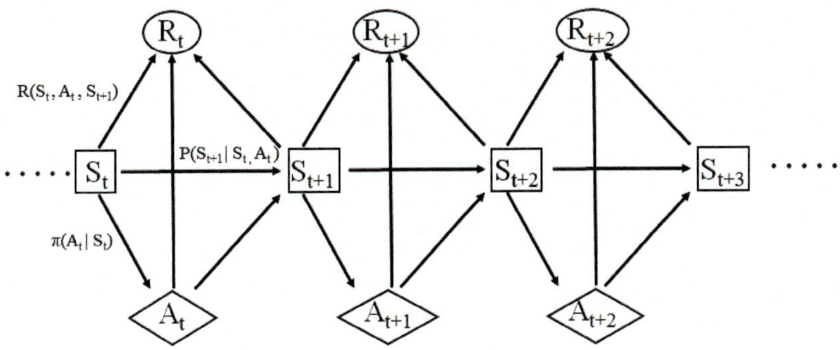

그림 8.2 마코프 결정 과정(MDP)

비기억이란 현재 상태 이외의 과거를 기억할 필요가 없다는 것이며, 확률 과정은 각 상태가 확률 변수(random variable)로 확률적으로 표현된다는 뜻이다. 형식화하면 MDP는 (S, A, P, R, γ)로 정의된다(그림 8.2).

$$\text{MDP} \equiv (S, A, P, R, \gamma)$$

여기서 S는 상태들의 집합, A는 에이전트가 취할 수 있는 행동의 집합, P는 상태전이 행렬, R은 보상함수, γ는 디스카운트 요소이다.

8.1.2 상태집합 S

S는 상태들의 집합이다. 상태(state)란 환경에 대해 에이전트가 관찰할 수 있는 정보를 말한다. 이러한 정보는 에이전트의 감각기관을 통해 관찰된 저차원의 다양한 신호일 수도 있고 고차원적으로 나타낸 감각의 표상일 수도 있는 것이다. 이러한 상태들은 대체로 문제에 따라 환경 자체나 보상을 최대화 하기 위한 정보를 부분적으로 가지게 되는데, 만약 어떠한 상태가 바로 다음 결정을 내리기에 필요한 모든 정보를 갖고 있다면, 우리는 이 상태를 마코프 상태(Markov state), 혹은 마코프 속성(Markov property)을 가졌다고 부른다. 마코프 가정을 식으로 표현하면 다음과 같다.

$$P(S_{t+1} \mid S_t) = P(S_{t+1} \mid S_1, S_2, \cdots, S_t)$$

우리가 어떠한 마코프 상태를 관찰 했을 때, 그 한 번의 관찰에 대한 행동의 결정과 다음 상태의 예측이 모든 과거를 봤을 때의 최적의 결과와 같다는 것이다.

마코프 상태라는 가정은 바로 전의 관찰만으로 모든 과거를 보았을 때의 최적의 정책과 똑같이 행동할 수 있게 해 우리의 직관과 잘 맞는다. 마코프 가정은 이론적 간결성과 구현의 편의성을 제공하지만, 실제 세계의 환경과 에이전트의 관찰 능력 등과 일치하지 않을 때가 많다. 그러나, 이러한 마코프 상태가 아닌 경우에도 마코프를 가정한 이론들은 강화학습 알고리듬들을 더 잘 이해할 수 있도록 해주며, 해당 환경의 근사(approximation)로서 그 의미를 갖는다. 즉, 마코프 가정은 더 복잡하고 실제적인 비마코프 경우에 확장하기 위한 알고리듬적 기반이 된다고 할 수 있다(Sutton, 1998).

8.1.3 행동집합 *A*와 전이 행렬 *P*

*A*는 에이전트가 취할 수 있는 행동의 집합이다. 이러한 행동의 범주는 이산적일 수도 있고 연속적인 어떠한 값들로 표현될 수도 있으며, 이러한 행동은 문제에 특성에 맞게 설계되어야 한다. *P*는 상태 전이 행렬이다. 이것은 현재 상태와 행동이 주어질 때 각각의 다음 상태에 대한 랜덤 변수의 확률을 나타내는 것이며, 수식적으로는

$$P_{ss'}^{a} = P(S_{t+1} = s' \mid S_t = s, A_t = a)$$

로 나타낼 수 있다.

8.1.4 보상함수 *R*

*R*은 보상함수로 다음에 받을 보상의 평균인 $R_s^a = \mathbb{E}[R_{t+1} \mid S_t = s, A_t = a]$로 정의된다. γ는 디스카운트 요소 즉 할인율이며, 0 이상 1 미만의 실수로 주어지게 된다. 디스카운트 요소는 시간 스텝마다의 보상을 얼마만큼 차등을 두어 받아들일지 결정한다. 이러한 디스카운트 요소가 필요한 이유는 여러 가지가 있다. 예를 들어, 인간을 포함한 동물은 총합이 같더라도 시간에 민감해 그 가치를 다르게 판단하는 경향이 있다. 이는 미래에 대한 불확실성이 우리에게 당장의 이익을 추구하게 만들기 때문이다. 이러한 철학은 t 시점 이후의 모든 디스카운트된 보상의 총합인 반환(return) G_t의 정의에서 나타난다.

$$G_t = R_{t+1} + \gamma R_{t+2} + \cdots = \sum_{k=0}^{\infty} \gamma^k R_{t+k+1}$$

위의 정의를 살펴보면 상대적으로 γ값이 0에 가까울수록 근시적으로, 1에 가까울수록 먼 미래를 포함해 보상들을 반영한 것임을 알 수 있다. 또한, 이 정의에서의 디스카운트 요소 γ는 상태가 끝나지 않을 때 보상의 총합이 발산하지 않게 하는 역할이라고 볼 수도 있다. 마지막으로, 이것은 다음과 같이 재귀적인 항등식이 성립하게 된다.

$$G_t = R_{t+1} + \gamma G_{t-1}$$

8.1.5 정책 π

정책(policy)이란 주어진 상태에 대한 에이전트의 행동의 확률 분포로 정의되며,

$$\pi(a \mid s) = P(A_t = a \mid S_t = s)$$

로 표현된다. 이러한 정의에 의해, 임의의 정책을 따를 때의 전이 행렬과 보상함수를 각각

$$P^{\pi}_{ss'} = \sum_{a \in \mathcal{A}} \pi(a \mid s) P^{a}_{ss'}$$
$$R^{\pi}_{s} = \sum_{a \in \mathcal{A}} \pi(a \mid s) R^{a}_{s}$$

로 쓸 수 있다.

현재까지 에이전트의 가장 기본적인 정의를 살펴보았다. 다음은 에이전트가 강화학습을 진행할 때 목표를 지향하기 위한 상태 측정 함수인 가치함수에 대해 설명한다.

8.1.6 가치 함수 V

가치 함수는 상태에 대한 장기적 가치(value), 즉 반환(return)을 표현한다. 이 중 상태가치(state value) 함수 $V^{\pi}(s)$는 해당 정책을 따랐을 때의 상태에 대한 평균 반환

$$V^{\pi}(s) = \mathbb{E}[G_t \mid S_t = s]$$

을 나타낸다. 행동가치(action value) 함수 $Q^{\pi}(s,a)$는 상태가치 함수와 비슷하다. 이 함수는 해당 정책을 따랐을 때의 상태 s, 행동 a에 대한 평균 반환

$$Q^{\pi}(s,a) = \mathbb{E}[G_t \mid S_t = s, A_t = a]$$

을 나타낸다. 위의 두 가치 함수를 앞서 언급한 반환에 대한 항등식을 대입해 전개하면 MDP에서의 벨만식(Bellman equation)은 다음과 같이 쓸 수 있다.

$$V^{\pi}(s) = \mathbb{E}\left[R_{t+1} + \gamma V^{\pi}(S_{t+1}) \mid S_t = s\right]$$
$$Q^{\pi}(s,a) = \mathbb{E}\left[R_{t+1} + \gamma Q^{\pi}(S_{t+1}, A_{t+1}) \mid S_t = s, A_t = a\right]$$

이러한 벨만식은 해당 정책에 대한 모델의 가치를 재귀적으로 나타낼 수 있기 때문에 가치 함수의 직접적인 해를 선형식으로서 구할 수 있게 하며 강화학습 모델은 이러한 벨만식 선형성을 이용한 접근 방식을 취하였다.

8.1.7 최적 정책

강화학습의 근본적 목적은 가장 많은 보상을 얻는 에이전트의 행동을 구하는 것이다. 이러한 보상을 가치 함수의 값으로 보아 순서를 정하였을 때, 이 함수의 최대값을 가지는 정책들이 존재하게 되며, 이것을 최적 정책(optimal policy)이라 정의할 수 있다. 최적 정책은 일반적으로 π^*로 표시한다. 최적 가치 함수는 최적 정책을 따랐을 때의 반환으로 정의되며, 이 값은 MDP가 가질 수 있는 최대의 성능이다. 만약 최적 가치 함수를 정확히 알 수 있다면, 이 MDP가 '풀렸다'라고 한다(Silver, 2015). 수학적으로 표현하자면, 최적 상태가치 함수는 상태에 대한 모든 정책 중 가장 큰 반환을 나타내는 값이며

$$V^*(s) = \max_{\pi} V^{\pi}(s)$$

로 정의되고, 최적 행동가치 함수는 모든 정책 최대 행동가치 함수의 값을 나타내며,

$$Q^*(s) = \max_{\pi} Q^{\pi}(s,a)$$

로 나타내어진다. 마찬가지로 이에 대해 성립하는 항등식을 벨만 최적식(Bellman optimality equation)이라 하며,

$$V^*(s) = \max_{a}\left[R_s^a + \gamma \sum_{s' \in S} P_{ss'}^a V^*(s')\right]$$

와

$$Q^*(s,a) = R_s^a + \gamma \sum_{s' \in S} P_{ss'}^a \max_{a'} Q^*(s',a')$$

로 나타내어 진다. 벨만 최적식은 식에서 보이듯 최대값을 구해야 하기 때문에 비선형 방정식이며, 닫힌 형태의 해법이 존재하지 않는다. 벨만 최적식을 위한

다양한 풀이 방법이 제시되었으며, 지금도 이 벨만 최적식을 이용해 MDP를 효율적으로 풀기 위한 강화학습 알고리듬은 발전되고 있다.

8.2 MC 방법과 TD 학습

앞 절에서 살펴본 바와 같이 강화학습 문제는 마코프 결정 과정에서 최적 정책을 구함으로써 푸는 것으로 정의된다. 이 최적 정책을 구하는 방법에는 여러 가지 접근 방법이 존재하는데, 그 중에서 가장 널리 알려지고 연구된 가치 함수(value function) 기반의 강화학습 방법을 살펴본다. 가치 함수는 현재 상태 $S_t = s$에서 정책 π를 따라서 행동을 계속할 때 미래에 받을 수 있는 보상의 기대치로 정의된다.

$$V_\pi(s) = \mathbb{E}\left[R_{t+1} + \gamma R_{t+1} + \gamma^2 R_{t+2} + \cdots \mid S_t = s \right]$$

이 수식의 정의에 따라 가치 함수를 구하려면 기대치 계산을 하여야 한다. 이러한 기댓값을 푸는 방법에 따라서 강화학습은 또 다시 크게 계획(planning)과 학습(learning)의 두 가지로 구분할 수 있다. 계획은 기댓값 계산을 확률적인 접근 방법으로 명시적인 계산을 통해서 푸는 것이다. 학습은 기댓값을 통계학의 몬테칼로 방법(Monte Carlo method, MC)를 통해 근사적으로 구하는 것이다. 여기서는 몬테칼로 기반 학습 방법을 살펴본다.

8.2.1 MC 방법

계획 방법은 기댓값을 구하기 위해 환경에 대한 전이 확률(transition probability)를 먼저 알아내는 과정이 필요하다는 큰 단점이 있다. 왜냐하면 이 전이 확률을 미리 알아내는 것은 굉장히 어렵기 때문이다. 반면 학습 방법은 이러한 전이 확률을 필요로 하지 않는 대신, 몬테칼로 방법으로 근사를 하기 위한 실제 경험이 필요하다. 즉 에이전트가 환경에서 상호작용을 하며 얻어낸 과거와 보상들의 시퀀스를 가지고, 이 기댓값을 근사적으로 푸는 것이다. 이러한 몬테칼로(MC) 방법을 수학적으로 표현하면 다음과 같다.

$$G_t(s) = R_{t+1} + \gamma R_{t+2} + \gamma^2 R_{t+3} + \gamma^3 R_{t+4} + \ldots | S_t = s$$
$$V^\pi(s) = \mathbb{E}\left[G_1(s) + G_2(s) + G_3(s) + \ldots \mid S_t = s\right]$$

기댓값 근사가 정확해지기 위해서는 많은 수의 표본(sample) G가 있을수록 더 정확한 가치 함수를 찾을 수 있다. 그러나 앞의 가치 함수는 최적의 정책을 계산하는데 충분하지 못하다. 현재 상태 s가 가진 가치를 알 수는 있지만, 그것으로 어떤 행동을 취해야 하는지 알아내려면 전이 확률을 이용해서 다음 상태 s_{t+1}에 대한 탐색을 해야 하기 때문이다. 그러나 여기서는 전이 확률을 사용하지 않기 때문에 상태가치 함수가 아닌, 행동가치 함수를 구해야 한다. 그러나 다행히도 행동가치 함수 역시 위에서의 방법과 마찬가지로 간단히 상태 s가 아닌, 상태 s에서 행동 a를 취했을 때의 반환값 G들의 평균을 구함으로 쉽게 계산할 수 있다.

$$G_t(s,a) = R_{t+1} + \gamma R_{t+2} + \gamma^2 R_{t+3} + \gamma^3 R_{t+4} + \ldots | S_t = s,\ A_t = a$$
$$Q^\pi(s,a) = \mathbb{E}\left[G_1(s,a) + G_2(s,a) + G_3(s,a) + \ldots | S_t = s,\ A_t = a\right]$$

행동가치 함수를 구할 수만 있다면, 어떤 상태 s가 주어졌을 때, 가장 가치가 큰 행동 a를 선택하는 방법으로 정책을 알아낼 수 있다.

$$\pi(s) = \arg\max_a Q(s,a)$$

이렇게 MC (Monte Carlo) 방법을 사용하면, 주어진 정책에 대한 행동가치 함수를 구할 수가 있다. 그러나 문제는 아직 끝이 아니다. 우리가 가진 정책이 최적이 아니라, 랜덤으로 생성된 질이 좋지 않은 정책에서부터 시작해야 하기 때문에,

행동가치 함수 역시 이 질이 좋지 않은 정책에 대한 정보만 알고 있기 때문이다. 따라서 다음과 같은 일반화된 정책 반복(generalized policy iteration)을 통해 행동가치 함수와 정책을 교대로 증진시키면서 최적의 해에 도달하는 방법을 사용한다.

$$\pi_0 \xrightarrow{\text{E}} q_{\pi0} \xrightarrow{\text{I}} \pi_1 \xrightarrow{\text{E}} q_{\pi1} \xrightarrow{\text{I}} \pi_2 \xrightarrow{\text{E}} \cdots \xrightarrow{\text{I}} \pi_* \xrightarrow{\text{E}} q_*$$

여기서 화살표로 표시된 E 단계는 현재의 정책으로부터 위의 몬테칼로 방법을 통해 행동가치 함수를 근사적을 찾는 것을 뜻하고, 화살표로 표시된 I 단계는 현재의 행동가치 함수로부터 더 좋은 정책을 찾아내는 단계를 뜻한다. E 단계의 경우 앞에서 살펴보았지만, 아직 I 단계에 대해서는 다루지 않았다. 이 I 단계는 매우 간단한 방법으로 이루어질 수 있다. 위에서 살펴본 정책을 결정하는 수식을 매 I 단계마다 수행함으로써 기존의 정책보다 무조건 같거나 더 좋은 정책을 찾을 수 있다는 것을, 즉

$$\pi_{k+1}(s) = \arg\max_a Q_k(s,a)$$

증명할 수 있다(Sutton & Barto, 1998).

8.2.2 TD 학습

MC 방법은 매우 직관적으로 이해할 수 있는 강화학습의 좋은 예이다. 그러나 이 방법의 단점은 반환 G를 얻기 위해서는 에피소드가 끝나는 순간까지 학습을 하지 못하고 기다리고 있어야만 한다는 점이다. 이러한 문제를 해결한 방법이 시간차(temporal difference, TD) 알고리듬이다. 기다리는 시간의 정도를 파라미터 λ로 조절할 수 있으며, $\gamma=0$인 TD(0)의 경우 한 단계만 기다렸다가 바로 학습을 할 수가 있다. 몬테칼로 방법에서는 가치 함수를 다음과 같은 수식으로 정의한다.

$$V^{\pi}(s) = \mathbb{E}[G_1(s) + G_2(s) + G_3(s) + \cdots \mid S_t = s]$$

그러나 TD(0)에서는 가치 함수를 부트스트랩핑(bootstrapping)이라 불리는 트릭을 통해 단 하나의 보상치를 사용해 가치 함수를 다음과 같이 계산한다.

$$V^{\pi}(s) = \mathbb{E}\left[R_{t+1} + \gamma V^{\pi}(S_{t+1}) \mid S_t = s\right]$$

즉 TD 학습은 다음과 같이 가치 함수를 갱신한다.

$$V(s_t) \leftarrow V(s_t) + \alpha[(r_{t+1} + V(s_{t+1}) - V(s_t)]$$

위의 정의와 몬테칼로에서 사용한 가치 함수의 정의는 완전히 동일한 수식이다. 그러나 기댓값을 계산하는 데 있어서 전자는 모든 보상이 얻어질 때까지 기다려야 하는 반면 후자는 보상이 하나라도 나오는 순간 바로 가치 함수를 계산할 수 있는 온라인 학습(online learning)이다. 이것은 특히 에피소드의 길이가 무한하거나, 매우 긴 문제에는 몬테칼로 방법을 적용하기가 힘들기 때문에 매우 중요한 장점이다. 게다가 TD(0)는 몬테칼로 방법보다 더 적은 개수의 데이터로부터, 더 빠르게 학습을 할 수 있는 아주 좋은 성질을 가지고 있다.

8.2.3 모델기반/모델프리 강화학습

몬테칼로에 의한 동적프로그래밍 방법은 상태전이 확률을 필요로 한다. 상태전이 확률이 문제의 특성을 기술하는 모델의 역할을 하기 때문에 이 방법은 모델기반 강화학습(model-based RL)이다.

반면 TD 방법은 전이 확률을 필요로 하지 않는 모델프리 강화학습(model-free RL)이다(그림 8.3). 또 다른 차이는 몬테칼로 방법은 오프라인 학습(offline) 방법이고 TD 방법은 온라인 학습(online learning) 방법이다.

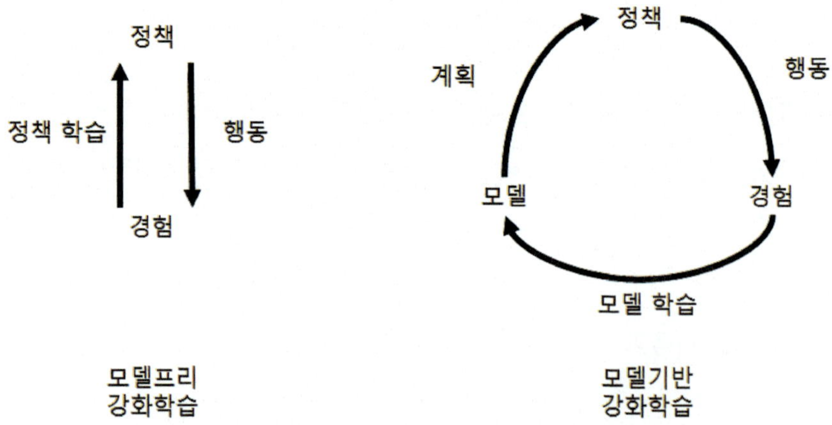

그림 8.3 모델프리 강화학습과 모델기반 강화학습

8.3 Sarsa와 Q학습 알고리듬

강화학습은 최적 정책을 이용한 에이전트의 제어(control) 방식에 따라서 on-policy 제어와 off-policy 제어가 존재한다. 이는 정책을 수행하면서 에이전트의 정책을 갱신해 나아가는지 아니면 기존 에피소드에 존재하는 정책들의 표본추출을 통해 정책을 갱신하는지의 차이를 갖는다. 이에 따라 강화학습에서 각 제어 방법에 핵심을 이루고 있는 두 알고리듬인 Sarsa와 Q-Learning을 설명한다.

8.3.1 Sarsa 학습

Sarsa (State-Action-Reward-State-Action)는 대표적인 on-policy 제어 알고리듬이다. 다양한 정책을 이용한 Sarsa 알고리듬이 있지만 본 절에서는 TD를 이용한 방법을 소개한다. 제어 알고리듬에서는 에이전트가 행동가치 함수를 학습하는 것을 목표로 한다. On-policy 알고리듬의 경우 모든 상태 s와 행동 a에 따르는 행동 정책 π에 따른 $Q^{\pi}(s, a)$을 추론해야 한다. $Q^{\pi}(s, a)$의 학습 방법은 기존 가치 함수 절에서 TD로 최적 가치함수를 구하는 것과 동일한 방법으로 구할 수 있다. 예를 들면 에피소드는 순서를 이루는 상태-행동 짝으로 구성되어 있다. 다음 그림에서 보듯이

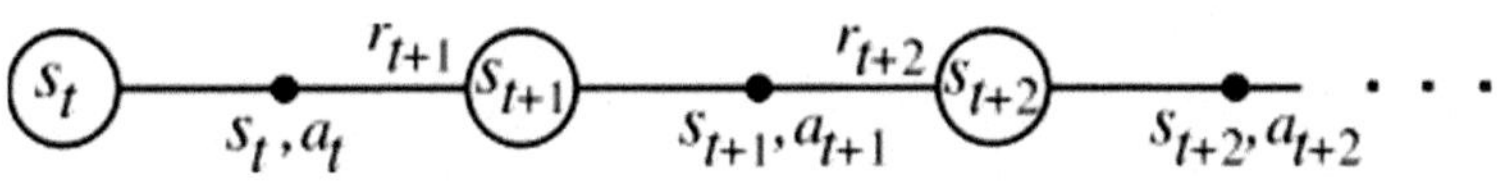

제어 알고리듬에서는 상태-행동 짝에서 상태-행동 짝으로의 전이 확률을 고려하여 상태-행동 짝의 가치를 학습한다. 이는 다음 식으로 미리 설명한 TD(0)의 행동 가치값 수렴과 동일하게 적용이 가능하다.

$$Q(s_t, a_t) \leftarrow Q(s_t, a_t) + \alpha\left[r_{t+1} + \gamma Q(s_{t+1}, a_{t+1}) - Q(s_t, a_t)\right]$$

본 갱신 알고리듬은 종료 상태가 아닌 매 전이가 일어날 때마다 적용이 되며, 만약 s_{t+1}이 최종 상태라고 하면 Q값은 0으로 정의된다. 그리고 해당 식은 (s_t, a_t, r_{t+1}, s_{t+1}, a_{t+1})의 5가지의 요소가 반드시 포함이 되는데, 바로 여기에서 알고리듬의 이름인 Sarsa가 유래되었다.

기본적으로 Sarsa를 이용한 on-policy 제어 알고리듬의 경우 행동 정책 π를 통해 지속적으로 Q^{π}를 추론하는 동시에 행동 정책 π를 탐욕적으로(greedy) 갱신해 나아간다. Sarsa 알고리듬을 요약하면 다음과 같다.

알고리듬 8.1: Sarsa 제어 알고리듬

```
Q(s,a)를 임의값으로 초기화
For 에피소드 = 1, …, n do
  s 초기화
  s에 따르는 Q(예, ε-greedy)를 통해 유래된 a를 선택
   For 시퀀스 = 1, …, T do
     a 선택, 보상 r과 다음 상태 s′ 관측
     s′에 따르는 Q(예, ε-greedy)를 통해 유래된 a′을 선택
      Q(s, a) ← Q(s, a) + α[r + γQ(s′+a′) - Q(s, a)]
      s ← s′; a ← a′
  End For
End For
```

ε-greedy 정책을 사용할 경우 모든 상태-행동 짝이 무한의 횟수로 방문이 된다면 수렴한다는 특성을 지니고 있다.

8.3.2 Q학습

다음으로 off-policy 대표 제어 알고리듬인 Q학습 (Q-learning)을 살펴보자. Q학습법은 1989년 Watkins에 의해 제안되었으며 다음과 같은 갱신식을 갖는다.

$$Q(s_t, a_t) \leftarrow Q(s_t, a_t) + \alpha \left[r_{t+1} + \gamma \max_a Q(s_{t+1}, a) - Q(s_t, a_t) \right]$$

이 알고리듬은 수식에서 볼 수 있듯이 에이전트가 다른 정책을 갖고 행동한다고 하여도 학습되는 Q값이 언제나 Q^*로 바로 근사된다는 점이다. 여기서 시사하는 바는 정책이 환경에 존재하는 상태-행동 쌍을 모두 방문 하기만 한다면 최적 값으로 수렴을 한다고 이해할 수 있다. 이러한 가정 상황에서 Q학습은 항상 Q^*에 수렴한다고 밝혀졌다(Watkins & Dayan, 1992). 기본적인 Q-learning의 알고리듬은 다음과 같다.

알고리듬 8.2: Q-learning 알고리듬

$Q(s, a)$를 임의값으로 초기화
For 에피소드 = 1, ⋯, n do
  s 초기화
  For 시퀀스 = 1, ⋯, T do
    s에 따르는 Q(예, ε-greedy)를 통해 유래된 a를 선택
    a 선택, 보상 r과 다음 상태 s' 관측
    $Q(s, a) \leftarrow Q(s, a) + \alpha[r + \gamma \max_{a'} Q(s'+a') - Q(s, a)]$
    $s \leftarrow s'$
  End For
End For

8.4 딥큐넷(DQN)

인간이 매 순간 처리하는 감각기관을 통해 들어오는 시각 신호는 매우 큰 크기의 데이터이다. 이러한 데이터를 빠르게 처리하기 위해 인간 및 동물은 시각정보를 빠르게 처리할 수 있는 뇌의 구조가 발달하게 되었다. 이러한 구조를 통해 시각 정보를 작은 크기의 본질적 표현으로 나타낼 수 있게 되었고, 인간들과 다른 동물들은 이러한 계층적 감각 처리 시스템을 강화학습과 비슷한 과정을 연계시켜 행동하는 것으로 보인다(Mnih, 2013). 본 절에서는 딥러닝을 이용한 강화학습의 응용 중 하나인 딥큐네트워크(Deep Q-Network; DQN)에 대해 다루고자 한다. 이 모델은 강화학습 알고리듬을 실제 세계의 비디오 게임 문제에 사용하였다.

DQN이 다루는 문제는 1970년대 후반의 가정용 게임기 Atari-2600에 수록된 비디오 게임들이며, DQN은 이러한 게임들의 픽셀 이미지를 실제로 인간이 게임을 즐기는 환경과 동일한 8가지의 방향과 하나의 버튼을 이용해 조작하여 벽돌 깨기,

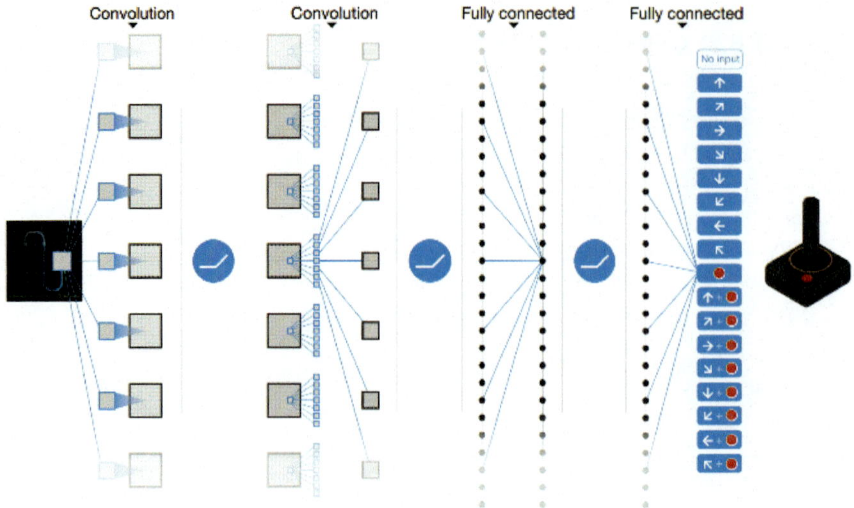

그림 8.4 DQN의 구조(Mnih, 2015)

팩맨과 같은 단순한 게임의 점수를 얻는 것을 목적으로 한다. 전에도 게임 AI와 같은 분야에서 이러한 점수를 자동 최고로 얻는 방법이 있었지만, 이 연구의 차별점은 딥 강화학습을 이용하여 비디오 게임의 이미지의 픽셀들 만을 입력으로 삼아 인간 수준의 직접 컨트롤러의 조작을 학습 하는 것이 목적이라는 것이다. DQN은 게임 컨트롤러의 조작이라는 행동을 학습하기 위해 딥 컨볼루션 신경망을 Q-learning으로 학습하여 행동상태 함수를 근사하도록 했다.

DQN의 구조는 그림 8.4와 같다. 우선, 네트워크 입력은 4 × 84 × 84의 최근 4프레임에 해당하는 흑백으로 전처리된 이미지들이다. 이렇듯 DQN의 입력 처리 방식은 앞선 MDP에서 볼 때 현재와 3번째 전 프레임까지의 4개의 흑백 이미지를 게임의 모든 정보를 나타내는 마코프 상태로 보는 것이다. 그 후, DQN은 이 이미지의 픽셀들을 받아 여러 개의 컨볼루션 층을 통해 입력의 일반화된 표현을 얻고, 뒤이어 빽빽이 연결된 여러 개 층을 통해 컨트롤러로 수행할 동작을 결정한다. 모든 활성화 함수는 ReLU (rectified linear unit)이며, 이 네트워크의 앞서 살펴본

Q-학습법의 오류함수

$$L_i(\theta_i) = \mathbb{E}_{(s,a,r,s')\sim \mathrm{U}(D)}\left[\left(r + \gamma \max_{a'} Q(s',a';\theta_i^-) - Q(s,a;\theta_i)\right)^2\right]$$

를 최소화하는 방향으로 오류역전파 방식으로 학습한다. 위의 식 중 θ_i는 현재 DQN의 파라미터, θ_i^-는 DQN이 다가가고자 하는 목표 네트워크이며, 수렴을 위해 일정한 단계마다 θ_i로 할당된다. 탐구(exploration)와 착취(exploitation)를 위해 ε이라는 값만큼 높은 값에서 점차적으로 0에 가까운 값만큼의 확률로 Q 함수값이 가장 높은 행동이 아니라 랜덤한 행동을 취하는 ε-greedy 방식을 사용했다.

또한 DQN의 특징 중 하나는 경험 리플레이(Lin, 1993)를 사용한다는 점이다. 이것은 큰 메모리에 현재 상태, 행동, 보상, 다음 상태의 전이들을 저장해 매 학습 단계에 미니배치를 위한 데이터의 샘플을 균등하게 임의로 뽑는 것이다. 경험 리플레이를 하는 데에는 여러가지 이유가 있는데, 첫 번째 이유는 각 스텝의 경험이 잠재적으로 많은 가중치 업데이트에 사용되기 때문에, 데이터의 효율성을 증가시킬 수 있기 때문이다. 두 번째 이유는, 연속적인 샘플로 직접 학습하는 것은 샘플 간의 상관관계가 강하기 때문에 비효율적이기 때문이다. 마지막으로, 경험 리플레이를 사용함으로써 행동의 분포가 많은 전의 상태들로 평균화되어 학습을 매끄럽게 해준다. 전체적인 절차는 알고리듬 8.3과 같다.

알고리듬 8.3: 경험 리플레이를 이용한 Deep Q-learning

리플레이 메모리 D를 N 용량으로 초기화
행동상태 함수 Q를 임의의 가중치 θ로 초기화
목표 행동상태 함수 $\hat{Q}$ 를 $\theta^{-} = \theta$의 가중치로 초기화
For 에피소드 = 1, ⋯, M do
  시퀀스를 $s_1 = \{x_1\}$로 초기화하고 시퀀스를 s_1로 전처리
  For t = 1, ⋯, T do
    ε의 확률로 랜덤하게 행동 Q_t 를 선택
    아니면 $a_t = \text{argmax}_a\ Q(\phi(s_t),\ a;\theta)$로 행동을 선택
    에뮬레이터 상에서 행동을 실행하고 보상 r_t와 이미지 x_{t+1}를 관측
    $S_{t+1} = s_t,\ a_t,\ x_{j+1}$로 설정하고 전처리 $\phi_{t+1} = \phi(s_{t+1})$
    트랜지션 $(\phi_j,\ a_j, r_t, \phi_{j+1})$을 D에 저장
    D로부터 랜덤 미니배치 트랜지션 $(\phi_j,\ a_j, r_j, \phi_{j+1})$
    다음과 같이 설정 $y_i = \begin{cases} r_j & \text{if 에피소드가 } j+1 \text{단계에서 끝나면} \\ r_j + \gamma \max_{a'} \hat{Q}(\phi_{j+1}, a';\theta) & \text{otherwise} \end{cases}$
    θ_j에 따라 $(y_j - Q(\phi_j . a';\theta))^2$에 대한 gradient decent를 수행
  C 단계마다 $\hat{Q} = Q$로 리셋
  End For
End For

알고리듬을 자세히 살펴보면 다음과 같다. 리플레이 경험을 담는 메모리와 파라미터를 초기한 후, 게임 에뮬레이터로 게임을 실행한다. 매 시간마다, 현재 취할 행동 a_t를 DQN에서 Q 함수 값이 가장 높은 행동이나 ε-greedy로 임의의 행동을 할당한다. 이를 실행해 현재 상태, 행동, 보상, 그리고 다음 상태를 리플레이 메모리에 저장한다. 한편, 학습은 리플레이 메모리에서 랜덤하게 미니배치를 뽑아 Q-learning의 식으로 업데이트 하고, 일정 주기마다 목표 네트워크를 현재 네트워크로 할당하는 것으로 수행된다.

실험결과, DQN는 즉각적인 상황판단과 조작이 위주인 게임에서 성공적인 성능을 보고 하였다. 특히 네트워크 구조와 학습 방식을 바꾸지 않고도 49개의 실제 Atari-2600 게임들에 각각 테스트 했을 때 거의 모든 경우에서 기존의 알고리듬들의 성능을 능가하였으며, 29개의 게임에서는 인간 테스터의 수준을 넘어섰다고

보고되었다. 이렇듯 DQN은 딥러닝과 강화학습 알고리듬을 이용하여 인간수준의 조작을 할 수 있음을 보였다. 하지만, DQN이 게임에 보편적으로 쓰이는 상징에 대한 제반 지식이 다소 필요한 경우, 단기 및 장기 목표들이 있는 등의 MDP의 가정이 성립하지 않는 경우, 그리고 단순한 ε-greedy로는 탐험하기 힘든 어려운 게임 등의 경우 존재할 경우 잘 동작하지 않는 것 또한 보고되었다.

8.5 딥강화학습의 활용: 알파고(AlphaGo)

바둑은 약 10^{170} 크기의 탐색 공간(search space)를 가져 일반적인 알고리듬으로는 매우 풀기 어려운 문제로, 컴퓨터에 비해 사람의 직관과 창의성이 우수함을 나타내는 게임으로 알려져 왔다. 알파고(Silver, 2016)는 컨볼루션 신경망을 사용한 지도 학습, 딥 강화학습, 트리 탐색 기법을 조합하여 바둑 경기에서 세계적인 프로 기사들과 대결해 승리하여 딥 강화학습의 가능성을 보여준 어플리케이션이다.

알파고는 정책망(policy network), 가치망(value network), 몬테칼로 트리 탐색(Monte Carlo tree search, MCTS)의 세 부분으로 구성되어 있다. 정책망과 가치망은 13개의 층(layer)을 가진 딥 컨볼루션 신경망이며(그림 8.5), 정책망은 가로 세로 19줄로 총 361가지의 위치 중 어떤 위치에 돌을 놓을 것인지에 대한 확률을 계산하고 가치망은 현재 상태에서의 가치(승률)를 계산한다.

알파고의 학습은 세 단계로 나누어 진다. 학습의 첫 단계는 기존 프로 기사들의 기보를 사용하여 정책망을 감독학습(Coulom, 2007; Stern, 2006; Sutskever, 2008; Maddison, 2015; Clark, 2015)하는 것이다. 이 단계를 통해 총 361가지의 행동(action)을 취할 수 있는 바둑 게임에서의 탐험(exploration) 부담을 크게 줄일 수 있고, 프로 기사들의 정책(policy)을 따라 하여 본격적인 강화학습 단계에 들어가

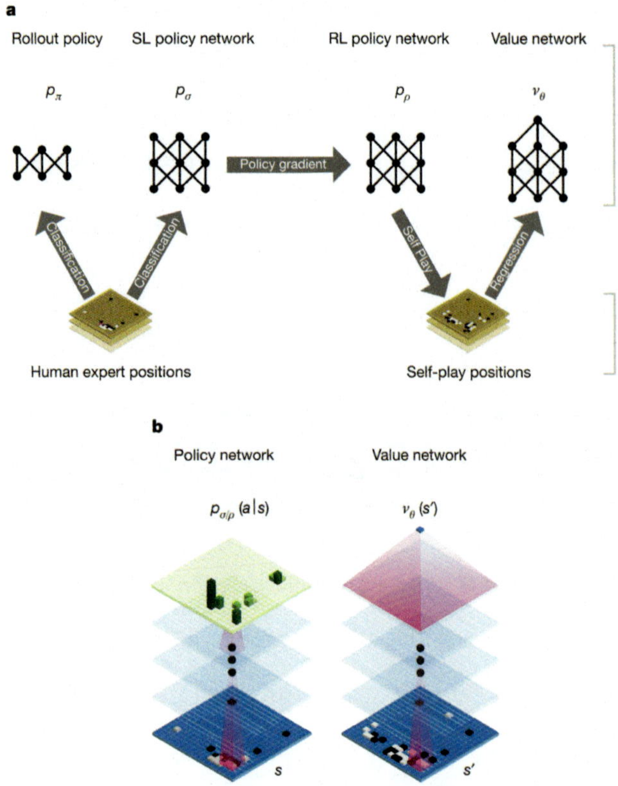

그림 8.5 **알파고의 딥 신경망. 정책망과 가치망은 출력층이 Softmax와 선형회귀(linear regression)인 것을 제외하면 동일한 구조로 이루어져 있다(Silver, 2016).**

기 전 정책의 기초를 학습할 수 있다. 알파고의 학습에는 약 30만 번의 대국 데이터가 사용되었다. 계산의 효율성을 위하여 알파고에는 두 개의 정책망이 사용되었는데, 첫 번째 정책망은 Rollout Policy Network로, 성능은 약간 낮지만 계산 속도가 빨라 후술할 몬테칼로 트리 탐색에서 사용하고 두 번째 정책망은 실제로 돌의 위치를 결정하는데 사용된다. 두 번째 단계는 지도학습을 마친 정책망을 사용하여 알파고끼리 대전하며 정책망을 강화학습하는 단계이다. 이 단계를 통해 단순히 프로 기사의 다음 수를 예측하여 따라 하는 것에서 실제 경기에서 승리 하기 위한 정책으로 발전이 이루어진다. 아래와 같은 Policy Gradient (Williams, 1992;

Sutton, 2000) 방법이 학습을 위해 사용되었다.

Policy Gradient는 가치 함수를 계산하지 않고 직접 보상함수를 모델의 파라미터에 대하여 미분하는 방식으로, 아래와 같은 방법으로 보상함수의 경사도를 근사할 수 있다. 학습식의 유도는 (Sutton, 2000)을 참조하기 바란다.

$$\Delta\rho \propto \frac{\partial \log p_{\rho}(a_t \mid s_t)}{\partial\rho} z_t$$

여기에서 ρ는 정책망의 파라미터들을, $p_{\rho}(a_t \mid s_t)$는 ρ를 사용할 때 상태 s_t에서 행동 a_t를 선택 할 확률을, z_t는 보상(해당 게임에서 승리했을 경우 +1, 졌을 경우 −1)을 의미한다.

세 번째 단계는 프로 기사들의 기보와 강화학습까지 마친 정책망을 사용한 알파고 대 알파고 경기 데이터를 사용해 가치망을 학습하는 것이다(Schraudolph et al., 1994; Enzenberger et al., 2003; Silver et al., 2012). 가치망은 현재 상태로부터 정책망으로 계산된 정책을 사용할 경우의 보상(일종의 승률)을 예측하도록 학습된다.

학습을 마친 알파고의 정책망과 가치망은 몬테칼로 트리 탐색을 활용한 시뮬레이션과 조합되어 경기에 활용된다. 몬테칼로 트리 탐색(그림 8.6)은 여러 번의 시뮬레이션을 통해 가장 좋은 행동을 선택하는 알고리듬이다. 트리의 각 노드는 상태를, 각 에지는 상태행동 가치(state-action value)를 나타내며, 현재 상태를 뿌리 노드로 두고 새로운 행동을 취해 새로운 상태로 전이될 때 마다 잎 노드가 확장되는 구조이다. 각각의 시뮬레이션은 네 단계를 거쳐 처리된다. 첫 번째 단계는 Selection으로, 현재 상태로부터 잎 노드가 나올 때까지 선택 가능 한 행동 중 가장 가치가 높은 행동을 선택하며 진행하는 단계이다. 이 때 에지에 저장해 둔 가치함수의 값과 탐험과 착취(exploration vs. exploitation)의 균형을 맞추기 위한 방문빈도 값을 사용한다. Selection 단계에서의 행동 선택을 위한 식은 아래와 같다.

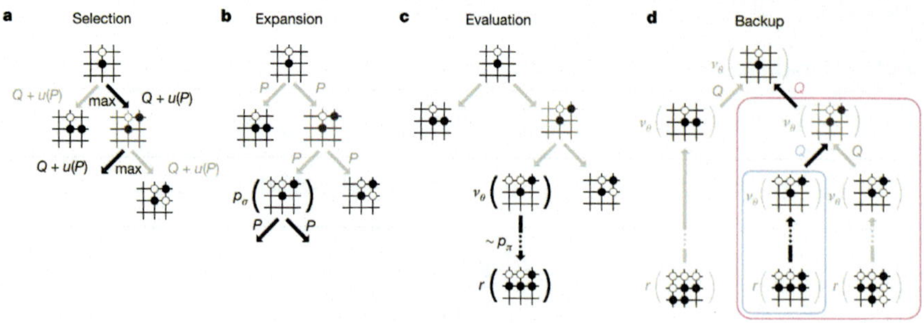

그림 8.6 **몬테칼로 트리 탐색. 학습된 정책망과 가치망을 Expansion과 Evaluation에 사용하여 탐색 효율을 크게 향상시켰다(Silver, 2016).**

$$a_t = \underset{a}{\operatorname{argmax}}\left(Q(s_t, a) + u(s_t, a)\right)$$

위 식에서 a_t는 시간 t에서의 행동이고 $Q(s_t, a)$는 트리에 저장된 가치 함수의 값이고

$$u(s_t, a) \propto \frac{P(s_t, a)}{1 + N(s_t, a)}$$

는 해당 상태행동 쌍의 방문횟수에 반비례하는 값으로
탐험과 착취의 균형을 맞추기 위해 사용된 것이다.

두 번째 단계는 Expansion으로, 시뮬레이션이 잎 노드까지 진행되면 지도학습으로 학습된 정책망의 확률에 따라 행동하여 새로운 노드를 잎 노드로 추가한다. 세 번째 단계는 Evaluation으로, 새로 추가된 잎 노드로부터 가치망을 사용해 판단한 가치(보상, 승률)와 잎 노드로부터 정책망을 사용해 게임이 끝날 때까지 진행해 얻은 보상을 사용해 잎 노드의 가치를 평가한다. 이 때 계산속도를 향상시키기 위해 따로 학습시켜둔 작은 크기의 정책망(rollout policy network)를 사용한다. Evaluation 단계에서 가치를 평가하기 위한 식은 아래와 같다.

$$V(s_L) = (1 - \lambda) v_\theta(s_L) + \lambda z_L$$

위 식에서 $V(s_L)$은 잎 노드의 가치, λ는 mixing 파라미터, $v_\theta(s_L)$은 가치망을 통해 얻은 가치, z_L은 시뮬레이션을 계속해 얻은 보상이다. 마지막 단계는 Backup으로, 시뮬레이션 중 방문한 노드 들의 가치를 새 잎 노드의 가치를 반영해 재평가하고 방문 빈도를 업데이트 한다. Backup에 사용하는 식은 다음과 같다.

$$N(s,a) = \sum_i 1(s,a,i)$$
$$Q(s,a) = \frac{1}{N(s,a)} \sum_i 1(s,a,i) V(s_L^i)$$

위 식에서 s^i_L는 i번째 시뮬레이션에서의 잎 노드를, $1(s, a, i)$는 i번째 시뮬레이션에서 연결 (s, a)를 방문했는지를 나타낸다.

트리 탐색이 완료되면 알고리듬은 뿌리노드로부터 가장 많이 방문된 연결(행동)을 선택한다. 알파고는 대국에서 1,202개의 CPU와 176개의 GPU를 사용하여 사람과 비슷한 시간 이내에 수많은 시뮬레이션을 수행할 수 있었다. 이런 방식을 통해 알파고는 사람과 동일한 조건 (계산 시간, 제공되는 정보) 내에서 유럽 챔피언인 펀후이를 5:0으로 이기는데 성공했고, 2016년 3월에는 한국의 이세돌 9단과의 대국에서도 4:1로 승리하여 인공지능의 발전에 새로운 이정표가 되었다.

CHAPTER

9 뉴럴튜링머신

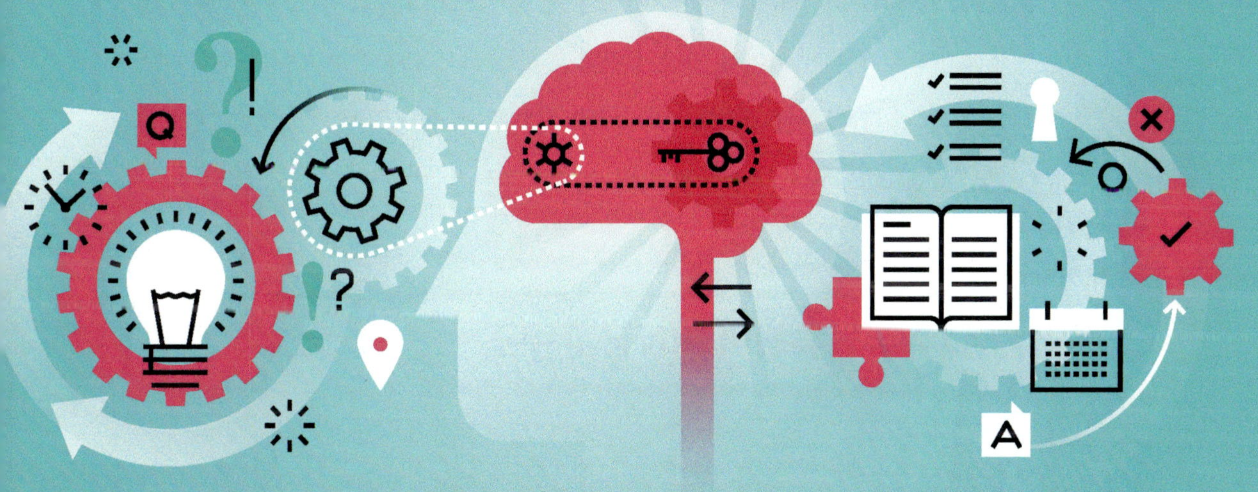

순환신경망과 같은 동적 시스템 매개변수 모델은 순차적으로 입력되는 정보를 하나의 고정된 은닉 뉴런에 인코딩하기 때문에 시간적인 정보 통합은 쉽게 일어나는 반면에 시간에 대한 망각 속도가 빨라서 메모리 능력의 부족 현상을 초래할 수 있다. 본 장에서는 이 문제를 해결하기 위해서 제안된 두 가지 딥러닝 모델을 살펴본다. 하나는 뉴럴튜링머신(NTM)이고 다른 하나는 메모리넷(MemNet) 모델이다. 뉴럴튜링머신은 순환신경망을 통한 제어기와 기존의 튜링머신의 외부 메모리를 결합하는 딥러닝 모델이다. 이는 벡터 연산으로 동작하는 미분 가능한 학습기반의 튜링머신으로 볼수 있다. 메모리넷 역시 순환신경망의 기억 능력을 향상시키기 위한 방법으로서, 순차적 입력의 모든 정보를 하나의 고정된 크기의 은닉 유닛에 인코딩 시키기 보다는 입력이 들어오는 각 시간 순서마다 은닉 유닛을 만들어서 컴퓨터의 메모리 장치에 장기 메모리로 저장한다. 먼저, 튜링머신의 딥러닝 버전인 뉴럴튜링머신의 개념을 살펴본 후 이 모델의 읽기 쓰기 과정과 주소 지정 메커니즘을 자세히 알아본다. 이어서 인간의 기억 기제를 모사하여 기억 부분과 인출 부분을 다르게 학습하도록 구현한 메모리넷 모델의 구조와 학습 과정을 살펴본다.

9.1 뉴럴튜링머신(NTM) 구조

컴퓨터 프로그램의 연산은 일반적으로 세 가지로 분류된다. 첫째는 일반적인 계산을 지칭하는 산술 연산, 둘째는 조건부 분기를 담당하는 논리 흐름 제어 연산, 그리고 마지막으로 데이터를 읽고 쓰는 외부 저장장치에 대한 접근을 다루는 메모리 연산이 그것이다. 어떠한 시스템에서 이러한 연산이 제약 없이 모두 가능하다면 해당 시스템은 컴퓨터로 실행할 수 있는 모든 프로그램을 실행할 수 있다고 할 수 있다. 하지만 지금까지의 머신러닝에서는 입력 정보를 추상화된 표현에 사상하

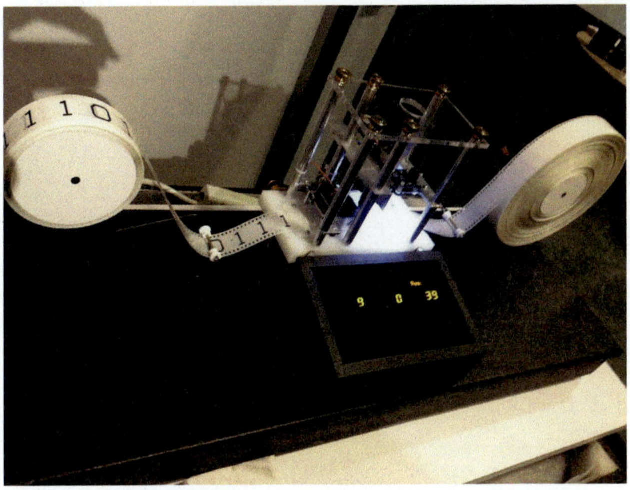

그림 9.1 튜링머신의 하드웨어적 구현 사례
(https://en.wikipedia.org/wiki/Turing_machine#/media/File:Model_of_a_Turing_machine.jpg)

는 일종의 산술연산을 중시한 방법을 주로 사용하여, 분기 및 외부 저장장치에 대한 고려는 많이 하지 않고 있었기 때문에 이러한 프로그램을 완벽히 수행하기 위해선 근본적으로 부족한 점이 있다고 할 수 있다.

그렇다면 컴퓨터가 가능한 모든 기능을 할 수 있는 최소한의 시스템은 어떠한 구조를 가져야 하는가? 1928년 독일의 수학자 힐버트는 다음과 같은 문제를 제기했다.

'원칙적으로 수학의 모든 문제를 순서대로 해결할 수 있는 일반적인 기계적 절차가 있는가?'

튜링머신(Turing Machine)은 수학자이자 컴퓨터 과학의 아버지인 앨런 튜링이 이 수학적 질문에 답하기 위해 구상해낸 일종의 추상적인 계산기계이다. 튜링머신은 정해진 절차에 따라 특정 계산이나 논리 연산을 수행하는 기계가 충분한 기억장소와 정확한 알고리듬만 주어진다면 어떠한 계산이라도 가능함을 보여줌으로써 현대 컴퓨터의 원형을 제시했다. 튜링머신은 1936년 "*On Computable Numbers, with an Application to the Entscheidungs-problem*"이라는 논문에 발표되었으며 이 논문을 쉽게 요약하면 다음과 같다(Vitanyi, 2009).

1. "셀"이라고 불리는 정사각형 칸으로 나누어진 연속된 테이프가 있다고 가정하자. 각각의 셀은 유한한 개수의 기호들을 포함할 수 있다. 또한 테이프는 왼쪽 또는 오른쪽으로 필요에 따라 항상 확장될 수 있다. 즉 테이프의 길이는 무한대라고 가정한다. 아무것도 기록되지 않은 셀은 빈 칸임을 의미하는 특수한 기호가 쓰여 있다.
2. 헤드는 테이프에 쓰여진 기호들을 읽거나 테이프에 쓸 수 있으며 한번에 한 칸의 셀로 이동할 수 있다.
3. 튜링머신의 상태를 저장하고 있는 상태 저장소가 있다. 이 상태 저장소의 상태들은 인간이 계산을 수행할 때 인간 마음의 상태에 비유할 수 있다.
4. 튜링머신이 특정 작업을 완료하기 위해 필요한 유한 개의 명령어 테이블이 있다.

이러한 튜링머신을 머신러닝으로 구성하기 위해 고전적으로 연구되어 왔던 모델 중 하나는 앞서 배운 순환신경망이다. 순환신경망은 연속된 입력 패턴들의 시간적인 순서를 고려할 수 있다는 점에서 여타 다른 머신러닝 모델과는 다른 차원의 면모를 보인다. 하지만, 기본적인 순환신경망은 이론적으로 볼 때 지나온 모든 시간 단위를 고려한 연산이 가능하므로 튜링완전기계(Turing-complete machine)의 조건을 가지고 있다고 할 수 있으나(Siegelmann, 1992), 실제로는 모델의 크기와 학습시간 등의 조건이 제한된 상황에서는 이러한 단순 순환신경망은 효율적이고 현실적으로 조건을 충족시킬 것이라 표현하기엔 부족한 점이 있다는 것을 실험적으로 보여준다.

뉴럴튜링머신(Neural Turing Machine)은 이러한 순환신경망의 단점을 보완 또는 해결하는 방법으로 튜링머신의 개념에서 영감을 받아 만들어진 실제적인 시스템이다(Graves et al., 2014). 튜링머신의 테이프와 같이 직접적으로 참조 가능한 외부 메모리를 인공신경망구조의 제어기를 통해 활용하도록 고안된 이 시스템은 이론적으로 튜링완전기계의 조건을 만족하는 순환신경망을 통한 제어기와 일반적으로 인공신경망 모델에서 다루고 있지 않은 외부 메모리의 역할을 결합한 모델로서, 한마디로 말하자면 벡터 연산으로 동작하는 미분 가능한 튜링머신으로 볼 수 있다. 즉, 이 모델로 구성된 시스템의 경우 구조 자체는 기존의 튜링머신이나 폰 노이만 구조와 유사하면서도 머신러닝 알고리듬으로 학습될 수 있다는 독특한 특성을 가진다. 연구진들은 이러한 뉴럴튜링머신을 이용하여 복사, 정렬, 연관기억 연상 등의 간단한 알고리듬이 수행될 수 있음을 실험을 통해 증명하였다.

뉴럴튜링머신은 튜링기계와 비슷하게 두 가지 주된 구성요소인 제어기(controller)와 기억장치(external memory)로 이루어져 있다. 그림 9.2에서는 이러한 뉴럴튜링머신의 구조를 간략하게 보여준다. 제어기는 일반적으로 인공신경망 기반의 모델을 사용하며 7장에서 다룬 장단기 메모리 모델이 주로 사용되었다. 제어기의 입력과 출력은 모두 실수 벡터 형태로 표현한다.

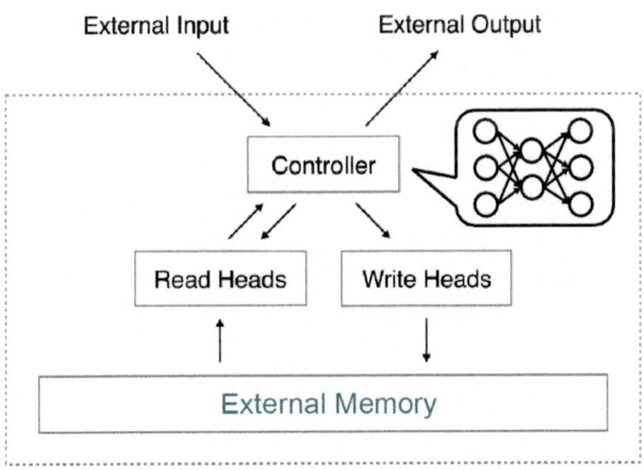

그림 9.2 뉴럴튜링머신 구조(Graves et al., 2014)

뉴럴튜링머신은 이러한 실수 벡터의 흐름만으로 일반적인 인공신경망 모델과는 다르게 읽기, 쓰기 연산을 사용하여 외부 메모리와 직접적으로 상호작용한다. 이 때 매개변수화 된 제어기의 출력연산들을 튜링기계의 헤드에 비유할 수도 있을 것이다.

튜링머신과 구분되는 뉴럴튜링머신의 주요한 특징 중 하나는 읽기와 쓰기 연산에 선택적 집중 매커니즘(attentional process)을 도입한 결과로 인해 모든 연산의 구성 요소가 학습이 가능하다는 점이다. 이를 가능하게 하는 중요한 요소 중 하나는 선택적 집중이라 불리는 매커니즘이다. 이것은 읽기와 쓰기 연산에 일종의 가중치를 도입한 것으로, 메모리에 접근하는 단계에서 메모리의 여러 부분 중 오직 한 부분에 강하게 집중하고 남은 여러 부분에는 약하게 집중하는 효과를 주는 역할을 한다. 즉, 선택적 집중 연산의 도입을 통해 전체 메모리의 일부분만을 특정 지어 접근할 수 있다는 장점이 있다고 할 수 있다. 자세한 내용은 아래절에서 설명한다.

9.2 NTM의 읽기 및 쓰기 연산

뉴럴튜링머신의 읽기와 쓰기 연산에 대해 개략적으로 나타내면 그림 9.3과 같다.

일반적인 동작 과정을 절차적으로 간단하게 설명한다면 다음과 같다. 매 사이클마다 어떠한 외부 입력이 들어와 신경망으로 이루어진 제어기를 거친다면 제어기는 메모리 슬롯에 대한 읽기와 쓰기 헤드에 대한 가중치를 표출한다. 이 읽기 가중치에 따라 현재의 출력 벡터가 나오고, 쓰기 가중치에 따라 메모리를 새로운 상태로 변환한다.

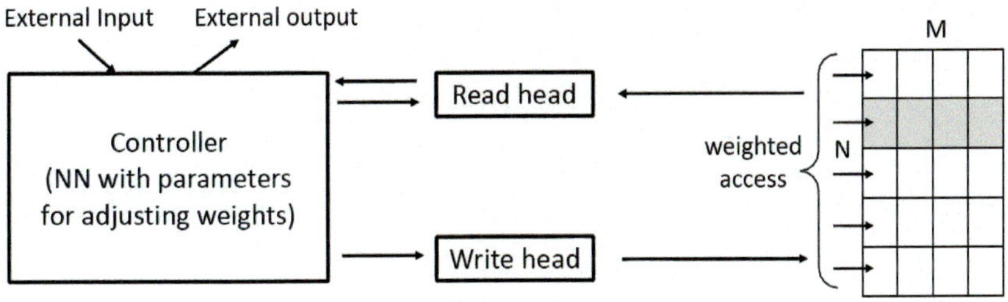

그림 9.3 읽기와 쓰기연산의 개략

(그림 출처:http://www.slideshare.net/yuzurukato/neural-turing-machines-43179669)

이를 수학적으로 자세히 표현하면 다음과 같다. M_t는 모델이 주로 다루게 되는 각 시간 단계 t에서의 $M \times N$크기의 메모리 행렬을 의미하며, N은 메모리 슬롯의 크기를 나타내고, M은 각각의 슬롯에서 데이터 벡터의 크기를 의미한다. 또한, w_t를 시각 t때 읽기 헤드로부터 나온 모든 N위치에 대한 가중치라고 하자. 이때, 모든 가중치들을 정규화 한 N개의 슬롯 중 i 번째 위치에 대한 가중치 $w_t(i)$는 다음 조건을 따른다.

$$\sum_i w_t(i) = 1, \qquad 0 \le w_t(i) \le 1, \forall i.$$

읽기 헤드로부터 나오는 M 길이의 읽기 벡터 r_t는 메모리의 행 벡터 $M_t(i)$들의 컨벡스 조합으로 정의되며 다음과 같다.

$$r_t \leftarrow \sum_i w_t(i) M_t(i)$$

이는 가중치와 메모리에 대해 명확하게 미분이 가능한 형태임을 알 수 있다.

뉴럴튜링머신에서 메모리에 쓰는 작업의 경우 장단기 메모리모델의 입력 및 망각 게이트의 개념을 이용하여 삭제와 추가 연산으로 분할해서 생각해 볼 수 있다. 쓰기 헤드로부터 시각 t에서 나오는 가중치 w_t가 주어졌을 때, 모든 요소가 0~1 사이의 값을 가지는 M길이의 삭제 벡터 e_t와 이전 시간 단계의 메모리 벡터

$M_{t-1}(i)$를 이용하여 현재의 메모리를 수정 할 수 있다. 우선 다음을 계산한다.

$$\tilde{M}_t(i) \leftarrow M_{t-1}(i)[1 - w_t(i)e_t],$$

위 식에서 1은 모든 요소 값이 1인 행 벡터를 의미하고, 메모리에 적용되는 곱셈은 요소 단위의 스칼라 곱셈을 의미한다. 따라서, 각 메모리의 요소들은 그 위치의 가중치와 삭제 벡터모두 1인 경우 0으로 변환된다 (반면, 가중치 및 삭제벡터 모두 0인 경우 변화 없음).

삭제 작업 이후 쓰기 작업을 수행하는데 이는, M길이의 추가 벡터 a_t를 이용하여 $M_t(i)$를 다음과 같이 계산할 수 있다.

$$M_t(i) \leftarrow \tilde{M}_t(i) + w_t(i)a_t$$

위에서 정의한 삭제 및 추가연산을 모든 쓰기 헤드에 대해 수행하면 최종적으로 시각 t에서의 메모리 M_t를 계산할 수 있다. 이러한 일련의 과정들은 모두 학습이 가능하다. 삭제 및 추가 연산들은 모두 미분 가능한 형태이고, 이 때문에 쓰기연산 역시 미분 가능하기 때문이다.

9.3 NTM의 주소지정 매커니즘

지금까지 읽기 및 쓰기 연산에 대해 알아보았다. 하지만 뉴럴튜링머신의 동작을 이해하기 위해 한가지 더 알아야 할 것은 읽기와 쓰기에 모두 사용되는 가중치 벡터 w_t의 계산에 대한 내용이다. 가중치 벡터는 제어기로부터 나온 실수 벡터를 가지고 메모리 내 벡터들 중 결과로써 적절한 위치를 특정하여 사상시켜 주는 기능을 수행한다. 이러한 가중치 벡터는 두 가지 주소지정 매커니즘을 고려하여 그

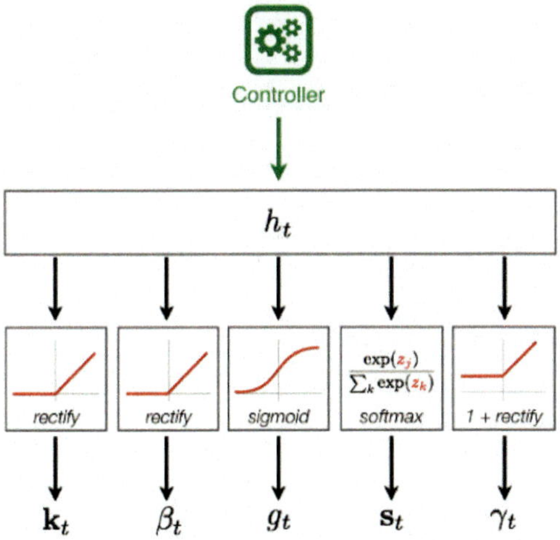

그림 9.4 가중치 갱신을 위한 변수들
(https://medium.com/snips-ai/ntm-lasagne-a-library-for-neural-turing-machines-in-lasagne-2cdce6837315#.r921877sp)

값이 계산된다. 첫 번째 매커니즘은 "내용기반 주소지정"이다. 이 매커니즘의 경우 제어기로부터 나온 실수벡터 값과 현재 메모리 내의 실수 벡터 중 가장 유사한 벡터의 위치에 헤드의 포커스를 집중시켜 주는 방법이다. 이러한 내용기반 주소지정의 장점은 메모리에 저장된 내용을 간단하게 그대로 불러올 수 있다는 것이다.

하지만 이러한 내용기반 주소지정이 모든 문제에 잘 적용되는 것은 아니며 이때 사용하는 기법이 "위치기반 주소지정 매커니즘"이다. 대표적인 예를 하나 들면, 산술연산을 들 수 있다. 산술 연산의 경우 임의의 두 변수를 선택하여 연산을 수행하는데, 이때 변수의 내용을 보고 메모리 내의 유사도를 비교하는 등의 번거로움 없이 단순히 수가 저장된 위치에 직접 접근하는 것이 효율적이다. 따라서 두 가지의 경우 각각의 장점이 있으므로 두 매커니즘을 적절히 조합해서 가중치 갱신에 사용하여야 하며 이를 위해서 그림 9.4와 같은 다섯 가지의 변수를 추가적으로 고려한다. 각각의 헤드마다 5개의 변수들이 필요하며, 그림 9.4의 각각의 박스는 1층짜리 인공신경망을 의미한다. 또한 그림 9.5는 앞서 설명한 주소지정 매커니즘

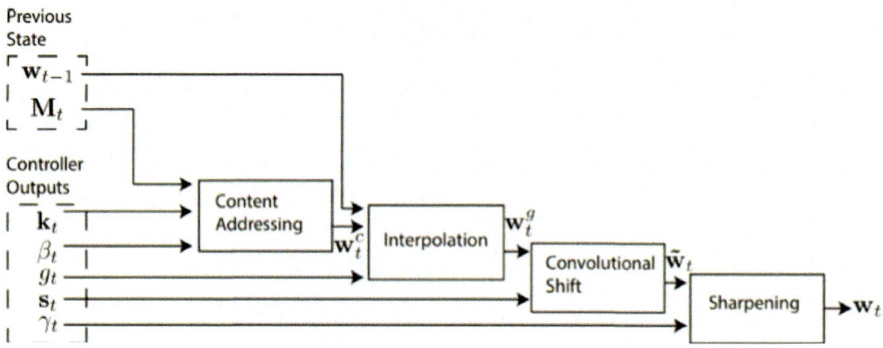

그림 9.5 주소지정 매커니즘의 흐름도(Graves et al., 2014)

의 흐름을 개략화한 것이다.

먼저 내용기반 주소지정 단계의 수식은 다음과 같다.

$$w_t^i(i) \leftarrow \frac{\exp\left(\beta_t K[k_t, M_t(i)]\right)}{\sum_j \exp\left(\beta_t K[k_t, M_t(j)]\right)}$$

읽기 또는 쓰기 헤더는 먼저 M길이의 키 벡터 k_t를 생성시킨다. 이후 집중도를 증폭시키기 위한 키 강도 β_t와 함께 현재의 메모리 M_t내에서 k_t와 가장 비슷한 벡터를 찾아 곱한 후 정규화를 시킨다. 이때 유사도의 척도 K는 코사인 유사도를 사용하며 다음과 같다.

$$K[u, v] = \frac{u \cdot v}{\|u\| \cdot \|v\|}$$

다음으로는 위치기반 주소지정에 대해서 살펴보자. 위치기반 주소지정은 보간, 회선, 샤프닝으로 이루어져 있다. 먼저 보간은 이전 시간 단계에서 나온 가중치 w_{t-1}와 현재 내용기반 주소지정으로부터 나온 가중치 w_t^c를 0~1 사이의 값을 가지는 보간 게이트 g_t를 사용하여 적당히 혼합시키는 역할을 하며 다음 수식과 같이 정의된다.

$$w_t^g \leftarrow g_t w_t^c + (1-g_t) w_{t-1}$$

보간 이후 헤더는 이동 가중치 s_t를 생성시킨다. 이후 생성된 이동 가중치에 의해 회선이동(convolutional shift) 되는 식은 다음과 같다.

$$\tilde{w}_t(i) \leftarrow \sum_{j=0}^{N-1} w_t^g(j) s_t(i-j)$$

이후 헤드에서 생성되는 샤프닝(sharpening) 가중치 $\gamma_t \geq 1$에 의해 최종적으로 샤프닝되어 주소지정이 완료된다.

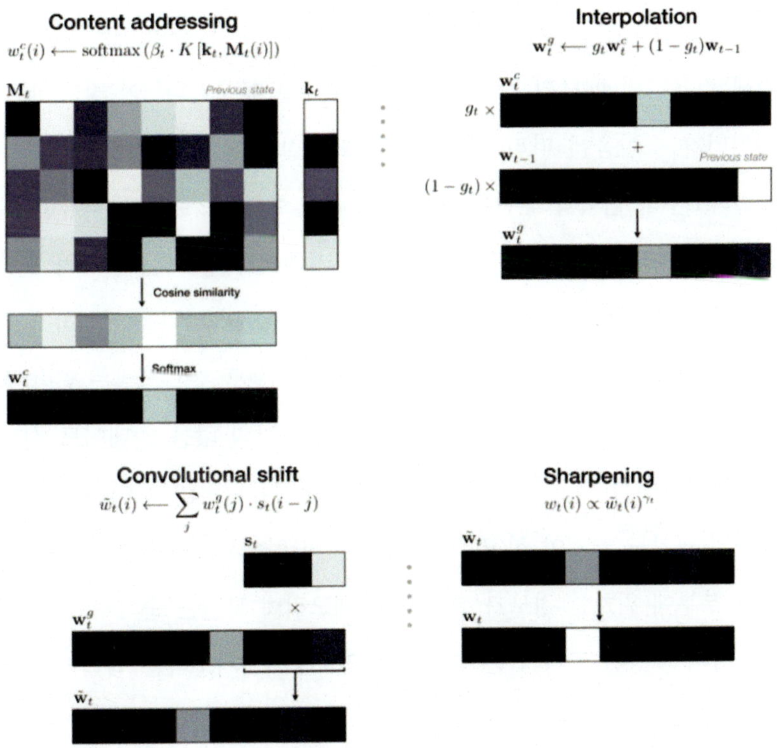

그림 9.6 가중치 계산의 흐름 예시

(그림 출처:https://medium.com/snips-ai/ntm-lasagne-a-library-for-neural-turing-machines-in-lasagne-2cdce6837315#.r921877sp)

$$w_t(i) \leftarrow \frac{\tilde{w}_t(i)^{\gamma_t}}{\sum_j \tilde{w}_t(j)^{\gamma_t}}$$

지정된 주소는 이후 외부 메모리에 접근하는 데 사용된다. 그림 9.6은 이러한 가중치 계산의 전반적인 흐름을 도식화한다.

9.4 메모리넷

앞서 살펴본 뉴럴튜링머신과는 다르게, 메모리넷 모델은 인간의 기억 기제를 모사하기 위해 컴퓨터의 메모리 장치를 장기 메모리로 활용한다. 이 장기 메모리는 입력 데이터가 들어옴에 따라 읽혀지거나 쓰여질 수 있고, 메모리넷의 추론은 장기 메모리로부터 입력과 연관된 특정 메모리를 회상함으로써 이루어진다. 마찬가지로 이러한 메모리 모델이 고안된 배경은, 기존 딥러닝 모델의 기억 용량에는 한계가 있었기 때문이다. 예를 들어, 순환신경망은 순차적 입력을 기억하기 위해서 은닉 유닛을 활용한다(Hochreiter & Schmidhuber, 1997). 이 모델은 입력 정보가 순차적으로 들어올 때마다 고정된 크기의 은닉 유닛의 값을 업데이트 시키면서 기억을 하는데 이 때 두 가지 문제가 발생한다. 1) 입력의 길이가 길어질수록 은닉 유닛의 크기도 커져야 하고 2) 은닉 유닛의 업데이트가 이루어질수록 입력 순서의 앞 부분에 위치한 정보가 손실된다. 메모리넷 모델은 순차적 입력의 모든 정보를 하나의 고정된 크기의 은닉 유닛에 인코딩시키기보다는 입력이 들어오는 각 시간 순서마다 히든 유닛을 만들어서 장기 메모리에 저장을 한다. 그림 9.7은 메모리넷 모델의 구조도를 나타낸다. 모델은 다음과 같이 네 가지 모듈로 구성되어 있다(Weston et al., 2014).

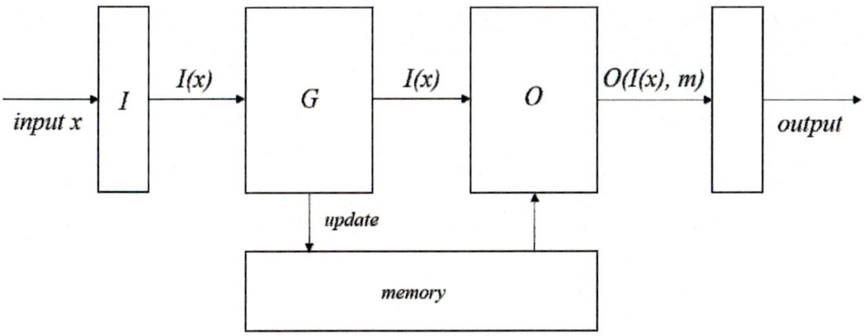

그림 9.7 메모리넷 모델의 구조

I : (입력 특징 모듈) - 들어오는 입력 x를 특징 벡터 $I(x)$로 변환시킨다. I의 한 예로 일반적인 전처리 과정이 있다(예> 파싱, 엔티티 분석 등). 또한 임베딩 행렬을 통한 분산 정보 표현도 가능하다.

G : (일반화 모듈) - 새로운 입력이 주어졌을 때 오래된 메모리를 업데이트하거나 새로 추가한다. 가장 간단한 형식의 G는 $I(x)$를 메모리의 한 슬롯에 저장을 시키는 것이다. $m_{H(x)} = I(x)$. 이 때, $H(.)$는 슬롯을 선택하는 함수이다. G는 메모리 m의 인덱스 $H(x)$를 업데이트하지만 메모리의 나머지 부분은 그대로 남게 된다.

O: (출력 특징 모듈) - 입력과 현재 메모리 상태를 바탕으로 새로운 출력을 생성한다. 출력은 특징 공간상에서 표현된다.

R: (응답 모듈) - 특징 공간 상에서 표현된 출력을 단어와 같이 사람이 이해할 수 있는 포맷으로 변환시킨다.

입력 x (예> 단어) 가 주어졌을 때 모델의 흐름은 다음과 같다.

1. x를 특징 벡터 $I(x)$로 변환한다.
2. 새로운 입력에 따라서 메모리 m_i를 업데이트시킨다. $m_i = G(m_i, I(x), m)$.

3. 입력과 메모리 상황에 따라 출력 특징 o를 계산한다. $o=(I(x), m)$.
4. 마지막으로, o를 최종 응답 r로 디코딩한다. $r=R(o)$.

이러한 과정은 훈련 시간과 테스트 시간에 모두 적용이 되나 테스트 시간에는 모델의 파라미터 I,G,O 그리고 R은 변경되지 않는다. 파라미터 I,G,O 그리고 R은 적절한 머신러닝 모델로 선택할 수 있다. 아래부터는 신경망을 활용한 기본 모델을 설명한다.

I 모듈이 텍스트 문장들을 입력으로 받는다고 가정하자. 이 텍스트들은 메모리 상에서 다음으로 가능한 슬롯에 저장이 된다. $H(x)$는 다음으로 비어 있는 메모리 슬롯 N을 반환하고 $m_N = x$, $N = N+1$이 된다. G모듈은 따라서 새로운 입력을 메모리에 저장하고 다른 저장되어 있는 메모리는 변경하지 않는다. 추론은 O와 R 모듈에서 일어난다. O 모듈은 x가 주어졌을 때 k개의 관련 메모리들을 찾아서 출력을 생성한다. 예시로 k는 2를 사용하나 더 큰 값의 k가 사용될 수 있다. k가 1일 때, 가장 높은 매칭 점수를 얻는 관련 메모리가 선택된다.

$$o_1 = O_1(x,m) = \underset{i=1,\dots,N}{\arg\max}\, s_O(x,m_i)$$

이 때, s_O는 문장 x와 메모리 m_i의 쌍을 비교하고 점수를 매기는 함수이다. k는 2인 경우, 위에서 선택한 관련 메모리와 입력 문장을 바탕으로 두 번째 관련 메모리를 찾는다.

$$o_2 = O_2(x,m) = \underset{i=1,\dots,N}{\arg\max}\, s_O([x,m_{o_1}],m_i)$$

관련 후보 메모리 m_i는 입력과 첫 번째 관련 메모리에 기반하여 점수가 매겨진다. [.]는 두 개의 벡터를 합치는 연산이고 간단한 예로 더하기 연산이 될 수 있다. 출력 o는 $[x,m_{o1},m_{o2}]$이고 R모듈의 입력이 된다.

R모듈은 텍스트 응답 r을 생성한다. 가장 간단한 응답은 가장 마지막으로 선택

된 관련 메모리 m_{ok}를 반환하는 것이다. 문장 생성을 하려면 이 모듈에서 RNN을 사용할 수 있다. 출력인 한 단어일 경우 후보 단어들에 점수를 매겨서 선택할 수 있다.

$$r = \arg\max_{w \in W} s_R([x, m_{o_1}, m_{o_2}], w)$$

W는 사전에 있는 모든 단어의 집합이고, s_R은 매치에 점수를 매기는 함수이다.

O와 R의 예로, 질의 x='Where is the milk now'가 주어졌을 때, O모듈은 x를 모든 메모리와 비교를 한 뒤 점수를 매긴다. 이 때, 메모리는 예전에 모델이 봤던 문장들이 된다. 이 때, 가장 높은 점수를 얻는 메모리 m_{o1}가 'Joe left the milk'를 저장하고 있다면, [x, m_{o1}]을 바탕으로 두 번째 관련 메모리를 찾는다. m_{o2}는 'Joe travelled to the office'가 될 수 있다. 마지막으로 R모듈은 [x, m_{o1}, m_{o2}]이 주어졌을 때 최종 응답 r = 'office'를 찾을 수 있다.

신경망을 사용하는 함수 s_O와 s_R은 다음과 같은 형식이 될 수 있다.

$$s(x, y) = \phi_x(x)^{\mathrm{T}} U^{\mathrm{T}} U \phi_y(y)$$

U는 $n \times D$ 크기의 행렬이고 D는 특징 개수, n은 임베딩 크기를 의미한다. ϕ_x와 ϕ_y는 입력 문장을 D크기의 특징 공간에 매핑 시켜주는 함수이다. 간단한 특징 공간은 단어주머니(bag-of-words)를 사용하는 것이다.

학습은 훈련데이터에 주어진 입력과 최종 응답으로 감독학습을 할 수 있고, 최종 응답과 관련된 문장 정보는 주어진다. 즉, 훈련 시간 동안에는 위의 맥스 함수들의 정답을 알고 있다. 훈련은 마진 기반 랭킹 함수와 확률적 경사하강법(stochastic gradient descent, SGD)를 사용한다. 주어진 입력 x와 출력 r과 관련 메모리 m_{o1}과 m_{o2}가 있을 때, 모델 파라미터 U_O와 U_R을 최소화시키는 방향으로 학습이 이뤄진다.

$$\sum_{\bar{f} \neq m_{o1}} \max(0, \gamma - s_o(x, m_{o1}) + s_o(x, \bar{f})) +$$
$$\sum_{\bar{f} \neq m_{o2}} \max(0, \gamma - s_o([x, m_{o1}], m_{o2}) + s_o([x, m_{o1}], \bar{f'})) +$$
$$\sum_{\bar{r} \neq r} \max(0, \gamma - s_R([x, m_{o1}, m_{o2}], r) + s_R([x, m_{o1}, m_{o2}], \bar{r}))$$

$\bar{f}, \bar{f}'$와 $\bar{r}$는 정답 레이블이 아닌 다른 선택 값들이고 γ는 마진이다. R 모듈에서 RNN을 사용하여 문장을 생성하는 경우, 위의 식을 일반적인 언어모델에서 사용하는 일반적인 로그 우도함수를 사용할 수 있다.

CHAPTER

10

종단학습 모델

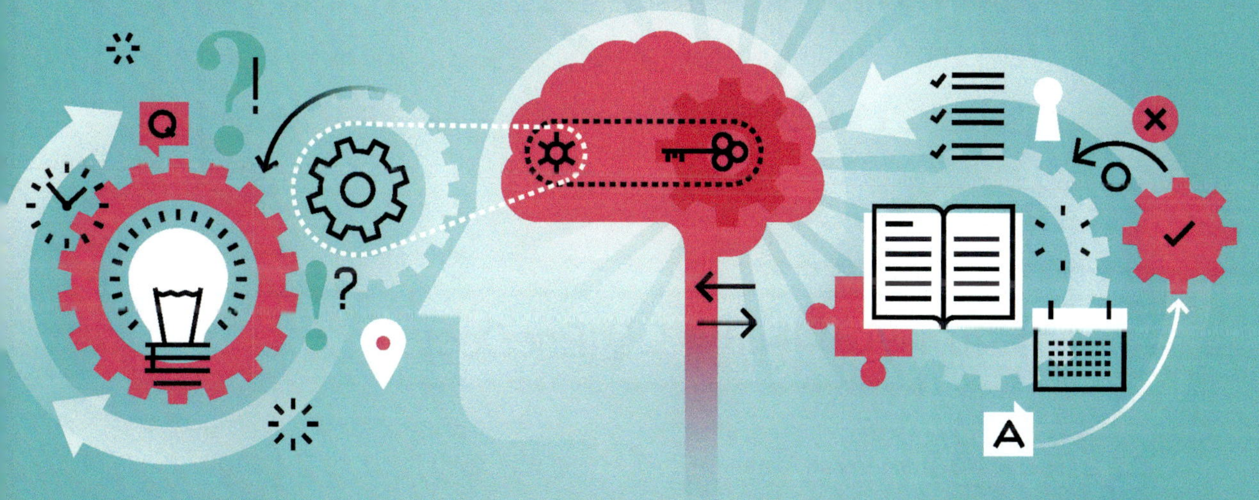

종단학습(N2N, end-to-end)은 학습에 필요한 데이터를 전처리 없이 원본 그대로 입력하여 중간과정을 명시적으로 모델링하지 않고 직접 출력 데이터 형태로 산출되도록 하는 자동화된 학습 방식이다. 자율주행 자동차(self-driving car)에서 카메라 이미지 입력으로부터 중간 모듈을 따로 두지 않고 직접 바로 핸들 방향 조정을 출력하도록 하나의 딥러닝 모델을 학습하거나, 자연어 질의응답(Q&A) 챗봇을 개발하기 위해서 질의어에 해당하는 문장과 응답에 해당하는 문장을 통채로 입출력으로 준 후 서열대서열로 변환하는 방식의 딥러닝을 통해서 자동학습하는 것이 대표적인 예이다. 최근 빅컴퓨팅과 빅데이터에 힘입어 딥러닝에 기반한 종단학습으로 해법을 얻을 수 있는 문제의 종류와 복잡도가 크게 증가하였다. 본 장에서는 종단학습을 구현하는 인코더디코더 모델(encoder-decoder model)의 다양한 구조와 학습 방법을 살펴본다. 이어서 대화, 번역, 질의응답 등 자연어 처리를 위한 서열대서열(sequence-to-sequence) 딥러닝 모델을 살펴본다. 복잡한 문제를 해결하기 위해서 메모리넷을 결합한 종단학습 모델도 설명한다. 마지막으로 시각, 언어, 음성을 통합한 멀티모달 종단학습 모델과 활용 사례들을 살펴본다.

10.1 인코더디코더 모델(EncDec)

종단학습(end-to-end learning)은, 학습에 필요한 데이터를 거의 원본 그대로(raw) 입력하여 지정한 형태의 출력이 산출되도록 학습하는 과정이다. 딥러닝이 등장하기 이전에도, 문서의 종류를 분류하거나 사진 속에 있는 물체를 맞추는 전형적인 분류(classification) 문제의 해법은 종단학습으로 얻을 수 있었다. 딥러닝 기술이 발전함에 따라 종단학습으로 해법을 얻을 수 있는 문제의 종류와 복잡도가 크게 증가하였다. 예를 들면, 자율주행 자동차에 들어가는 필수 요소 중 하나로서 전방

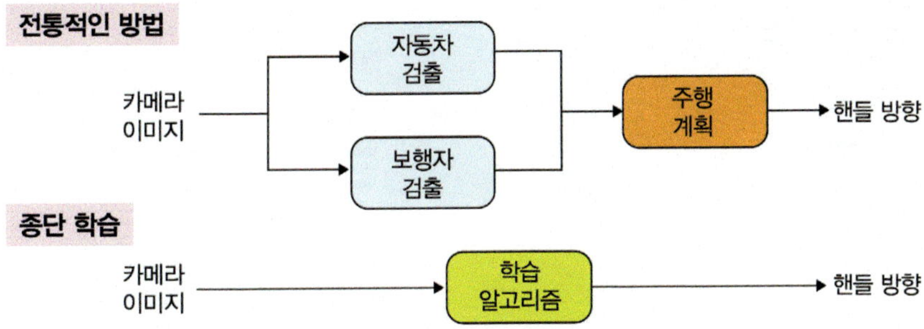

그림 10.1 자율주행에 대한 종단학습의 예시
(Ng, NIPS 2016 Tutorial on Deep Learning for Building AI Systems)

카메라의 입력 정보를 기반으로 한 실시간 자동 핸들 조정 방법을 살펴보자(그림 10.1). 전통적인 방법에서는 카메라 이미지에서 자동차를 검출하는 모듈과 보행자를 검출하는 모듈을 따로 구성한 후 두 정보를 취합하여 주행 계획을 세우고 최종적으로 핸들 방향을 조정하는 복잡한 과정을 구성하였다. 그러나, 딥러닝을 중심으로 하는 종단학습 해법에서는 카메라 이미지만을 입력하여 바로 핸들 방향 조정을 출력하는 것이 가능하다.

인코더디코더 모델은 무감독학습을 위한 인공신경망의 전형적인 디자인 패턴 중 하나이다. 인코딩 모듈을 통해 입력 정보를 부호화한 뒤 디코딩 모듈을 통해 부호화 하여 원하는 형태의 출력으로 만들어낸다.

$$x \rightarrow Decoder(Encoder(x))$$

이러한 인코더디코더 모델은 원본 입력 정보를 부호화 모듈을 통해 중간층의 압축된 정보로 적절히 표상하는 것이 중요하다. 여러 가지 표상 기법이 있지만 최근 가장 많이 쓰이는 방법은 인공신경망을 기반으로 한 딥러닝 모델을 사용하는 것이다. 딥러닝을 통해서 부호화뿐만 아니라 복호화를 포함한 일련의 과정 역시 하나의 알고리듬을 통해 학습될 수 있어 종단학습이 가능하다.

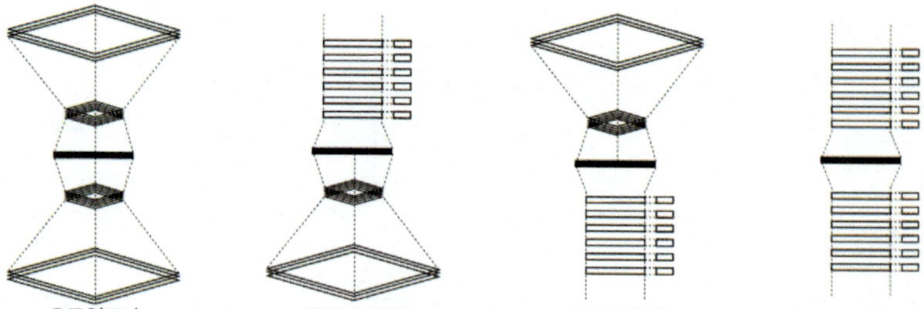

그림 10.2 인공신경망 기반의 인코더디코더 모델의 예시
(그림 출처: http://gabgoh.github.io/ThoughtVectors/)

그림 10.2에는 인공신경망을 활용한 딥러닝 기반의 다양한 인코더디코더 모델의 예시를 보여준다. 전형적인 구성은 인코더 신경망을 통해 입력 이미지 또는 순서 데이터의 표상을 학습하고, 이 학습된 표상 정보를 입력으로 하는 디코더 신경망을 이용하여 이미지 또는 순서 데이터를 생성하는 구조이다. 인코더를 이용하여 학습된 표상은 그림 10.2에서 공통적으로 중간의 병목층(검은 직사각형)으로 표현되었다. 이 표상은 입력 데이터에 대한 의미적, 개념적 축약이며, 이를 바탕으로 입력과 동일한 유형의 데이터를 생성하거나, 다른 유형의 데이터를 생성한다. 또한, 감독학습의 입력으로 사용할 수도 있다.

인코더디코더 신경망 모델의 네 가지 사례를 좀 더 상세하게 살펴보자.

10.1.1 오토인코더 모델

오토인코더는 대표적인 무감독 학습 모델 중 하나로 모델을 학습시킬 때 레이블 정보가 없이 입력 x에 대한 정보만 가지고 모델을 학습하는 인공신경망 기반 프레임웍이다(Bengio, 2009)(Ng, 2011). 하나의 은닉층을 가지는 오토인코더 모델은 그림 10.3과 같이 도식화할 수 있다.

$$y_{W,b}(x) \approx x$$

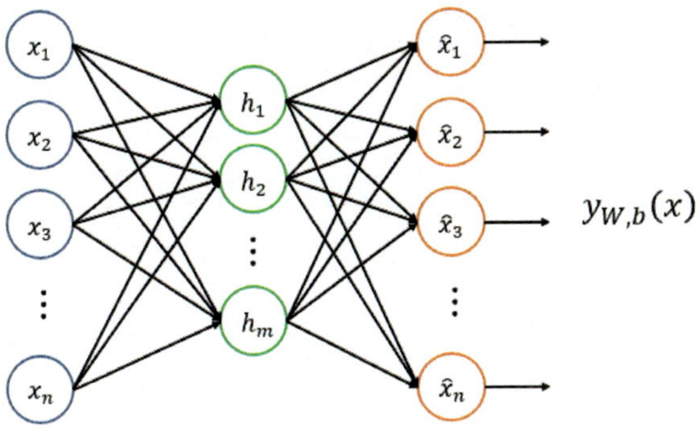

그림 10.3 단일 은닉층을 가지는 오토인코더 모델

그림 10.3과 같은 구조를 갖는 오토인코더 모델은 결국 위의 수식과 같이 항등 함수를 근사 학습하는 것을 목표로 한다. 이런 과정은 얼핏 단순하고 큰 의미가 없어 보일 수 있으나, 중간층의 노드 수를 작게 제한하는 등의 제약을 통해 입력 데이터의 흥미로운 구조를 발견할 수 있다.

구체적인 예를 생각해보자. 만약 입력 데이터 x가 10×10의 크기를 가지는 이미지인 경우 입력 데이터는 100차원 벡터로 표현된다. 또한 중간 은닉 층의 노드 수를 50개로 정하고 출력 층의 노드 수는 입력 층의 차원과 동일하게 100차원으로 정한다고 하자. 이 경우 모델은 중간의 50차원의 벡터를 가지고 원래 100차원의 벡터를 근사 복원해야 하므로 압축된 표현을 학습하게 된다. 앞서 설명한 예에서는 중간층의 노드 수가 입력 및 출력 층의 노드 수에 비해 적다고 가정했지만, 반대의 경우에도 모델에 적절한 제약을 가한다면 유의미한 은닉층 표현을 찾게 할 수 있다.

은닉층 표현 벡터가 희소성(sparsity)을 가지도록 제약을 주는 방법을 살펴보자. 이처럼 제약을 통해서 은닉층 노드의 수가 입력층 노드의 수보다 많더라도 역시 유의미한 특징 표현을 찾을 수 있다. 이때 희소성이란, 노드의 활성화 값이 0에 가까운, 즉 비활성 성질을 가지는 것을 의미하며 다음과 같이 정의할 수 있다.

$$\hat{\rho}_j = \frac{1}{m}\sum_{i=1}^{m} a_j^{(2)}\left(x^{(i)}\right)$$

여기서 $\hat{\rho}_j$ 은 j번째 은닉 뉴런의 평균 활성화 값이고, $a_j^{(2)}$는 2번째 층의 j번째 은닉 뉴런의 활성화 값을 나타낸다. m은 학습 데이터의 수이다. 이때 모델에 아래와 같은 제약을 줄 수 있다.

$$\hat{\rho}_j = \rho$$

ρ를 희소성 파라메터(sparsity parameter)라고 하며 보통 0에 가까운 작은 값을 부여한다. 예를 들면, 만약 ρ값이 0.05라면 은닉 노드 j의 평균 활성화 값이 0.05에 가깝게 만들고 싶은 것이다. 이러한 제약 조건을 만족시키기 위해서는 모든 입력 데이터에 대해 대부분의 j번째 은닉 뉴런들은 0에 가까운 활성화 값을 가져야 한다.

이러한 제약 조건을 따르도록 $\hat{\rho}_j$ 에 페널티를 주어 목표치를 최적화 하기 위해 KL 다이버전스(Kullback-Leibler Divergence)를 사용하여 희소성에 대한 비용함수를 정의할 수 있다.

$$\sum_{j=1}^{S_2} KL\left(\rho \,\|\, \hat{\rho}_j\right) = \sum_{j=1}^{S_2} \rho \log \frac{\rho}{\hat{\rho}_j} + (1-\rho)\log\frac{1-\rho}{1-\hat{\rho}_j}$$

여기서 S_2는 은닉층의 노드 수를 의미한다. KL 다이버전스를 줄임으로써 사용자가 정한 희소성 수치 값과 은닉층 뉴런의 활성화 값들의 차이가 작아지도록 모델이 학습된다. 그 결과 전체 비용함수는 다음과 같이 정의된다.

$$J_{sparse}(W,b) = J\left(W,b\right) + \beta\sum_{j=1}^{S_2} KL(\rho \,\|\, \hat{\rho}_j)$$

$$J\left(W,b\right) = \frac{1}{m}\sum_{i=1}^{m}\left(\frac{1}{2}\| y_{W,b}\left(x^{(i)}\right) - x^{i} \|^2\right)$$

그림 10.4 오토인코더에서 학습된 가중치의 시각화
(그림 출처: http://ufldl.stanford.edu/tutorial/unsupervised/Autoencoders/)

위 식에서 β는 희소제약에 대한 가중치이다. 경우에 따라 과적합 문제를 피하기 위해 $J(W,b)$에 정규화 항을 추가하기도 한다. 그 결과 모델은 경사하강법 등을 통해 학습될 수 있다. 학습된 가중치를 시각화 해보면 그림 10.4와 같은 결과를 얻을 수 있다. 그림 10.4에서 볼 수 있듯 각 가중치가 앞서 다룬 컨볼루션 신경망에서의 마스크 형태와 같이 학습이 됨을 알 수 있다. 이를 통해 입력 이미지의 유의미한 구조적 특징을 압축된 형태로 얻을 수 있다.

10.1.2 이미지 설명/합성 모델

인코더디코더 모델의 두 번째 사례인 '이미지 설명' 모델과 세 번째 '이미지 합성' 모델은 딥러닝의 강점을 보여주는 사례이다. 종단학습을 통해 특성이 매우 다른 이미지와 문장 간의 의미적 동기화뿐만 아니라 자연스러운 생성까지 가능하게 된 것은, 인공지능의 단계를 시각지능 또는 언어지능과 같은 단일지능에서 복합지능으로 올린 큰 도약이다. 그림 10.5에서 두 모델의 실행 결과 예를 볼수 있다.

이미지 설명 모델의 경우 다음의 식과 같이 입력단에서 컨볼루션망을, 출력단

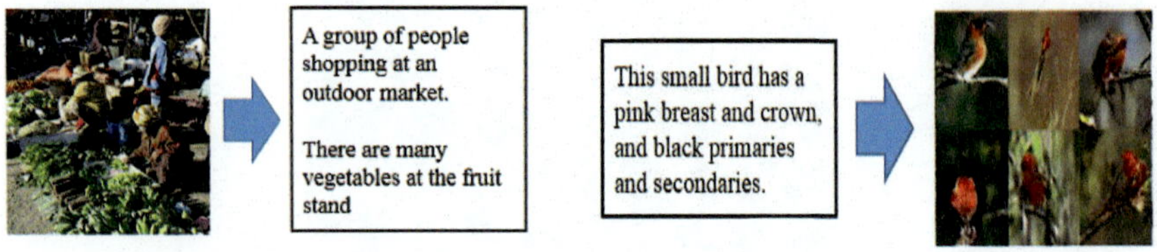

(a) Image Captioning (Vinyals et al., 2016)

(b) Image Synthesis (Reed et al., 2016)

그림 10.5 다중모달 인코더-디코더 모델의 결과 예시

에 LSTM 순환신경망을 조합한 인코더디코더 모델로 구현할 수 있다(Vinyals et al., 2016).

$$
\begin{aligned}
x_{-1} &= CNN(I) \\
x_t &= W_e S_t, \quad t \in \{0, \cdots, N-1\} \\
p_{t+1} &= LSTM(x_t), \ t \in \{0, \cdots, N-1\}
\end{aligned}
$$

학습을 위해 순환신경망 메모리의 초기값으로 입력 이미지 I를 컨볼루션망으로 인코딩한 벡터를 설정하고, 학습데이터로 주어진 '정답' 문장을 단어 단위로 순서대로 순환신경망에 입력한다. 단어는 one-hot 벡터 S_t로 표현한 후 word2vec (Mikolov et al., 2013) 등을 이용하여 변환하여 입력(x_t)으로 사용한다. 학습 과정을 목적함수는 다음과 같이 음의 로그 우도 함수의 합으로 손실함수를 정의하여 적용할 수 있다.

$$L(I, S) = -\sum_{t=1}^{N} \log p_t(S_t)$$

문장에 해당하는 이미지를 합성하는 문제는 보다 도전적인 인공지능 문제이며, 생성대립넷(Goodfellow et al., 2014) 개념을 기반으로 하는 종단학습모델의 사례는 (Reed et al., 2016)에서 볼 수 있다(11장 참조). 서열대서열(Seq2Seq)모델에 대해서는 다음 절에서 자세히 다루도록 하겠다.

10.2 서열대서열 모델(Seq2Seq)

자연어 처리 문제에서 인코더디코더 방식을 따르는 모델 중 대표적인 것으로는 서열대서열 모델(sequence-to-sequence)이 있다. 자연어 처리란 우리의 일상 생활 언어를 가공, 처리하여 컴퓨터가 이해할 수 있도록 하는 분야이다. 인공지능의 연구 기존의 딥러닝 방식에서는 입력과 출력이 1대 1 연결 관계를 가지기 때문에 기계번역, 대화생성 등의 자연어 처리를 하기에 부적합하여 다양한 부가적인 처리를 해야 했다. "Hard work will lead you to success" 라는 문장을 우리 말로 번역하는 예를 생각해보자. 기존 단어 단위의 딥러닝에서는 Hard / work / will / lead / you / to / success 의 7개의 입력이 들어갔을 때, 근면한 / 일 / 앞으로 / 이끌다 / 당신을 / 으로 / 성공 과 같은 동일한 길이의 출력 결과를 만들어내고 보다 자연스러운 문장을 만드는 처리가 필요했다. 그러나 서열대서열 모델, 프레임워크에서는 이 문제를 딥러닝으로 해결하였다(Sutskever et al., 2014).

서열대서열 모델은 연속적인 속성을 가진 데이터를 입력으로 받아, 연속적인 속성을 가진 데이터를 출력하는 모델이다. 그러나 일반적인 순환신경망과는 차이가 있다.

순환신경망의 활용 방법을 입력-출력 간의 관계에 따라 분류하면 그림 10.7과 같이 다양하다. 이 중에서 우리가 다루고자 하는 기계번역이나 대화생성과 같은 자연어 처리 문제는 여러 개의 단어로 이루어져 있으며 때문에 문장을 입력으로 넣어 문장을 출력하는 문제이다. 이 경우에 일대일(one to one), 일대다(one to many), 다대일(many to one) 대응은 적합하지 않다. 또한 다섯 번째 그림의 구조는 입력 문장과 출력 문장의 길이가 가변적인 자연어 처리에는 적합하지 않다. 따라서 네번째 다대다(many to many) 대응 구조가 앞으로 설명하게 될 서열대서열의 구조로 적합하다.

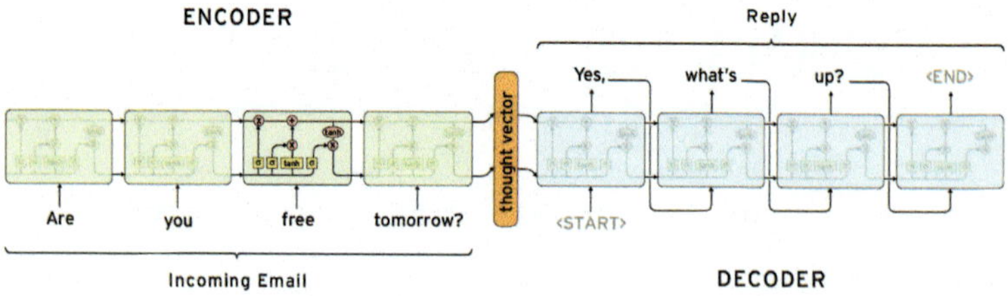

그림 10.6 서열대서열 모델
(그림 출처: https://research.googleblog.com/2015/11/computer-respond-to-this-email.html)

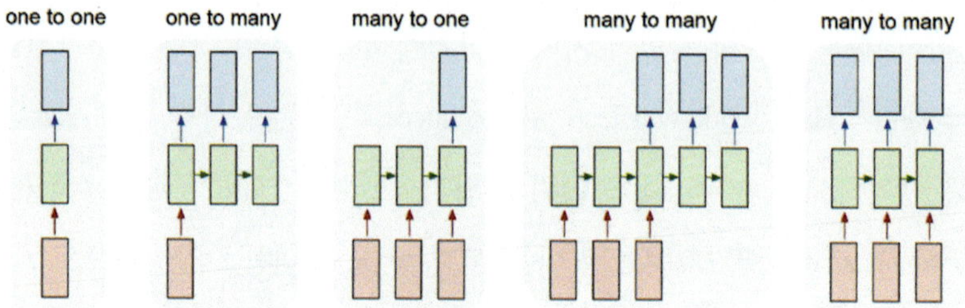

그림 10.7 순환신경망의 다양한 구조
(그림 출처: http://karpathy.github.io/2015/05/21/rnn-effectiveness)

서열대서열은 앞서 설명한 순환신경망 중 장단기 메모리를 활용한다. 기본적인 순환신경망은 은닉 상태를 덮어쓰는데, 장단기 메모리는 은닉 상태를 업데이트 하는 구조를 가지고 있기 때문이다. 기본적인 순환신경망 및 장단기 메모리의 자세한 내용은 7장을 참고하기 바란다.

그림 10.8은 서열대서열 모델의 작동원리를 설명한다. 입력은 "ABC", 출력은 "WXYZ", <EOS>는 문장의 끝을 나타내는 특수 기호이며, 각 네모 블록은 매

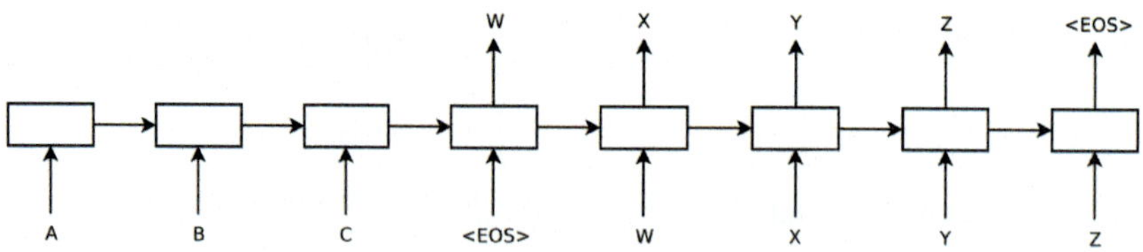

그림 10.8 서열대서열 프레임워크(Sutskever et al., 2014)

시간 t마다의 장단기 메모리의 은닉 층을 의미한다. 각 블록이 $t=1$에서 $t=7$에 해당한다고 가정했을 때, $t=1$에서 $t=3$까지 "ABC"의 문장은 각각 'A', 'B', 'C'의 단어 (혹은 청크) 단위로 쪼개어져 장단기 메모리의 입력 값으로 들어간다. $t=4$에서는 <EOS>가 입력 값으로 들어가는데 이 부분부터 첫 출력으로 'W'가 나온다. $t=5$에서는 $t=4$일 때 출력 단어인 'W'를 다시 입력으로 넣어주어 'W'의 다음 단어인 'X'를 출력한다. 계속해서 $t=n$ 출력을 $t=n+1$의 입력으로 넣어주어 <EOS>가 나올 때까지 반복한다. 결론적으로는 "ABC"의 문장을 넣었을 때 "WXYZ"의 출력이 나오도록 로그 확률(log probability)를 증가시키는 방향으로 학습을 한다.

전체적인 서열대서열 모델의 작동을 둘로 분리할 수 있다. 즉 "ABC"가 순차적으로 입력으로 들어간 (그림에서는 $t=4$의 블록) 은닉 층을 만드는 인코딩 모듈과 인코딩한 은닉 층을 하나하나 풀어서 'W', 'X', 'Y', 'Z'의 단어를 만드는 디코딩모듈에 두 과정이다.

서열대서열 종단학습 모델을 3.4억개의 불어 단어와 3억개의 영어 단어로 구성된 WMT'14 English to French 데이터셋을 이용하여 기계번역에 활용하였다 (Sutskever et al., 2014). 입력 언어는 f, 출력 언어는 e로 표현해보자. 불어로부터 영어를 생성하는 과정은 다음과 같이 기술될 수 있다.

$$\hat{e} = \arg\max_e p(e \mid f) = \arg\max_e p(f \mid e)p(e)$$

이 과정을 번역 모델인 $p(f \mid e)$를 이용해 불어로부터 순차적인 영어 단어들을 생성하고, 언어 모델인 $p(e)$를 이용해 단어들을 적절한 영어 문장으로 만드는 것으로 해석할 수 있다(그림 10.9).

Sutskever 등은(Sutskever et al., 2014)은 장단기 메모리를 그림 10.10과 같은 딥 구조로 쌓아 기계번역 모델을 만들었고 기존 WMT'14 English to French 데이터셋에 대한 최고 성능과 거의 비슷한 성능을 보였다.

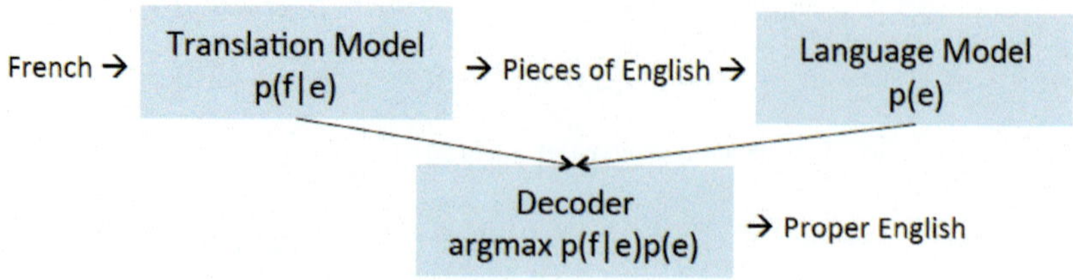

그림 10.9 서열대서열의 세부 작동 과정
(그림 출처: SlideNotes from http://cs224d.stanford.edu/)

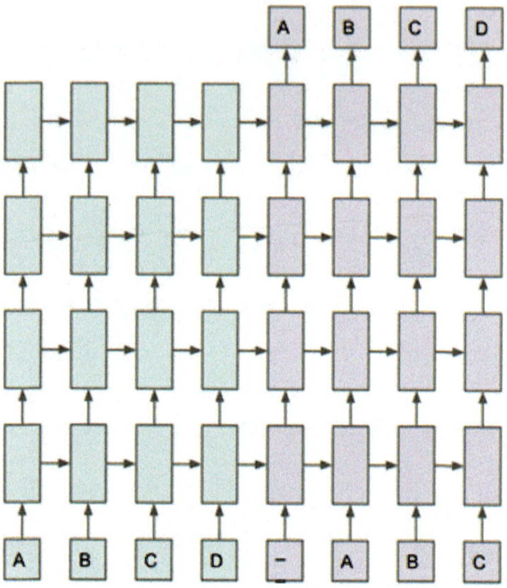

그림 10.10 기계번역을 위한 서열대서열 모델
(그림 출처: LectureNotes from NIP: Oral Session 4;
https://www.microsoft.com/en-us/research/video/nips-oral-session-4-ilya-sutskever/)

서열대서열 모델은 대화생성 모델에 그대로 적용되었다. Vinyals와 Le는 (Vinyals & Le, 2015) 신경망 대화모델을 제안하였는데, 이는 기계번역에 사용되었던 모델을 밑바탕으로 하여 사람과 대화가 가능한 모델을 만든 것이다. 그 모델 구조는 그림 10.11과 같다.

번역을 위한 데이터가 아닌 서로 다른 사람 A와 B가 서로 주고 받는 대화형

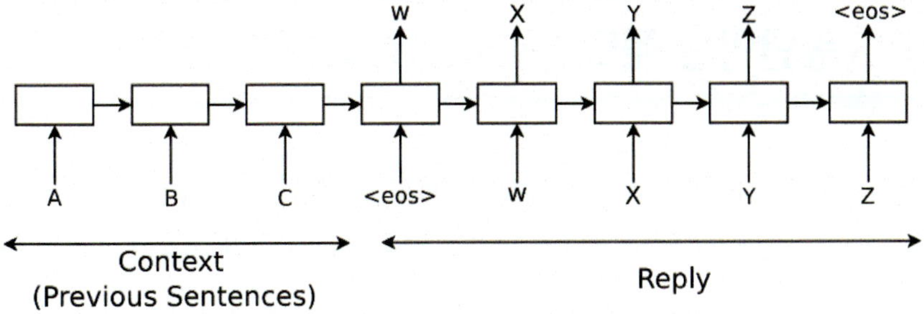

그림 10.11 **대화 생성을 위한 서열대서열 모델**(Vinyals & Le, 2015)

데이터를 이용하여 학습을 시켰다. 이 모델을 이용하여 총 두 가지 문제를 다루었는데, 첫 번째는 IT Helpdesk 데이터셋을 이용하여 고객센터 질의응답을 할 수 있도록 학습했고, 두 번째는 영화 자막 파일을 수집하고 학습하여 일상적인 대화가 가능한 모델을 학습했다. 그러나 대화형 모델은 대화의 적절성을 판단하여 목적 함수를 설정하기 어렵고, 다양한 소스에서 수집한 데이터를 이용하여 학습을 하기 때문에 실제 사람과 같은 개성이 느껴지지 않는다는 단점이 있다.

서열대서열은 간단한 방법으로 순서를 가지고 있는 데이터를 효과적으로 처리할 수 있는 구조를 제공해주었다. 그리고 기존 자연어 처리에서 가변적인 길이를 처리하기 위해 하였던 수 많은 작업들을 단순화시키거나 할 필요가 없이 입력을 넣으면 출력이 나오는 종단간 처리의 편리함도 누릴 수 있게 해주었다. 서열대서열 종단학습 모델들은 기타 기계번역, 음성인식, 이미지 캡션 생성, 질의응답(QA) 챌린지 등 특히 자연어 처리 분야에 많이 활용되고 있다.

10.3 종단학습 메모리넷(MemN2N)

질의응답에 주로 사용되는 모델인 메모리넷에도 종단학습이 적용될 수 있다. 메모리넷은 질의응답 데이터를 학습하기 위해서 질의-답변 정보만 필요했던 것이 아니었다. 답변 정보를 포함하고 있는 지지 문장(supporting fact) 정보도 사용했었다. 다음 예를 보자.

1. John went to the kitchen.
2. John picked the cup.
3. John went to the bedroom.

Q. Where is John? (A. bedroom)

위는 메모리넷이 학습할 수 있는 질의응답 데이터의 예시이며, 메모리넷은 데이터를 학습할 때, 세번째 문장 3. John went to the bedroom이 질의 Q. Where is John?의 답변을 제공해 줄 수 있는 지지 문장이라는 정보도 사람으로부터 받았다. 이러한 질의-지지문장 정보를 학습한 메모리넷은 테스트 시간 때 질의로부터 적절한 지지 문장을 꽤 정확하게 선택할 수 있는 장점이 있지만, 사람이 추가 정보를 줘야만 한다는 단점이 있다.

종단학습 메모리넷(MemN2N)은 메모리넷의 일종으로 종단 처리방식으로 학습이 되어 훈련 과정에서 추가적인 감독이 필요하지 않다(Sukhbaatar et al., 2014). 또한 집중 기작을 갖고 있는 특징이 있다는 점에서 (Weston et al., 2014)와 메모리넷과 다르다. 이제 종단학습 메모리넷의 학습과정을 살펴보자.

모델은 이산 입력 x_1, ⋯, x_n을 받아 메모리에 저장하고, 질의 q에 대해 대답 a를 출력으로 내놓는다. x_i, q, 그리고 a는 사전에 있는 단어 집합 V의 기호를 포함한다. 모델은 모든 x를 고정된 크기의 메모리에 저장하고 x와 q에 대한 분산 표현을 계산한다. 분산 표현은 여러 단계에 걸쳐 계산되며 최종 출력 a를 생성하는 데 사용된다. 훈련 과정 동안 에러값은 여러 메모리 접근 단계에 걸쳐 역전파된다.

이제 모델이 단일 메모리 접근 연산을 할 때 과정을 살펴보자. 입력 $x_1, \cdots, x_n$이 주어지면 메모리에 저장한다. 모든 $\{x_i\}$는 x_i를 분산 벡터 공간 상에 임베딩시킴으로써 d 크기의 메모리 벡터 $\{m_i\}$로 변형이 된다. 이 때 임베딩 행렬을 A라 하고, A는 $d \times V$ 크기를 가진다. 질의 q는 크기는 같지만 다른 임베딩 행렬 B를 사용해 분산 벡터 u로 표현된다. 이 때, 임베딩 공간에서 u와 각 메모리 m_i를 비교 매칭하여 점수를 계산한다.

$$p_i = \text{Softmax}(u^{\mathrm{T}} m_i)$$

이와 같이 계산한 p는 질의 q에 대한 각 메모리 벡터의 확률 값으로 볼 수 있다. 그리고 각 x_i는 또 다른 임베딩 행렬 C에 의해 분산 벡터 c_i로 표현된다. q에 대해 정리된 메모리 벡터는 확률 값이 가중치된 c_i의 합이다.

$$o = \sum_i p_i c_i$$

이처럼 모델은 집중(attention) 기작을 가지고 있고, 함수의 입력에서 출력까지 연속적이기 때문에 역전파 과정을 통해 파라미터 값들을 학습할 수 있다. 단일 메모리 접근 연산인 경우, 메모리 출력 o와 질의 u의 합은 마지막 파라미터 행렬 W의 입력으로 들어가고 소프트맥스를 통해 예측 레이블을 계산한다.

$$\hat{a} = \text{Softmax}(W(o+u))$$

전체 모델구조는 그림 10.12와 같다. 훈련 과정동안 세 개의 임베딩 행렬 A, B, C와 W는 예측 레이블 $\hat{a}$와 대답 레이블 a 사이의 크로스 엔트로피 손실을 줄이는 방향으로 한꺼번에 학습이 된다. 훈련 과정은 확률적 경사하강법(SGD)로 학습이

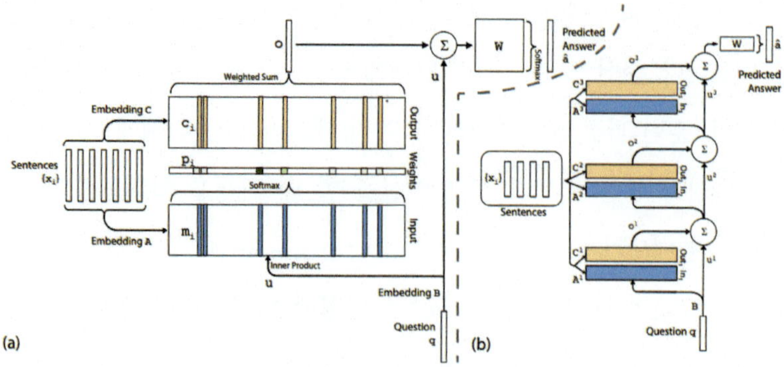

그림 10.12 종단학습 메모리넷 (MemN2N)의 구조. (a) 단일 메모리 접근 연산 시 모델의 모습 (b) 세 번의 메모리 접근 연산 시 모델의 모습 (Sukhbaatar et al., 2014)

된다.

이제 모델을 K 번 메모리 접근 연산으로 확장해보겠다. 메모리 층은 다음과 같은 방식으로 확장된다.

- 첫 번째 메모리 접근 이후 다음 메모리 층의 입력은 k번째 메모리 층의 출력 o_k와 입력 u_k의 합이다.

$$u^{k+1} = u^k + o^k$$

- 각 층은 입력 $\{x_i\}$를 임베딩시키기 위한 서로 다른 임베딩 행렬 A_k, C_k를 갖는다. 하지만 이 행렬들은 모델의 파라미터 개수를 줄이기 위해 아래에 설명된 대로 변형될 수 있다.
- 모델의 가장 마지막에서 행렬 W의 입력은 마지막 메모리 층의 출력과 입력을 합친다.

$$\hat{a} = \text{Softmax}(Wu^{k+1}) = \text{Softmax}(W(o^k + u^k))$$

모델의 파라미터를 줄이기 위해 다음과 같은 방법을 사용할 수 있다.

1. **인접 방식**: 메모리 층의 임베딩 C는 그 다음 층의 임베딩 A와 같게 한다 ($A_{k+1} = C_k$). 그리고 대답 예측 행렬 W는 마지막 메모리 층의 임베딩 행렬 C와 같게 한다 ($W^T = C_K$). 질의 임베딩 행렬은 첫 번째 층의 임베딩 A와 같게 한다 ($B = A_1$).
2. **RNN 방식**: 임베딩 행렬 A와 C를 모든 층에 걸쳐 동일하게 한다 ($A_1 = A_2 = \cdots = A_K$, $C_1 = C_2 = \cdots C_K$). 그리고 선형 매핑 H를 메모리 층 간에 적용하는 방법도 있다 ($u_{k+1} = u_k + o_k$). 이러한 매핑은 나머지 파라미터에도 적용된다.

세 번 메모리 접근 연산 시 모델의 구조가 그림 10.12(b)에 나타나 있다. 모델은 전형적인 순환신경망(RNN)으로 볼 수가 있고, 이 때 RNN의 출력은 내부, 외부 출력으로 나뉜다고 볼 수 있다. 내부 출력을 계산하는 것은 메모리 계산과 관련이 있고 외부 출력을 계산하는 것은 정답을 예측하는 것으로 볼 수 있다. RNN의 관점에서 그림 10.12(b)의 u는 은닉 유닛이며 모델은 내부 출력 p를 임베딩 행렬 A를 통해 계산한다. 이 때, p는 또한 집중 기작으로 생성한 집중 값이다. 모델은 p와 C를 통해 은닉 유닛을 업데이트 한다. 하지만 일반적인 RNN과 달리 K번의 단계 동안 메모리에 저장되어 있는 출력들이 관여하게 된다.

10.4 활용사례: 기계번역(NMT)

시각, 언어, 음성지능을 통합한 흥미로운 종단학습 해법은 2010년 중반을 전후하여 개발되고 있다. 대표적인 사례를 다음 표에 정리하였다.

표 10-1 종단학습 활용사례

문제의 종류	입력	출력	설명	참고문헌
사진 태그 자동 생성 (image tagging)	사진	사진 설명 태그 집합	사진에 포함되어 있는 물체와 환경 등을 표현하는 단어의 집합을 생성	Vinals et al., 2016
동영상에서 행동 인식 (movie action detection)	동영상	동영상 내 행동 인식	동영상에서 일련의 행동을 구분하여 자동 인식	Yeung et al., 2016
음성에서 글자로 변환(speech to text)	음성	스크립트	음성 인식. 특히, 하나의 딥러닝 모델로 영어와 중국어를 동시에 인식	Amodei et al., 2016
기계번역 (machine translation)	언어 #1 문서	언어 #2 문서	영어-프랑스어 등과 같이 두 언어 간의 번역을 위한 딥러닝 모델. 제한된 언어쌍 만으로 학습한 딥러닝 모델이 학습하지 않은 언어쌍 번역에도 활용된다.	Wu et al., 2016
사진/그림 자동 생성 (image synthesis)	표지, 태그	사진/그림	학습한 물체의 종류 중 하나를 지정하면, 학습 과정에서 본 적이 없지만 같은 표지를 달 수 있는 자연스러운 사진/그림을 생성	Reed et al., 2016

고전적인 기계번역은 규칙 기반 기계번역(Rule Based Machine Translation)으로, 각 언어의 의미론적, 형태학적, 구문론적 문법을 규칙화하고, 이를 기반으로 언어를 번역한다. 해당 시스템은 소스 언어 형태소 분석기, 소스 언어 구문 분석기, 소스 언어 사전, 타겟 언어 형태학적 생성기, 타겟 언어 파서(parser), 타겟 언어 사전 등의 다양한 구성요소를 필요로 한다. 그림 10.13은 해당 기계번역을 적용한 하나의 예시로, 인도어의 자동번역을 수행하는 아키텍처이다.

규칙 기반의 기계번역은 매우 복잡한 규칙을 가지면서도 많은 예외사항이 발생한다는 한계점을 가진다. 따라서, 이후 빅데이터를 활용하여 통계적으로 규칙을 생성, 번역하는 통계 기반의 기계번역(Statistical Machine Translation) 기법이 제안되었다.

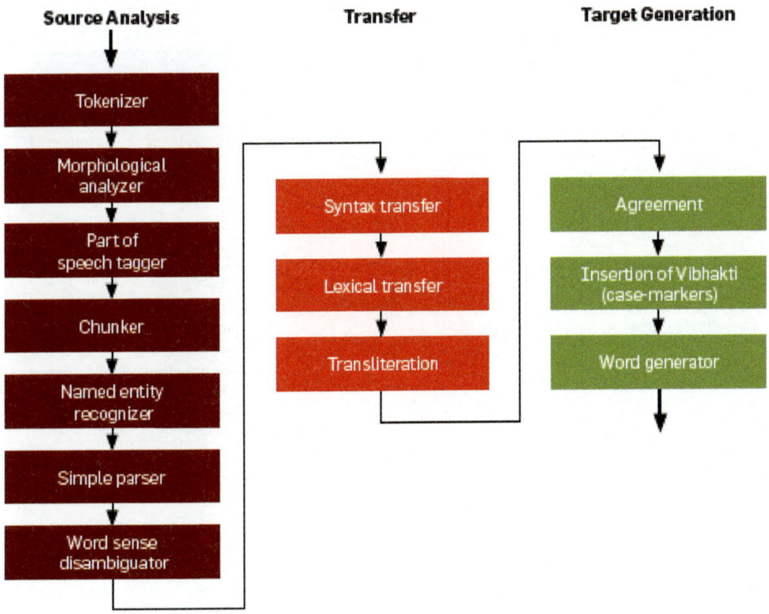

그림 10.13 규칙기반 기계번역의 예, 인도어의 자동번역을 위한 아키텍처 (Anthes, 2010)

최근에는 이러한 통계 기반의 기계번역에서 더욱 발전하여 기존의 통계 기반의 기계번역에서 사용된 메모리의 일부만 사용하면서도 깊은 표현의 학습을 통해 성능을 향상한 신경기계번역(Neural Machine Translation, NMT) 기법이 활용되고 있다. 10.2절에서 서술한 Sutskever의 서열대서열 모델 기반 종단학습을 통한 기계번역 또한 신경기계번역의 일종이다. 종단학습이 적용된 신경기계번역의 또 다른 예로, 구글의 신경기계번역 시스템은 그림 10.14와 같다. 해당 시스템은 8개의 인코더, 8개의 디코더 레이어로 구성된 잔차 연결을 갖는 깊은 LSTM 네트워크이며, 인코더와 디코더는 주의 기작을 반영하여 연결된다.

전통적인 질의응답 시스템은 지식베이스를 기반으로 한 정보검색과 밀접한 연관이 있다. 그러나 최근 질의응답 문제에 적용 가능한 딥러닝 아키텍처가 제안되었으며, 대표적인 모델은 9.4 절의 메모리넷이다. 이는 10.3절에서 서술한 바와 같이, 종단학습이 가능하다. 본 절에서는 종단학습이 가능한 메모리넷을 기반으로

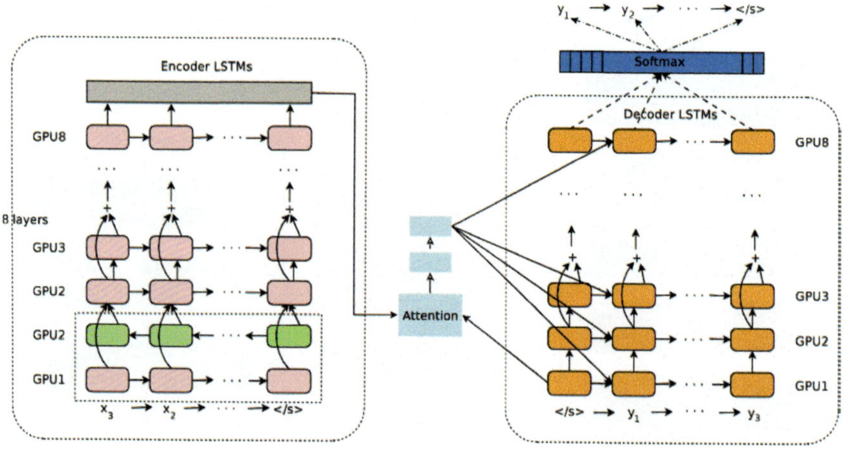

그림 10.14 신경기계번역의 예, 구글의 신경기계번역 시스템 (Wu et al., 2016)

한 응용 사례를 소개한다.

동적 메모리넷은 자연어 질의응답 문제에 적용할 수 있는 종단학습이 가능한 메모리넷의 일종이다. 해당 모델은 주의 기작을 적용한 순환신경망을 통해 문맥을 내포하는 입력과 그에 대한 질의를 인코딩하고, 에피소딕 메모리를 형성한다. 이후, 형성된 에피소딕 메모리를 기반으로 해당 질의에 상응하는 대답을 추론한다. 동적 메모리넷의 작동 예시는 그림 10.15와 같다.

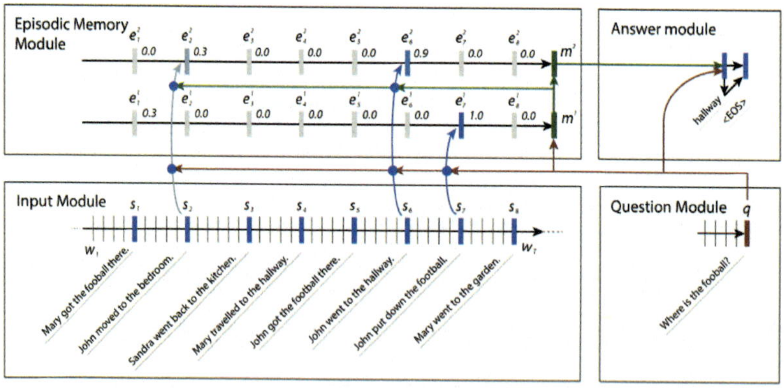

그림 10.15 자연어 질의응답 문제에 적용 가능한 동적 메모리넷의 예 (Kumar et al., 2015)

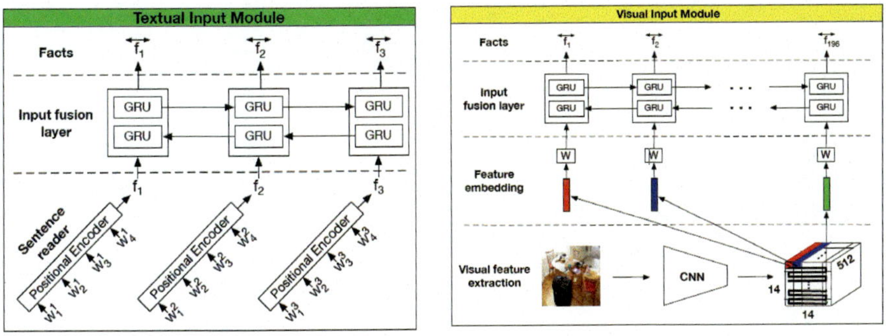

그림 10.16 멀티모달 질의응답 문제에 적용 가능한 확장된 동적 메모리넷의 예 (Xionget et al., 2016)

최근에는 자연어 단일 모달을 이용한 질의응답에서 나아가 둘 이상의 모달리티를 활용한 질의응답(예를 들어, 이미지에 대한 질의응답 혹은 영상에 대한 질의응답)에 대해 활발한 연구가 이루어지고 있다.

이미지에 대한 자연어 질의응답을 수행하는 시각질의응답(Visual QA, VQA) 문제에 동적 메모리넷을 적용한 예는 그림 10.16과 같다.

CHAPTER

11

대립학습 모델

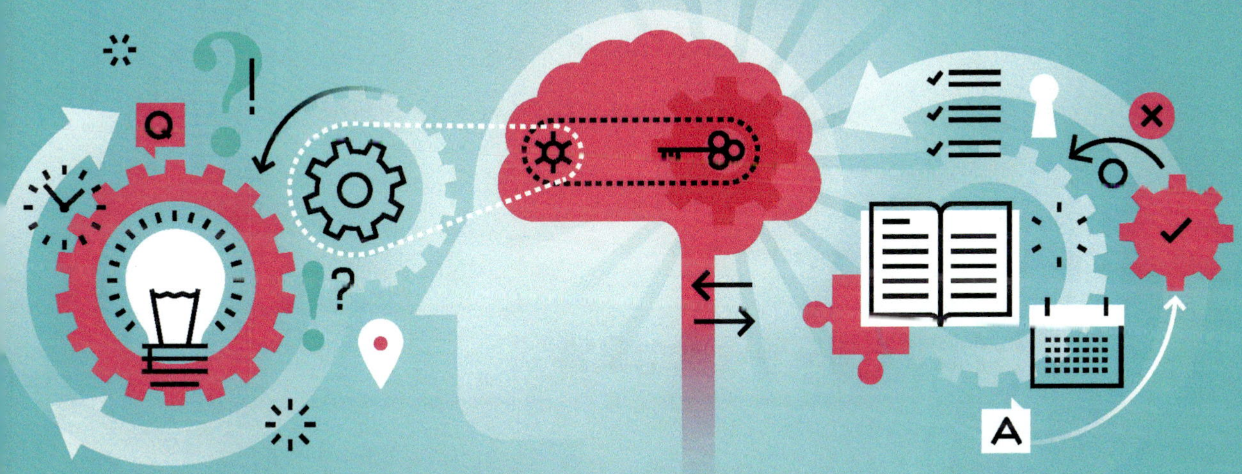

변별모델은 패턴 분류는 잘 하나 패턴 생성을 하지 못한다. 한편 생성모델은 데이터의 확률 분포를 명시적으로 학습하기 때문에 모델로부터 샘플을 생성할 수 있다. 원본에 충실한 영상을 재생성하는 문제는 머신러닝의 도전 과제로 남아 있었으나 최근 딥러닝을 통해서 급격히 발전하고 있다. 특히 대립학습(adversarial learning) 모델은 변별넷과 생성넷이 게임이론에 기반하여 적대적으로 대결하도록 구성되며 데이터의 세세한 부분까지 복원할 수 있다. 이러한 능력은 강력한 표현력을 가진 딥러닝 구조의 변별 모델의 사용과 오류역전파에 의한 효율적인 경사 하강법에 기인한다. 대립학습 모델은 준감독 학습(semi-supervised learning), 무감독 특징 추출, 강화학습용 시뮬레이션 등과 같이 레이블이 부족하거나 탐색 공간이 큰 상황에 응용된다. 본 장에서는 대표적인 대립학습 딥러닝 모델인 생성대립넷(GAN)과 그 변형들을 살펴본다. 먼저 변별모델과 생성모델의 특성과 장단점을 알아본다. 대립생성 모델의 이론적 기반이 되는 정보이론과 상대 엔트로피의 수학적 배경을 공부한다. 이어서 생성대립넷의 구조와 학습 알고리듬을 설명한 후 그 확장 모델인 딥컨볼루션 생성대립넷(DCGAN)과 양방향 생성대립넷(BiGAN)을 살펴본다.

11.1 변별모델과 생성모델

머신러닝은 훈련데이터 집합 $D=\{(\mathbf{x}, \mathbf{y})\}$를 기반으로 하여 여기에 있는 입력벡터 $\mathbf{x}$에 대해서 대응되는 출력벡터 $\mathbf{y}$를 산출하도록 하는 파라미터 벡터 $\mathbf{w}$를 가진 모델 $f(\mathbf{x};\mathbf{w})$를 학습하는 것과 관계가 있다. 이 방법은 모델 구조와 파라미터 벡터 $\mathbf{w}$를 포함한 모델 f가 어떤 특성을 갖는지에 따라서 변별모델과 생성모델로 구분할 수 있다. 변별모델은 데이터 사례의 차이점에 관심이 있으며 서로 다른 $\mathbf{x}$를 분류하고자 한다. 생성모델은 데이터 사례의 유사점에 관심이 있으며, 데이터의 분포를 추정해서 이로부터 데이터를 생성하고자 한다. 보통 통계학에서는 이 분포가 특정 확률 모델을 갖는 확률적인 분포임을 가정한다. 그러나 머신러닝 분야에서는 특정 확률 분포를 가정하지 않는 비모수적 분포 추정 방법을 많이 쓰고 있다. 특히 최근의 딥러닝 방법들이 그러하다.

용도면에서 볼 때, 변별모델은 보통 감독학습 문제를 해결하는데 사용되고 생성모델은 무감독 학습 문제에 주로 사용된다. 변별모델의 대표적인 예가 다양한 패턴을 분류하거나 인식하는 문제이며, 따라서 변별모델은 분류모델로 불리기도 한다. 변별모델은 조건부 확률 $P(\mathbf{y} \mid \mathbf{x})$를 직접 학습하는 모델로서 학습 후에 샘플 $\mathbf{x}$를 생성하는 것이 불가능하다. 생성모델은

$$P(\mathbf{y} \mid \mathbf{x}) = \frac{P(\mathbf{x}, \mathbf{y})}{P(\mathbf{x})}$$

를 계산하는데 결합 확률 뷴포 $P(\mathbf{x}, \mathbf{y})$를 명시적으로 모델링함으로써 조건부 확률을 학습하는 모델로 볼 수 있다. 생성모델은 데이터의 확률 분포 $P(\mathbf{x})$ 또는 $P(\mathbf{x}, \mathbf{y})$를 명시적으로 모델링하기 때문에 학습 후에 샘플 x를 추출할 수 있다. 또한

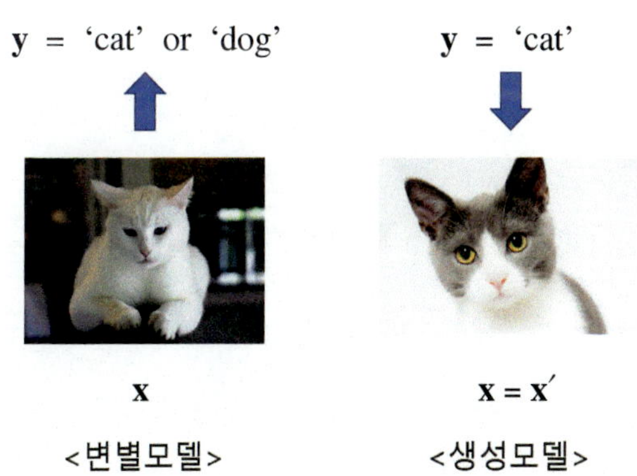

그림 11.1 변별모델과 생성모델

생성모델도 감독학습에 사용될 수 있다.

변별모델과 생성모델을 좀 더 구체적으로 살펴보기로 하자. 변별 학습 문제에서는 일반적으로 입력 X와 출력 Y가 서로 다르다.

$$\mathbf{x} \neq \mathbf{y},\ \ X \neq Y$$

예를 들어 가로, 세로 각각 100픽셀로 된 흑백 사진으로부터 개와 고양이를 구별하는 모델을 학습하고자 한다면 $X=\{0,1\}^{10000}$ 는 개와 고양이의 사진이고 $Y=\{cat, dog\}=\{0,1\}$는 개와 고양이를 분류하는 라벨이다. 그러나 생성모델에서는 보통 입력 X와 출력 Y가 같으며 특히 입출력 벡터가 자기 자신인 경우 $\mathbf{x}=\mathbf{y}$를 다룬다.

$$\mathbf{x}=\mathbf{y},\ X=Y$$

생성모델에서는 고양이 사진 $\mathbf{x} \in X=\{0,1\}^{10000}$에 대해서 같은 사진 $\mathbf{y}=\mathbf{x} \in X=\{0,1\}^{1000}$를 생성하는 것이 학습의 목표이다. 이는 데이터의 분포 $P(\mathbf{x})$를 학습함으로써 가능하다.

변별모델은 데이터 $D=\{(\mathbf{x}, \mathbf{y})\}$가 주어질 때, 주어진 데이터점 $\mathbf{x}$들 간의 차이에 관심을 가진다. 보통은 $\mathbf{x}$를 비선형함수 $f(\mathbf{x};\mathbf{w})=\mathbf{y}'$로 변환한 후 출력(분류 라벨) 공간 Y상에서의 목표치 $\mathbf{y}$와 예측치 $\mathbf{y}'$간의 거리 즉 예측 손실(loss) L을 정의하여 $L(\mathbf{y},\mathbf{y}')=L(\mathbf{y}, f(\mathbf{x};\mathbf{w}))$를 최소화하도록 학습한다. 정리하면 변별모델은 다음과 같이 기술할 수 있다.

$$\begin{aligned}
&f: X \times W \to X \\
&f(\mathbf{x};\mathbf{w})=\mathbf{y}' \\
&\min_{\mathbf{w}} L(\mathbf{y},\mathbf{y}')=\min_{\mathbf{w}} L(\mathbf{y}, f(\mathbf{x};\mathbf{w}))
\end{aligned}$$

반면에 생성모델은 데이터 $D=\{(\mathbf{x})\}$가 주어질 때, 주어진 데이터점 $\mathbf{x}$들 간의 공통점에 관심을 가지고 이들을 유사하게 만드는 특성을 찾으려는 방법들이다. 생성학습 모델도 변별모델과 같이 입력에 대해서 출력을 산출하는데, 단지 산출되는 출력이 자기 자신이라고 보면 된다($X=Y$, $\mathbf{x}=\mathbf{y}$). 이것이 오토인코딩의 개념이다. 즉 $f(\mathbf{x};\mathbf{w})=\mathbf{x}'$이다. 생성모델 학습의 목표는 관측데이터 $\mathbf{x}$와 생성된 데이터 $\mathbf{x}'$의 차이 즉 손실 $L(\mathbf{x},\mathbf{x}')=L(\mathbf{x},f(\mathbf{x};\mathbf{w}))$를 최소화하는 것이다.

$$
\begin{aligned}
&f : X \times W \to Y \\
&f(\mathbf{x};\mathbf{w}) = \mathbf{x}' \\
&\min_{\mathbf{w}} L(\mathbf{x},\mathbf{x}') = \min_{\mathbf{w}} L(\mathbf{x}, f(\mathbf{x};\mathbf{w}))
\end{aligned}
$$

많은 딥러닝 알고리듬들이 무감독 학습과 감독학습을 하나의 파이프라인으로 통합하고 있다는 점에서 보면, 생성모델과 변별모델을 결합하는 시도는 딥러닝의 기본 철학과 일치한다. 이제 이 두 가지 모델을 결합하는 방법을 알아보자.

생성모델과 변별모델을 결합하는 방법은 크게 두 가지를 생각할 수 있다. 하나는 변별모델 학습(또는 감독학습)을 위해서 생성모델(무감독 학습)을 이용하는 것이고, 다른 하나는 생성모델 학습(무감독 학습)을 위해서 변별모델(감독학습)을 이용하는 것이다. 전자의 방법은 기존의 전통적인 머신러닝에서 많이 사용되었다. 즉 생성모델 기반의 무감독 학습 알고리듬(예, PCA)을 이용하여 특징들을 추출한 후 이 추출된 특징들만을 사용하여 감독학습 모델(예, SVM)을 훈련시키는 것이다. 딥빌리프넷(DBN)은 이를 딥러닝 방식으로 구현한 한 가지 사례로 해석할 수 있다. DBN에서는 아래층에서 오코인코딩 방식으로 데이터를 잘 표상하는 고차 특징을 학습한 후, 나중에 상위단에서 감독학습기를 추가하여 변별 학습을 수행함으로써 생성모델 기반의 무감독 학습과 변별모델 기반의 감독학습을 결합한 방법으로 볼 수 있다.

감독학습을 하는 딥하이퍼넷(DHN) 모델도 생성모델과 변별모델을 결합하는 방법으로 볼 수 있다. DBN과의 차이점은 전단에서 확률적 생성모델을 학습할 때, 완전연결 구조의 RBM을 빌딩 블록으로 사용하는 대신에 부분 연결을 갖는 하이퍼그래프 구조의 빌딩블록들을 사용하고 구조 학습을 수행하는 것이다. 한편,

컨볼루션 신경망(CNN)도 전단에서 무감독 학습으로 고차 특징들을 먼저 추출한 후 후단에서 감독 학습으로 패턴 분류를 수행함으로써 전체적으로는 무감독 학습과 감독 학습을 결합하는 시도로 볼 수 있다. 그러나 CNN은 확률모델이 아니며 전체적으로 분류학습을 수행하기 때문에 생성모델이라기 보다는 변별모델로 보는 것이 맞다. 그러나 11.4절에서 보듯이 최근에 CNN을 사용하여 생성모델을 학습하는 새로운 아이디어도 등장하고 있다.

11.3절에서 다루는 생성대립넷(GAN)은 생성모델과 변별모델을 결합하는 방법에 있어서 DBN이나 DHN과는 반대이다. 즉 변별모델을 이용하여 생성모델을 학습하려는 시도이다. 생성모델의 특징은 모델로부터 데이터 샘플을 생성할 수 있다는 것이다. 그런데 생성모델을 실제 문제에 적용하였을 때 실제로 생성되는 샘플이 너무 랜덤하다. 즉 학습이 잘 되지 않는 문제가 있다. 예를 들어, 고양이의 사진을 생성하는 생성모델을 학습하고자 하는데 아무리 많은 고양이 이미지로 학습을 시켜도 고양이가 아닌 영상이 너무 많이 생성된다.

생성대립넷(GAN)의 핵심 아이디어는 이 문제를 원래 고양이 이미지 $\mathbf{x}$와 생성된 고양이 이미지 $\mathbf{x}' = G(\mathbf{x})$간의 차이를 최소화하는 변별학습 문제로 형식화함으로써 감독학습 문제처럼 해결하는 것이다. 감독학습의 장점은 분명한 목적함수를 가지고 있어서 성능개선을 시킬 수 있다는 것이다. 이 아이디어는 DBN이나 DHN에서 사용하고 있는 오코인코팅 개념과 유사하다. 그런데 GAN의 혁신은 여기에 게임이론을 도입하여 생성모델과 변별모델의 대립관계로 형식화하여 생성모델의 성능이 변별모델의 평가를 받아서 계속 향상될 수 있게 만들었다는 것이다. 즉 궁극적으로 하려고 하는 일은 생성모델에 의해서 고양이 사진을 잘 생성하는 것인데, 생성모델 기반 시행착오에 의해서 임의의 사진을 생성한 후 변별모델의 가이드에 기반한 감독학습 방식으로 계속 차이를 줄여나가면서 수정하는 것이다.

11.2 정보이론과 상대 엔트로피

위의 논의에서 알 수 있듯이 생성모델이든 변별모델이든 학습의 목표를 목적 함수 형태로 잘 정의해 주는 것이 중요하다. 특히 생성모델 학습을 위해서는 정보이론에 기반한 목적함수가 중요한 역할을 한다. 따라서 생성대립넷 모델을 살펴보기 전에 그 기초가 되는 정보이론과 상대 엔트로피, 일명 KL 다이버전스를 먼저 살펴보기로 한다.

정보의 정의. 한 개의 확률 변수 X를 생각하자. X는 사건을 나타내고 이 사건의 결과로 나타난 값을 즉 X가 취하는 값을 x로 표시하자. $P(x)$는 사건 x의 확률이라 하면 사건을 관측할 정보량 $I(x)$는 다음과 같이 확률에 반비례하도록 정의된다.

$$I(x) = \log_2 \frac{1}{P(x)}$$

여기서 log의 밑을 2로 한 것은 정보량을 bit수로 측정하기 위함이다.

예를 들어, 만약 $P(x)=1/2$이면 $I(x)=1$비트이다. 만약 $P(x)=1$이면 $I(x)=0$비트이고 $P(x)=1/4$이면 $I(x)=2$비트이다. 즉 한 사건을 관측함으로써 얻을 수 있는 정보량은 그 사건이 일어날 확률이 작을수록 크다. 즉 확률이 적은 사건이 발생할수록 많은 정보를 제공한다.

평균 정보량, 엔트로피, 불확실성. N 개의 기호로 구성된 집합 $X=\{x_1, x_2, \cdots, x_N\}$이 있다고 하자. 어떤 정보원이 기호 $x_i \in X$를 각각 $P_i=P(x_i)$의 확률로 생성한다고 하자. 즉 정보원의 확률분포는 $P=\{P_1, P_2, \cdots, P_N\}$로 주어진다. 이 정보원이 한 개의 기호를 수신함으로써 얻는 정보량은 다음과 같다.

$$I(x_i) = \log_2 \frac{1}{P(x_i)}$$

하나의 기호 수신을 통해서 얻는 평균 정보량은 다음과 같다.

$$\begin{aligned}\langle I \rangle &= \mathbb{E}_{x \sim P}[I(x)] \\ &= \sum_{i=1}^{N} P(x_i) I(x_i) = \sum_{i=1}^{N} P(x_i) \log_2 \frac{1}{P(x_i)} \\ &= -\sum_{i=1}^{N} P(x_i) \log_2 P(x_i)\end{aligned}$$

정보원 X의 (정보) 엔트로피 $H(X)$는 그 정보원의 평균 정보량으로 정의한다.

$$H(X) = \mathbb{E}_{x \sim P}[I(x)] = -\sum_{i=1}^{N} P(x_i) \log_2 P(x_i)$$

엔트로피는 물리 시스템의 혼돈(disorder)의 정도를 재는 척도이다. 정보 시스템에서 엔트로피는 정보원으로부터 생성되는 기호를 예측하는데 따르는 불확실성(uncertainty)의 정도를 잰다. 만약 모든 기호들이 균일한 확률 $P(x_i)=1/N$로 생성된다면 이 시스템은 가장 큰 엔트로피를 가진다. 즉 최대 엔트로피는 모든 기호의 확률이 같은 정보원에서 발생한다.

결합 엔트로피. 위에서는 한개의 확률 변수에 대한 엔트로피를 알아보았다. 결합 엔트로피는 두 개의 확률 변수가 결합된 시스템에 대한 엔트로피를 정의한다.

$$H(X,Y) = -\sum_{i=1}^{N} \sum_{j=1}^{M} P(x_i, y_j) \log_2 P(x_i, y_j)$$

단일 변수의 엔트로피와 두 변수의 결합엔트로피 간에는 다음의 관계가 성립한다.

$$H(X,Y) \le H(X) + H(Y)$$

즉 두 변수의 결합 엔트로피는 각 변수의 엔트로피의 단순 합보다는 항상 같거나 작다.

상호 엔트로피 또는 상호정보량. 두 개의 확률 변수 간의 공통 정보의 척도는 상관 엔트로피(correlation entropy) 또는 상호 엔트로피(mutual entropy)라고 하며 상호정보량(mutual information)이라고도 한다. 상호정보량은 결합 엔트로피가 $H(X,Y)$인 두 개의 확률변수 X와 Y가 공유하는 정보로 정의된다.

$$I(X;Y) = H(X) + H(Y) - H(X,Y)$$

상호정보량은 X의 엔트로피 $H(X)$가 주어질 때 이것과 조건부 엔트로피 $H(X \mid Y)$의 차이이다.

$$\begin{aligned} I(X;Y) &= H(X) - H(X \mid Y) \\ &= H(Y) - H(Y \mid X) \end{aligned}$$

상호정보량은 다음과 같은 대칭성이 있다.

$$I(X;Y) = I(Y;X)$$

조건부 엔트로피는 대칭이 아님에 주의하자. 즉 $H(X \mid Y) \neq H(Y \mid X)$. 상호정보량의 함수식을 구하기 위해서 상호 확률을 다음과 같이 정의하자.

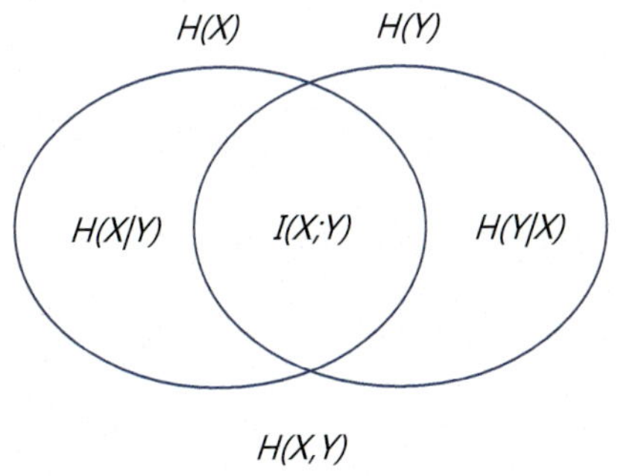

그림 11.2 두 확률 변수 X, Y간 여러 정보량의 관계

$$P(x_i; y_j) = \frac{P(x_i, y_j)}{P(x_i)P(y_j)}$$

그러면 상호정보량은 다음과 같다.

$$\begin{aligned} I(Y;X) &= \sum_{i=1}^{N}\sum_{j=1}^{M} P(x_i, y_j)\log_2 P(y_j; x_i) \\ &= \sum_{i=1}^{N}\sum_{j=1}^{M} P(x_i, y_j)\log_2 \frac{P(x_i, y_j)}{P(x_i)P(y_j)} \end{aligned}$$

상호정보량은 두 확률 변수가 서로 독립일 때 0이다.

$$I(Y;X) = 0 \ \text{ if and only if } \ P(X,Y) = P(X)P(Y)$$

교차 엔트로피. 교차 엔트로피(cross entropy)는 한 확률 변수에 대한 두 개의 확률 분포에 대한 척도로서 다음과 같이 정의된다.

$$H(P,Q) = -\sum_{i=1}^{N} P(x_i)\log_2 Q(x_i)$$

즉 다음과 같이 분포 P에 대해서 계산한 분포 Q의 평균 정보량이다.

$$H(P,Q) = \mathbb{E}_{x\sim P}[\log_2 Q(x_i)]$$

교차 엔트로피는 참인 분포 P 대신에 주어진 확률 분포 Q에 기반한 코딩 방법이 사용된다면 확률의 집합으로부터 하나의 사건을 알아 맞추는데 필요한 평균 비트 수이다.

상대 엔트로피 또는 **KL 다이버전스.** 상대 엔트로피(relative entropy)는 교차 엔트로피와 마찬가지로 같은 확률 변수에 대한 두 개의 확률 분포에 대한 엔트로피로서 다음과 같이 정의된다.

$$D_{KL}(P \| Q) = \sum_{i=1}^{N} P(x_i) \log_2 \frac{P(x_i)}{Q(x_i)}$$

즉 다음 식과 같이 분포 P와 Q의 로그비율의(분포 P에 대한) 평균 정보량으로서, 결국 분포 P와 분포 Q간의 코드 길이 차이의(분포 P에 대한) 평균값으로 볼 수 있다.

$$D_{KL}(P \| Q) = \mathbb{E}_{x \sim P}\left[\log_2 \frac{P(x_i)}{Q(x_i)}\right] = \mathbb{E}_{x \sim P}\left[\log_2 P(x_i) - \log_2 Q(x_i)\right]$$

여기에서 $\log_2 P(x_i)$와 $\log_2 Q(x_i)$는 분포 $P(x_i)$와 분포 $Q(x_i)$의 코드 길이를 나타낸다.

상대 엔트로피는 두 분포 간의 차이를 나타내는데, 대칭은 아니다.

$$D_{KL}(P \| Q) \neq D_{KL}(Q \| P)$$

즉, 거리(distance) 척도(metric)의 요건 중 대칭성을 만족하지 않으며, 거리 척도를 포함하는 보다 포괄적인 개념인 다이버전스(divergence)의 한 종류이다.

상대 엔트로피는 다음의 깁스 부등식(Gibbs' inequality)을 만족하며

$$D_{KL}(P \| Q) \geq 0$$

$P=Q$일 때만 0의 값을 갖는다. 분포 P로부터의 분포 Q의 KL 다이버전스를 최소화하는 것은 P와 Q의 교차 엔트로피를 최소화하는 것과 같다.

$$\begin{aligned} D_{KL}(P \| Q) &= \sum_{i=1}^{N} P(x_i) \log_2 \frac{P(x_i)}{Q(x_i)} \\ &= \sum_{i=1}^{N} P(x_i) \log_2 P(x_i) - \sum_{i=1}^{N} P(x_i) \log_2 Q(x_i) \\ &= -\sum_{i=1}^{N} P(x_i) \log_2 Q(x_i) - \left[-\sum_{i=1}^{N} P(x_i) \log_2 P(x_i)\right] \\ &= H(P,Q) - H(P) \end{aligned}$$

이를 최소 교차 엔트로피의 원리(principle of minimum cross-entropy, MCE or

Minxent)라 한다.

KL 다이버전스와 상호정보량의 관계. 다음 식과 같이 확률 변수 X와 Y간의 상호정보량은 결합 확률 $P(X, Y)$와 주변확률분포의 곱 $P(X)P(Y)$ 간의 상대 엔트로피이다.

$$I(X;Y) = \sum_{i=1}^{N}\sum_{j=1}^{M} P(x_i, y_j)\log_2 \frac{P(x_i, y_j)}{P(x_i)P(y_j)}$$
$$= D_{KL}(P(X,Y) \| P(X)P(Y))$$

11.3 생성대립넷(GAN)

생성대립넷은 데이터의 분포를 학습하는 생성 모델의 일종이다(Goodfellow et el., 2014). 학습된 데이터 분포로부터 임의의 데이터를 생성할 수 있기 때문에 생성이라는 용어가 붙는다. 이 넷 또한 미분이 가능한 인공신경망으로 구성되어 있는 딥러닝 모델이다.

생성대립넷에는 두 넷이 존재하는데 하나는 생성넷(generator)이고 다른 하나는 분류넷(discriminator)이다. 학습에는 둘이 적대적으로 대결하는 게임이론에 기반한 시나리오를 따른다. 생성넷은 사전 분포로부터 임의로 표집된 $\mathbf{x}$로부터 데이터 $\mathbf{x} = G(\mathbf{z})$를 생성한다. 분류넷은 생성넷이 생성한 데이터와 실제 데이터를 구분하려 한다. 분류넷이 출력하는 값 $D(\mathbf{x})$는 $\mathbf{x}$가 실제일 확률이며 1과 0 사이의 값이다. 반대로 생성넷은 분류넷을 속일 수 있는 실제와 같은 데이터를 생성하려 한다. 두 넷은 이렇게 서로 속고 속이는 과정 속에서 대립적으로 학습되는 궁극적으로 실제 데이터 분포에 알맞은 데이터를 생성하기에 이른다. 충분한 양의 학습 데이터가 있으면 생성넷은 단순히 학습 데이터를 외우기보다는 일반화를 추구한다.

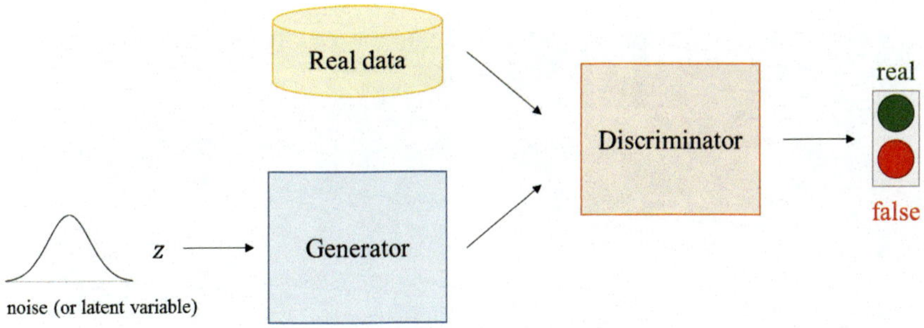

그림 11.3 생성대립넷(GAN)의 모식도

실제 데이터의 확률 분포를 P_{data}라 하고 생성넷이 생성하는 데이터의 확률 분포를 P_{model}이라고 할 때, 생성대립넷은 파라미터 학습을 통해 최적의 $V(G, D)$를 형성하는 G와 D를 찾는다.

$$\min_G \max_D V(G,D) = \mathbb{E}_{\mathbf{x}\sim P_{\text{data}}(\mathbf{x})}[\log D(\mathbf{x})] + \mathbb{E}_{\mathbf{z}\sim p_{\mathbf{z}}(\mathbf{z})}[\log(1-D(G(\mathbf{z})))].$$

여기서 $\log D(\mathbf{x})$는 $D(\mathbf{x})$가 1일 때, 최대가 되고 반대로 0에 가까워지면 음의 무한대로 발산한다. 따라서 G가 고정된 상태에서 $V(G, D)$를 최적화하기 위해서는

생성대립넷(GAN) 학습 알고리듬

For number of training iterations **Do**

Sample minibatch of m noise samples $\{z^{(1)}, \cdots, z^{(m)}\}$ from noise prior.

Sample minibatch of m examples $\{x^{(1)}, \cdots, x^{(m)}\}$ from real data.

Update the discriminator by ascending its stochastic gradient:

$$\nabla_{\theta_d} \frac{1}{m}\sum_{i=1}^{m} [\log D(x^{(i)}) + \log(1-D(G(z^{(i)})))]$$

Sample minibatch of m noise samples $\{z^{(1)}, \cdots, z^{(m)}\}$from noise prior.

Update the generator by descending its stochastic gradient:

$$\nabla_{\theta_g} \frac{1}{m}\sum_{i=1}^{m} [\log(1-D(G(z^{(i)})))]$$

End For

그림 11.4 딥 컨볼루션 생성대립넷으로 생성한 이미지 데이터(Radford et el., 2015)

실제 데이터에 대해서는 $D(\mathbf{x})$가 1에 가까워야 하고 생성넷이 생성한 데이터는 $D(\mathbf{x})$가 0에 가까워야 한다. 반대로 D가 고정된 상태에서는 $\mathbb{E}_{\mathbf{x}\sim P_{\text{data}}(\mathbf{x})}[\log D(\mathbf{x})]$가 G와 무관한 식이므로 생략되고 모델에 대한 $D(\mathbf{x})$가 1에 가까울 때 $V(G, D)$가 최적화된다. $D(\mathbf{x})$는 아래 식처럼 되는 경우 최적이며 두 넷이 오랜 시간 대립적으로 학습되면서 최종적으로 $P_{\text{model}}=P_{\text{g}}$과 P_{data}가 같아지는 경우에 $V(G, D)$가 수렴이 되고 $D(\mathbf{x})$가 항상 1/2이 된다. 이 순간에는 D가 더 이상 가짜와 진짜를 구분할 수 없는 상황이다. 모든 학습은 $V(G, D)$ 값을 감소(증가)시키는 방향으로 파라미터를 변화시키는 경사 하(상)강법 방식으로 진행된다.

$$D_G^*(\mathbf{x}) = \frac{P_{\text{data}}(\mathbf{x})}{P_{\text{data}}(\mathbf{x}) + P_{\text{g}}(\mathbf{x})}$$

이러한 학습 방법은 기존의 생성 모델과 비교하여 여러 장점이 있다. 첫째는 볼쯔만머신과 같은 확률 모델에서는 사후확률을 근사하기 위해 마코프 체인 몬테카를로 표집법을 사용하는데 이는 고차원을 다루는 경우 많은 학습 시간을 요구하지만 생성대립넷은 경사 하강법을 사용하여 신속하고 직접적인 학습을 진행한다.

둘째는 베이지안 통계적 추론에 근사한 대체 함수를 사용하지 않는다는 점이다. 대체 함수도 미분을 통해 학습을 할 수 있지만 어디까지나 최적값의 하한이기 때문에 부정확하다. 셋째는 기본적으로 인공신경망으로 *D*와 *G*의 모델을 구성하므로 이미지 데이터에 적절한 컨볼루션 인공신경망과 같은 강력한 모델을 자유롭게 활용할 수 있다. 특히 배치 정규화 기법과 딥 컨볼루션 인공신경망으로 구성된 생성대립넷은 복잡한 이미지 데이터에서도 품질이 높은 데이터를 생성한다. 더욱이 인공신경망의 복잡도를 고려한다면 임의의 노이즈로부터 생성된 데이터들이 대부분 실제 데이터와 비슷할 수 있는 것은 상당히 강력한 학습 능력이다.

$$C(G) = \max_D V(G, D)$$
$$C(G) = -\log(4) + 2 \cdot JSD(P_{\text{data}} \,||\, P_{\text{g}})$$

위 식의 $C(G)$는 D가 최적일 때의 목적함수 $V(G,D)$를 나타내며 이때 $C(G)$는 P_{data}와 P_{g}가 동일해질 때 최소가 된다는 점을 알 수 있다. *JSD*는 Jenson-Shannon Divergence로 두 확률 분포의 차이를 계산하는 함수이다. *JSD*는 두 확률 분포가 동일한 경우 0으로 최소화된다. 이론적으로 만약 생성넷이 충분한 표현력을 가지고 있고 데이터가 충분하다면 모델이 생성하는 데이터의 확률 분포가 실제 데이터의 확률 분포에 수렴한다고 증명되었다. 그러나 실제로는 그러한 가정이 현실적이지 않으며 하이퍼매개변수에 따라 학습이 불안정하거나 전혀 안 되는 경우도 많다. 또한 전반적인 학습 양상이 넷 구조에 크게 영향을 받는다.

이러한 문제점을 보완하기 위해 생성대립넷을 개선하는 방법들이 고안되었다. 가장 대표적으로 딥 컨볼루션이라는 수식어가 앞에 붙는 모델로 각종 딥러닝 튜닝 기술을 적극적으로 활용하여 학습 속도와 안정성을 크게 개선하였다(Radford et al., 2015). 처음 생성대립넷이 제안되었을 당시에는 손으로 쓴 숫자 데이터 정도에서 데모를 보였고 그 이외에 더 복잡한 데이터에서는 육안으로 인지하기 어려운 낮은 품질의 데이터가 생성되었다. 반면 딥 컨볼루션 생성대립넷은 얼굴 또는

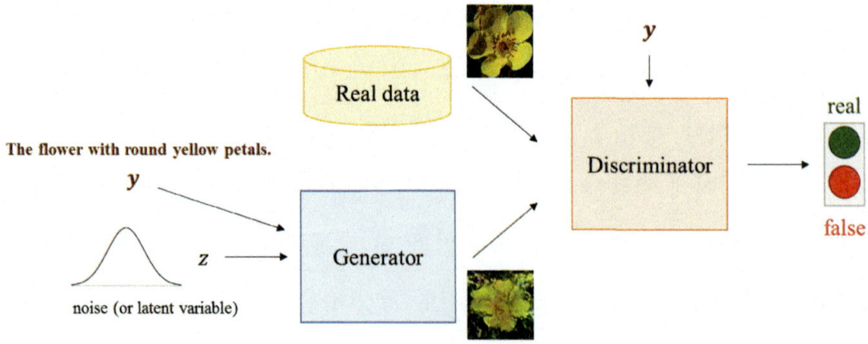

그림 11.5 조건을 부여한 생성대립넷 모식도

꽃 사진처럼 복잡한 이미지로도 학습이 잘 된다. 이 모델은 네 개 이상의 컨볼루션 층으로 분류넷을 구성하고, 비슷한 수의 디컨볼루션 층으로 생성넷을 구성하였다. 디컨볼루션은 컨볼루션의 흐름이 거울에 반사된 것과 같은 정반대 형태이고 이에 따라 필터의 크기가 역으로 커진다. 이 모델에 사용되는 컨볼루션은 필터 추출 간격을 2로 하고 풀링을 생략하여 과대적합화 문제를 완화하였다. 또한 배치 정규화를 적용하여 학습의 속도를 배로 높였고 아담(Adam) 최적화 기법 등이 응용되었다.

넷의 구조를 개조해서 생성과 분류의 조건을 부여할 수 있는 방법도 개발되었다(Reed et al., 2016). 예를 들어 숫자 그림을 생성하는 모델에 특정 숫자의 그림만 생성하도록 제약을 걸 수 있다. 이러한 모델에는 각 층과 노이즈 벡터에 조건에 해당되는 조건 벡터가 결합된다. 이 벡터에 따라 생성넷은 생성할 대상을 결정하고 분류넷 특정 대상만 구분한다. 조건 벡터를 데이터를 설명하는 문장 수준으로 지정하는 더욱 고도화된 모델도 개발되었다. 이 모델은 주어진 설명에 부합하는 사진을 생성하기도 한다.

생성 모델은 단순히 어떤 데이터를 생성하는 기능을 가졌다는 해석을 넘어서 데이터의 일반화된 분포를 한정된 데이터에서 학습하는 모델로 이해되어야 한다.

그림 11.6 생성대립넷으로 빈 공간을 채우는 예시(Pathak et al., 2016)

z가 형성하는 공간은 **z**로부터 생성되는 가짜 데이터 공간으로 투사되는데 이 공간이 실제 데이터 공간과 비슷해야 실제와 같은 데이터가 생성된다. 이러한 특성은 분류 모델과 큰 차이가 있다. 분류 모델은 서로 다른 클래스를 구분하기 위해 데이터 공간에서 구분 경계선을 찾는다. 이러한 근본적인 차이로 생성 모델은 분류 모델로는 풀기 어려운 여러 문제를 해결하는데 응용된다. 예를 들어 어떤 이미지에 모자이크를 제거하는 문제를 해결하기 위해서는 모자이크가 없는 부분을 조건으로 가려진 부분의 일반적 분포를 이해해야 한다. 생성대립넷은 깊은 컨볼루션 인공신경망을 이용하여 해상도 보정, 모자이크 제거, 동영상 생성 등의 문제에 응용될 수 있다.

우리가 현실로부터 보는 영상은 그 구조가 고도화되어 있고 복잡하며 다양하지만 사람의 뇌는 신기하게도 그러한 영상들로부터 추상화된 개념을 쉽게 이해한다. 한 예로 어떤 이미지에 중간 부분이 일부 가려져 있어도 주변의 정보로부터 가려진 부분이 어떻게 생겼을지 순식간에 상상한다. 생성대립넷 또한 이러한 문제를 해결하는데 유용하게 사용될 수 있다(Pathak et al., 2016). 학습 방법은 원래 것과 거의 비슷한데 조건으로 특정 부분이 가려진 이미지가 주어진다. 가려진 이미지는 컨볼루션 인코더로 특징이 추출되고 이 특징이 생성넷의 입력으로 들어간다. 생성넷에서 출력된 이미지는 조건으로 주어진 이미지와 결합되어 가려진 부분만 생성된 것으로 채워진다. 이것이 마지막에 분류넷의 입력으로 들어가게 된다. 기존의 목적함수에 추가적으로 가려진 부분을 채운 이미지와 실제 완전한 이미지와의 차이를 픽셀단위로 계산하는 오류 항이 있다. 이 항은 최종 이미지의 구체성과 정확성을 높이는 역할을 한다.

초고해상도 영상처리는 흐린 이미지의 해상도를 보정하는 기술로 특히 저화질의 CCTV 영상을 보정하는데 널리 사용된다. 생성대립넷을 이용하면 다른 딥러닝 기술과 비교하여 상당한 수준의 성능으로 이 기술을 구현할 수 있다(Ledig et al., 2016). 이때에는 저해상도 이미지가 생성넷의 입력이 되고 분류넷은 실제 고해상도 이미지인지 구분한다.

11.4 딥컨볼루션 생성대립넷(DCGAN)

생성대립넷이 대규모 데이터셋에도 알맞게 작동하도록 그 구조를 확장하고 개선하는 연구가 활발히 진행되었다. 그 중에 가장 대표적인 개선 모델로 딥컨볼루션 생성대립넷(Radford et al., 2015)을 예로 들 수 있다. 이 모델이 나오고 나서야 많은 연구자들이 생성대립넷 연구에 뛰어들 정도로 파급력이 강했다.

딥컨볼루션 생성대립넷의 가장 핵심적인 특징은 크게 세 가지로 나눌 수 있다.

첫째, 맥스풀링 대신 컨볼루션 연산에 윈도우 간격을 2로 주었다. 윈도우 간격

그림 11.7 생성대립넷으로 해상도를 보정하는 사례. GAN 방식의 알고리듬은(가장 오른쪽) 가장 왼쪽의 원본 이미지의 해상도를 4배 줄인다(Ledig et el., 2016).

을 *n*으로 주면 이미지의 크기는 가로 세로 1/*n*로 줄어든다. 맥스풀링이 은닉 변수의 차원을 줄이는 효과만 있다면 같은 효과를 윈도우 간격을 통해 얻을 수 있다. 이는 또한 연산의 속도를 개선하며 네트워크의 구조를 단순화시킨다. 생성넷은 맥스풀링의 반대 연산인 업풀링 과정을 거치는데 이것 대신 방금 언급된 윈도우 간격 2의 컨볼루션 연산의 역 연산으로 대치된다.

둘째, 네트워크 마지막과 컨볼루션망 사이에 둘 수 있는 다층퍼셉트론을 사용하지 않다. 이 다층퍼셉트론이 과다학습의 원인으로 지목되면서 최근에는 사용되지 않고 있다. 이것을 제외하면 수렴 속도가 늦어지지만 전체적인 안정감은 높아지며 이러한 구조가 여러 분류 문제에서도 좋은 성능을 내었다. 생성넷에서는 노이즈 벡터를 컨볼루션 입력으로 변환하는 단 한 번의 완전 연결망이 존재하고 그 이후로 최종 이미지까지 컨볼루션 연산을 거친다. 분류넷 또한 맨 마지막에 시그모이드 층으로 가는 완전 연결망을 제외하고는 전부 컨볼루션 연산으로 이루어져 있다.

셋째, 배치 정규화(Batch Normalization, Ioffe & Szegedy, 2015)의 사용이다. 배치 정규화가 적용된 층에서는 미니배치(mini-batch)의 확률 분포를 정규 분포로 치환한다. 이는 각 층별로 확률 분포를 유지시켜서 학습의 안정감을 높이고 수렴 속도를 가속화한다. 하지만 배치 정규화를 모든 층에 적용하면 오히려 생성넷이

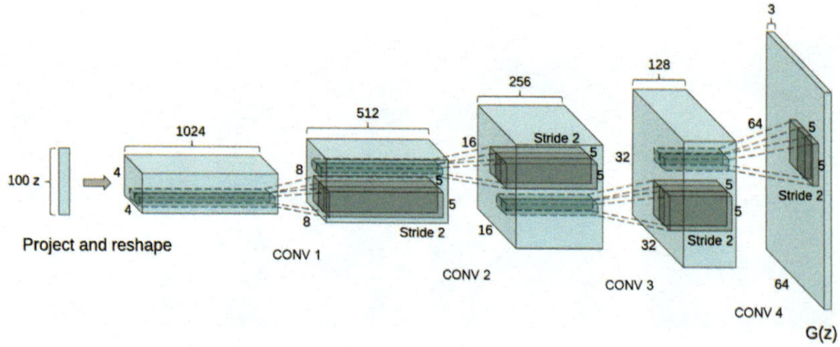

그림 11.8 딥컨볼루션 생성대립넷의 생성넷. 100차원의 노이즈 벡터가 처음의 완전 연결망을 거친 후, 총 네 번의 컨볼루션 연산을 거쳐서 이미지가 완성된다. 이 컨볼루션 연산은 윈도우 간격 2인 컨볼루션 연산의 역 연산으로 매번 이미지의 크기가 가로와 세로로 2배가 된다. (Radford et al., 2015)

같은 궤도를 계속 맴돌거나 단일 지점에 멈추는 현상이 생길 수 있다. 이러한 문제는 생성넷의 첫 번째 층과 분류넷의 마지막 층에는 배치 정규화를 적용하지 않는 것으로 어느 정도 회피할 수 있다.

추가적으로 아담(Adam, Kingma & Ba, 2015) 최적화, ReLU (Nair & Hinton, 2010) 연산 등의 최신 딥러닝 기법을 사용하여 생성대립넷을 개선시킬 수 있다. 딥러닝 알고리듬은 끊임없이 새롭게 등장하고 있기에 생성대립넷의 발전 또한 무궁무진하다.

생성대립넷의 노이즈 벡터는 이미지를 함축하는 은닉 변수로 해석할 수 있다. 이 은닉 변수에는 데이터를 설명하는 핵심적인 값들이 압축되어 있는데 이들 사이의 연산으로 그림 11.9와 같이 흥미로운 현상들이 발견되었다. 예를 들어, 썬글라스를 쓴 남자에서 아무것도 안 쓴 남자를 빼고 여자를 더했더니 썬글라스를 쓴 여자가 나왔다.

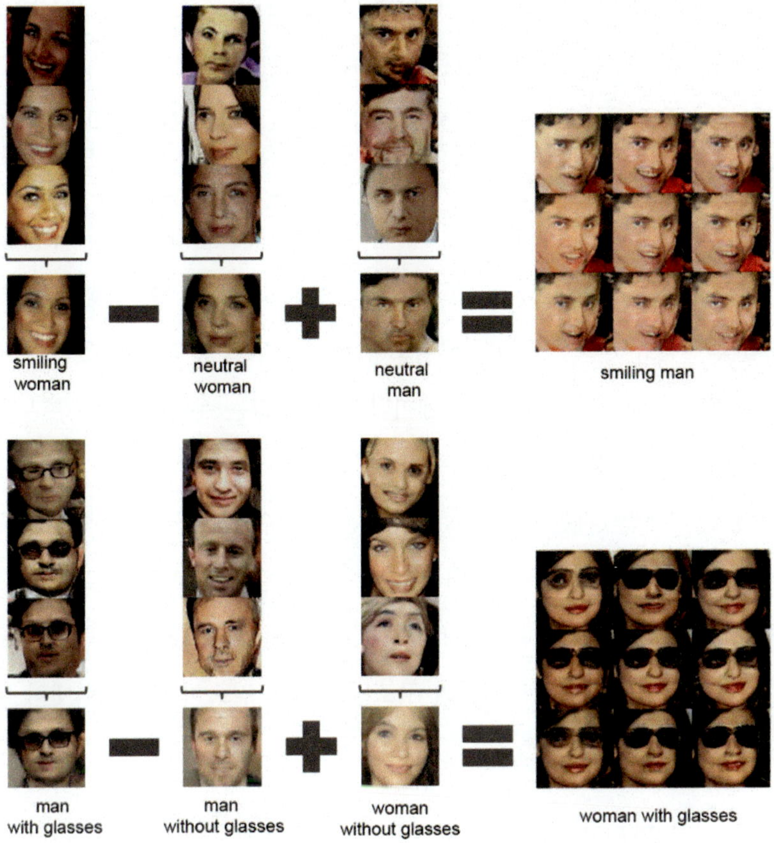

그림 11.9 학습된 생성대립넷의 노이즈 벡터 연산(Radford et al., 2015)

11.5 양방향 생성대립넷(BiGAN)

생성대립넷은 모든 종류의 데이터에 대해 일반적인 구조를 갖고 있으며 강력한 무감독 학습 모델이다. 이 모델이 실제로 데이터의 특징을 잘 일반화하고 있는지 질문을 던져볼 만 하다. 이 질문에 대답하기 앞서 기본적인 생성대립넷은 은닉 변수로부터 데이터를 생성하지만 반대로 데이터로부터 은닉 변수를 찾는 네트워크가 존재하지 않는다. 양방향 생성대립넷(Donahue et al., 2016)은 생성대립넷에 인코더를 추가하여 이 질문의 해답을 찾기 위해 제안되었다. 인코더는 말 그대로 데이터로부터 유용한 은닉 변수를 도출해내는 네트워크로 생성넷의 반대 역할을 한다.

양방향 생성대립넷은 생성대립넷과 마찬가지로 데이터의 구조나 특징에 대한 그 어떠한 제약을 주지도 않는 견고하고 일반적인 모델이다. 또한 실험적으로 생성대립넷의 분류넷 또는 오코인코더보다 인코더가 특징 학습에 있어서 우월한 결과를 보였다. 이를 활용하면 표지 데이터가 별로 없는 무감독 또는 부분 감독학습에서 실용적인 특징 학습을 할 수 있다.

양방향 생성대립넷에는 데이터 $\mathbf{x}$로부터 은닉 변수 $\mathbf{z}$를 근사하는 인코더 $E(\mathbf{x})$가 추가적으로 존재한다. 또한 생성대립넷과 다르게 분류넷 입력으로 데이터 $\mathbf{x}$와 은닉 변수 $\mathbf{z}$의 쌍을 받는다. 즉, 생성넷으로부터는 순서쌍 $G(\mathbf{z})$, $\mathbf{z}$를 받고 인코더로부터는 $\mathbf{x}$, $E(\mathbf{x})$를 받는다. 목적함수의 구조는 다음과 같으며 생성대립넷의 목적함수와 구조적으로 비슷하다.

$$V(G,D,E) = \min_{G,E} \max_{D} \mathbb{E}_{\mathbf{x}\sim P_{\text{data}}(\mathbf{x})}[\log D(\mathbf{x}, E(\mathbf{x}))] + \mathbb{E}_{\mathbf{z}\sim p_{\mathbf{z}}(\mathbf{z})}[\log(1 - D(G(\mathbf{z}), \mathbf{z}))]$$

식에 따르면 인코더 또한 생성넷과 합심하여 분류넷을 속이려고 한다. 즉, 인코더는 주어진 실제 데이터로부터 생성넷이 함축하는 은닉 변수를 최대한 비슷하게

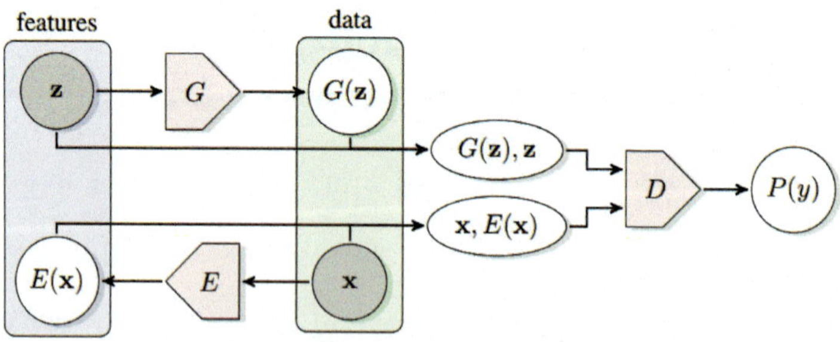

그림 11.10 양방향 생성대립넷의 구조(Donahue et al., 2016).

그림 11.11 양방향 생성대립넷에서 인코더와 생성넷에 데이터를 통과한 결과 (Donahue et al., 2016)

유추해야 분류넷을 속일 수 있다.

생성넷을 디코더 관점으로 바라보면 인코더와 더불어 은닉 변수와 데이터를 맵핑하는 오토인코더로 해석할 수 있다. 즉, 그림 11.11과 같이 데이터 $\mathbf{x}$는 인코더와 생성네트워크를 통과한 결과 $G(E(\mathbf{x}))$와 비슷해진다. 이와 같이 오토인코더를 학습하는 방식을 대립적 학습이라 부르며 기존의 오토인코더보다 더 뛰어나고 강건한 특징 학습이 이루어진다.

CHAPTER

12 잔차학습 모델

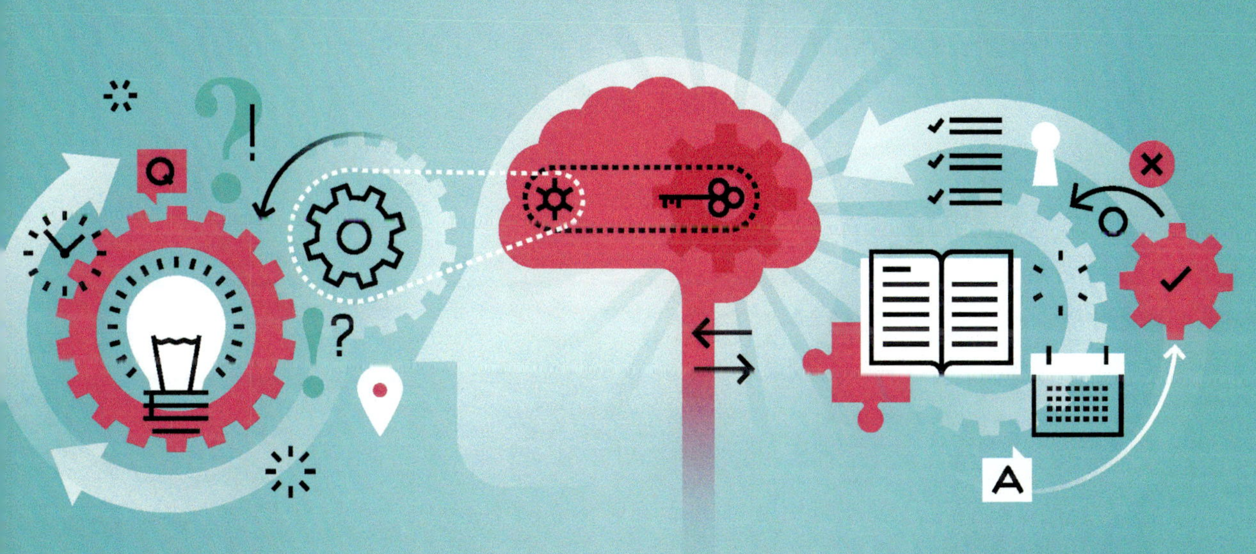

잔차학습(residual learning) 모델은 몇 개의 층을 건너뛰는 지름 연결선을 가지는 컨볼루션 신경망으로서 수백층의 초고층 딥신경망 구조를 설계할 수 있는 딥러닝 방법이다. 지름 연결선을 통해서 단순한 모델과 건너뛴 비선형 학습 층의 복잡한 모델이 선형적으로 결합되게 한다. 이는 표현이 깊은 네트워크 상에 반복해서 나오므로 결과적으로 학습 파라미터의 수를 일정하게 유지하면서 모델 표현력을 비약적으로 증가시키는 효과가 있다. 본 장에서는 대표적인 잔차학습 모델인 딥잔차넷(DRN) 모델의 구조와 학습을 살펴본다. DRN은 2015년의 ImageNet 대회와 COCO 대회에서 우승하였다. DRN을 두 가지 종류 이상의 입력의 경우로 확장한 멀티모달잔차넷(MRN) 모델의 학습 방법을 살펴보고 이를 이용하여 시각 정보와 언어 정보를 결합하는 방법을 소개한다. 딥잔차넷은 암묵적 앙상블 모델로 해석될 수 있으며 이에 대한 이론적 기반과 실험 결과를 논의한다. 멀티모달잔차넷을 시각질의응답(Visual QA) 시스템에 적용한 응용 사례와 이를 이용하여 시각대화를 하는 로봇(Cambot)을 개발한 사례를 소개한다.

12.1 딥잔차넷(DRN)

전통적인 시각 문제를 다룰 때에 이미지 정보에 대하여 경계선 탐지나 히스토그램, 또는 *k*평균 클러스터링이나 희소 코딩과 같은 전문적인 지식을 활용하여, 수작업으로 만든 특수한 요소들을 이용하는 방법을 많이 택하였다. 이미지 분류 문제를 다룬다고 가정하면, 이러한 전문적인 지식을 활용하여 요소들을 추가할 수록 분류기 전 단계의 깊이가 점점 깊어졌다(그림 12.1). 하지만 이러한 방법은 전문가 지식이 필요하다는 점과 각 문제마다 수작업으로 만들어야 하는 요소들이 있다는 점 등의 이유로 좀 더 일반적인 접근 방법을 고민하게 만들었다.

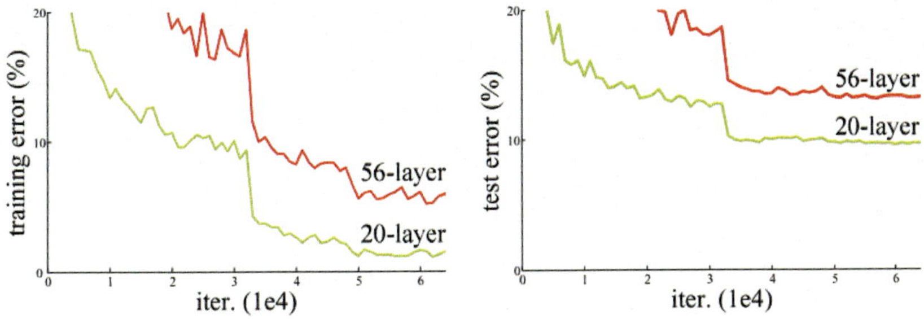

그림 12.1 딥 컨볼루션망의 층의 수를 늘릴 때의 문제. 20층과 56층의 넷으로 CIFAR-10 데이터셋에 대한 학습 에러(왼쪽)와 테스트 에러(오른쪽) 곡선. 깊이가 어느 정도 깊어지게 되면 학습 에러가 커지고, 따라서, 테스트 에러도 증가한다(He et al., 2016a).

딥러닝은 이러한 고민의 산물이며, 앞에서 살펴본 바와 같이 단순한 학습 층을 여러 층을 쌓아 학습할 수 있는 방법을 제시한다. 오류역전파 알고리듬을 통해 전체 넷을 학습할 수 있으며 깊은 층의 넷은 더욱 풍부한 문제 해결 공간을 만들어주어 보다 우수한 성능을 갖게 한다. 하지만 얼마나 깊은 넷이 가능할까?

더욱 많은 데이터를 사용하고 오류가 역전파되면서 더욱 천천히 작아지는 기울기를 만드는 ReLU 함수를 도입하면서 5층 이상의 넷의 학습이 가능하게 되었다. 10층 이상의 넷을 학습하는 데에는 학습 파라미터들의 초기화 전략, 배치 정규화(batch normalization) 등의 기법이 크게 기여하였다. 30층 이상과 100층 이상과 같이 아주 깊은 넷을 구축하기 위한 방법으로는 몇 개의 층을 건너뛰는 연결을 만드는 방법을 사용한다. 이러한 넷을 딥잔차넷이라고 한다(He et al., 2016a, 2016b).

먼저 딥잔차넷은 보다 깊은 넷을 학습하기 위해 보수적인 접근 방법을 택하였다. 기존에 얕은 층의 넷의 층들을 복사한 후 사이 사이에 새로운 층을 추가하였다. 단, 최소한 같은 성능을 가질 수 있도록 새롭게 추가한 층은 입력 값과 같은 값을 내보내도록 파라미터를 초기화 하였다(그림 12.4 가운데 열 참조). 하지만 여전히 깊은 층을 학습하는 어려움이 존재하므로 새로운 구조를 생각해야만 했다.

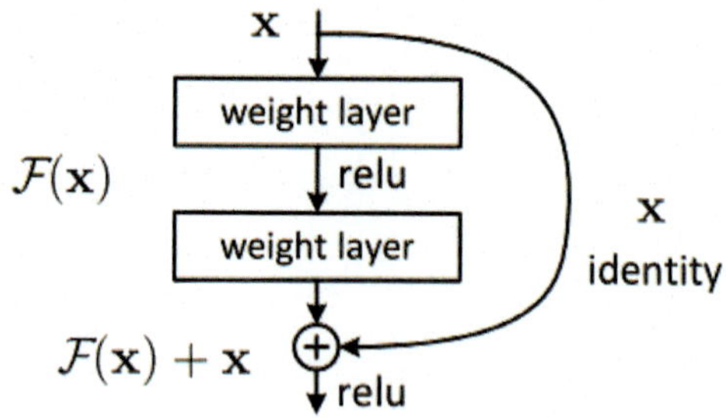

그림 12.2 딥잔차넷의 잔차 학습 단위에 대한 도식(He et al., 2016a)

만일, 학습하고자 하는 맵핑이 $H(\mathbf{x})$라면, 임의의 비선형 함수로 표현할 수 있는 넷은 다음의 수식으로 표현될 수 있다.

$$\mathcal{F}(\mathbf{x}) = H(\mathbf{x}) - \mathbf{x}$$

이것을 다음의 식과 같이 입력 값 $\mathbf{x}$를 $\mathcal{F}(\mathbf{x})$에 더하는 형태로 넷을 만들어 결국 $H(\mathbf{x})$를 학습하도록 한다.

$$H(\mathbf{x}) = \mathcal{F}(\mathbf{x}) + \mathbf{x}$$

따라서 새롭게 추가된 넷$\mathcal{F}(\mathbf{x})$가 기존의 학습된 넷의 성능을 최대한 유지시키면서 잔차 값 $H(\mathbf{x}) - \mathbf{x}$를 학습함으로써 전체 넷이 더 좋은 성능을 낼 수 있도록 만들어준다(그림 12.2).

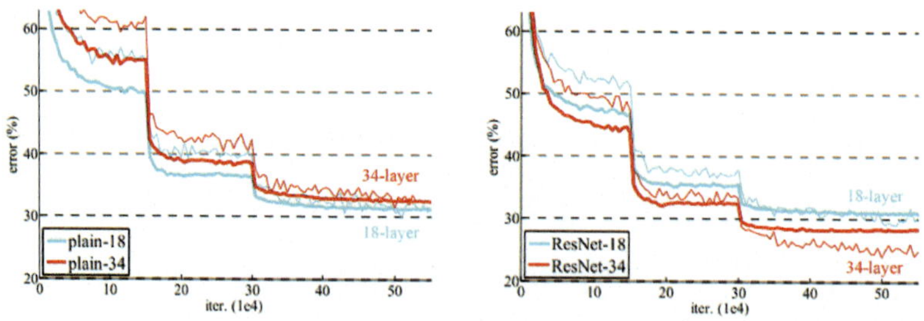

그림 12.3 딥잔차넷의 이미지넷 데이터셋에 대한 실험 결과. 얇은 선은 학습 에러 곡선, 굵은 선은 검증 에러 곡선이다. 왼쪽 그림에서 깊이가 깊은 34층 넷은 에러가 18층 넷보다 큰 반면, 오른쪽 그림의 잔차넷에서는 18층 넷보다 34층 넷에서 보다 나은 성능을 보였다(He et al., 2016a).

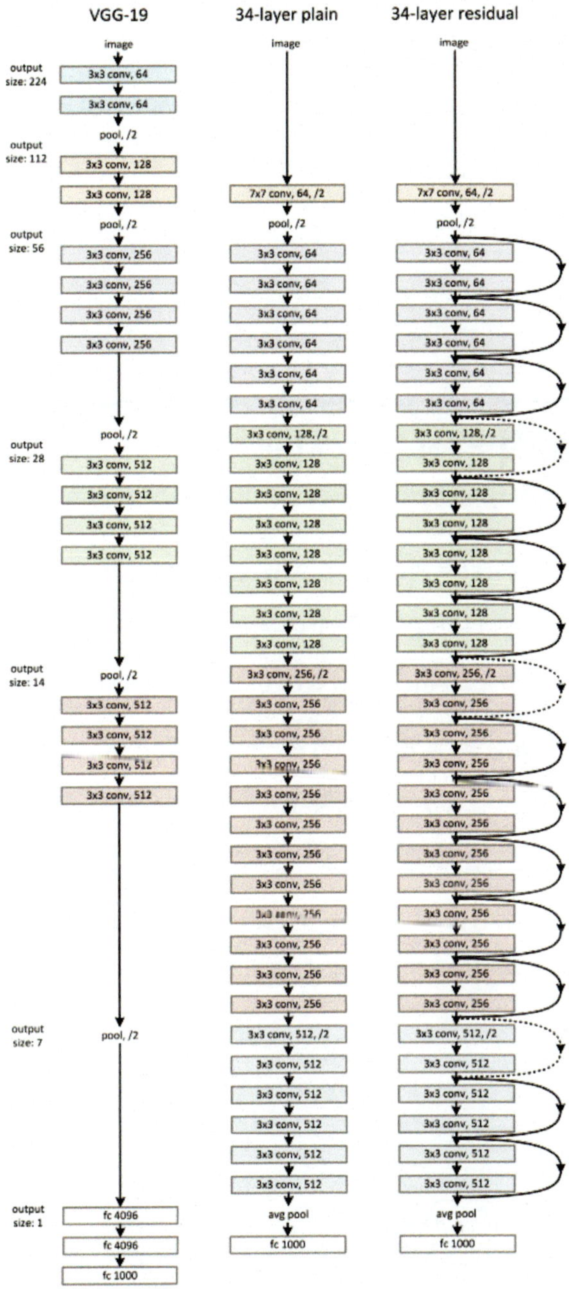

그림 12.4 왼쪽 넷은 19층의 VGG-19 모델이며, 가운데의 넷은 34층의 깊은 넷을 도식화한다. 사이 사이에 새로운 층이 추가되었다. 오른쪽 넷은 가운데 넷에서 지름 연결선들이 추가된 것을 보여준다(He et al., 2016a).

그림 12.3은 딥잔차넷을 이용하여 이미지넷 데이터셋을 학습하였을 때의 학습 곡선과 검증 곡선을 나타낸다. 지름 연결선을 이용한 깊은 넷은 상대적으로 얇은 넷보다 높은 성능을 가진다. 딥잔차넷을 제안한 마이크로소프트 리서치의 Kaiming He 등은 2015년의 이미지넷 분류, 탐지, 탐색과 COCO 대회의 탐지와 분리 분야에서 우승하였다.

12.2 암묵적 앙상블 잔차넷

딥잔차넷 발표 후, 한 다른 연구진에 의해 딥잔차넷의 작동 원리가 깊이에 있는 것이 아니라는 해석이 나왔다. Veit 외 연구원들은 지름 연결선들이 정보가 전달되는 길을 기하급수적으로 늘려 상대적으로 얇은 층으로 구성된 여러 넷들을 덧셈의 형태로 암묵적인 앙상블 모델로 해석할 수 있다고 주장한다(Veit et al., 2016).

그림 12.5에서 알 수 있듯이, n개의 잔차 층들을 입력과 출력을 연결하는 $O(2^n)$개의 암묵적인 연결선들로 해석할 수 있다. 각 층에는 비선형 함수가 존재하여 이를 기준으로 계산적 단위로 구분할 수 있다. 만약 비선형 함수가 항등 함수라면 연결선들의 선택을 통하여 다양한 합성 함수을 만들게 되고 암묵적 앙상블 모델로

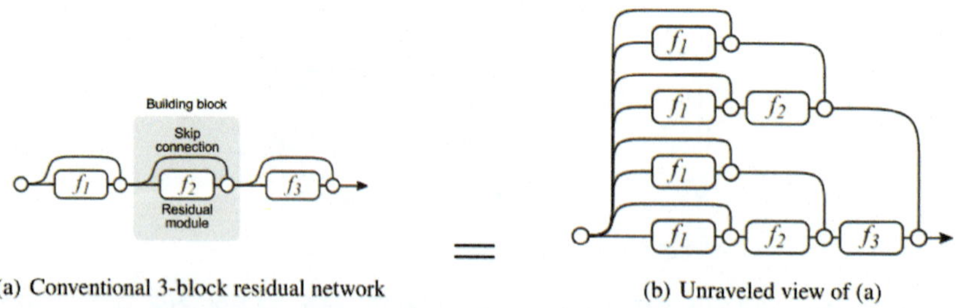

그림 12.5 (a) 전형적인 3층의 잔차넷을 나타낸다. (b) 지름 연결선이 유발하는 정보 흐름의 경우들을 도식화하였다(Veit et al., 2016).

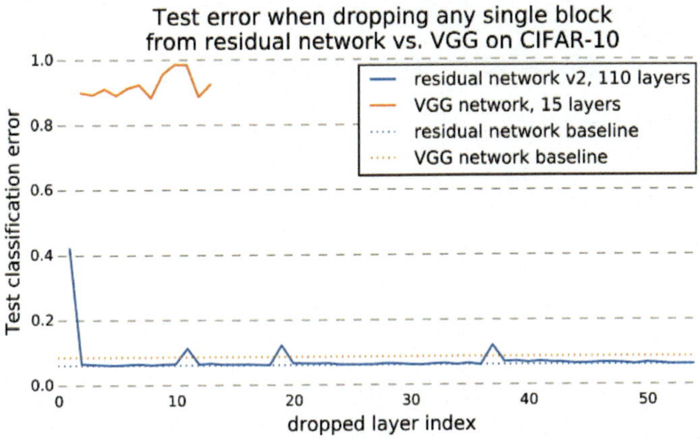

그림 12.6 파란 선은 110층의 잔차넷을, 주황색 선은 VGG 넷을 나타낸다. 학습 데이터는 CIFAR-10을 사용하였다. x축에 표시된 인덱스의 넷 층을 삭제하였을 때 성능의 변화를 관찰하였다. VGG 넷에서는 어느 위치에서든지 심각한 성능 손상을 가져왔지만, 잔차넷의 경우 거의 동일한 성능을 유지하였다. 단, 특징 벡터의 차원이 변경되는 구간에서 소폭의 성능 감소가 관찰된다(Veit et al., 2016).

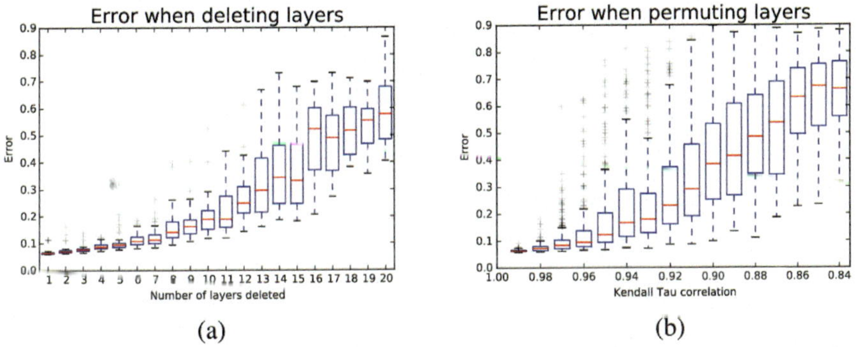

그림 12.7 (a) 잔차넷에서 다수의 층을 제거하였을 때 에러가 점차적으로 변화하는 것을 관찰할 수 있다. (b) 잔차넷의 층들을 무작위로 뒤섞을 때의 에러 변화를 관찰하였다. 재정렬된 정도(Kendall Tau correlation)가 증가함에 따라 에러가 점차적으로 변한다. 이러한 결과는 앙상블 모델에서 쉽게 관측될 수 있는 모습이다(Veit et al., 2016).

볼 수 있다. 그러나 비선형 함수로 인해서 비선형 함수의 입력과 이에 곱하는 값에 분배 법칙을 적용할 수 없으므로 연결선들의 선택을 통해 수식에서 독립된 항으로 표현될 수 없다. 따라서 비선형 함수를 항등 함수로 여겨 다양한 합성함수의 합으로 표현될 수 있다는 해석을 뒷받침하기 위한 다양한 실험이 진행되었다.

첫 번째 실험은 넷의 일부 층을 제거하여 성능의 변화를 관찰하였다(그림 12.6). VGG 넷의 경우 순차적인 넷이기 때문에 중간의 넷 층 하나를 제거하였을 때 즉시 심각한 성능 손상을 가져왔다. 하지만 잔차넷의 경우 첫 번째 층을 제외하면 거의 성능 변화를 관찰할 수 없었다. 이것은 앞의 해석에서 각 층이 암묵적인 앙상블 넷을 발생시킨다는 증거가 될 수 있다. 왜냐하면, 앙상블 학습은 이를 구성하는 한 넷이 빠져도 큰 성능 손상을 가져오지 않기 때문이다.

두 번째 실험은 잔차넷의 층들을 변화시켰을 때 앙상블 모델과 유사한 특성을 지니는지 관찰함으로써 앞의 가설을 확인하고자 한다. 그림 12.7(a)는 잔차넷에서 점차적으로 많은 층들을 제거하였을 때 나타나는 에러의 변화를 관찰한다. 제거된 층 수에 따라 점차적으로 에러 또한 증가함을 볼 수 있다. 일반적인 순차적 넷에서는 단 하나의 층을 제거하더라도 급격한 성능 하락을 보여준다.

그림 12.7(b)는 잔차넷의 층들을 무작위로 뒤섞을 때의 에러 변화를 관찰하고자 한다. 재정렬된 정도는 정량적으로 Kendall Tau 상관계수로 측정하며 x축에서 나타난다. 재정렬된 정도가 증가함에 따라 에러가 앞의 경우와 마찬가지로 점차적으로 증가한다. 이를 통해 잔차넷은 앙상블 모델에서 관측될 수 있는 특성을 지닌다고 할 수 있다.

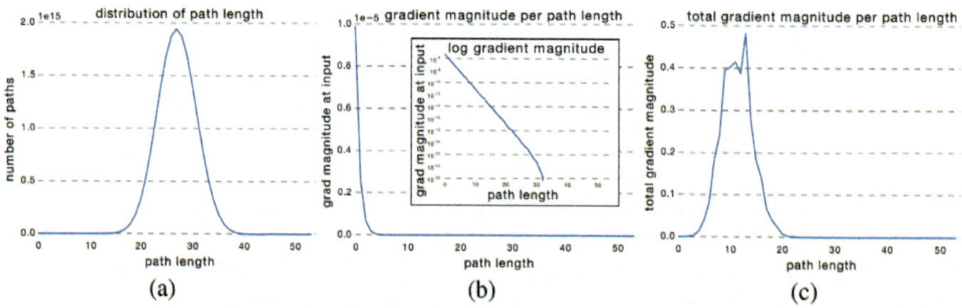

그림 12.8 (a) 잔차넷에서 표현 가능한 경로 길이의 분포는 이항분포로 표현될 수 있다. (b) 첫 번째 층에서 다른 길이의 경로를 지나면서 에러 경사가 나타나는지 살펴보았다. 경로에 놓여있는 모듈 수에 따라 대략적으로 지수적으로 감소함을 관찰하였다(y축은 로그 척도). (c) 앞의 두 함수를 곱하여 특정 길이의 경로에서 얼만큼의 에러 경사가 기여하는지 관찰하였다. 20층 이상의 경로는 에러 경사가 충분히 기여하지 못하였다(Veit et al., 2016).

마지막 실험은 잔차넷이 상대적으로 얇은 층의 넷들의 앙상블 모델로 여겨질 수 있다는 사실을 보인다. 그림 12.8의 (a)와 (b)는 각각 이항분포로 나타낼 수 있는 잔차넷의 표현 가능한 경로의 수, 그리고 경로의 길이에 따른 에러 경사의 크기를 로그 크기로 나타내었다. (c)에서는 이 두 함수를 곱함으로써 도식화하였다. 잔차넷의 모델 구조 상에서 경로 길이는 25~30이 가장 많지만 길이가 길수록 에러 경사의 기여가 지수적으로 감소하기 때문에 종합적으로는 5에서 17 길이의 경로에서 가장 많은 기여가 있다고 추측할 수 있다. 확인하는 의미에서 실험에 사용된 54층의 넷에서 23개의 가장 효과적이라고 추측되는 층을 추출하여 효과적인 길이로 구성하여 실험하였을 때 5.96%, 전체 모델에서 6.10%의 에러를 보여 통계적으로 유의미한 차이를 관찰할 수 없었다. 따라서, 잔차넷은 상대적으로 얇은 층의 여러 넷으로 이루어진 암묵적인 앙상블 모델로 볼 수 있을 것이다.

딥 잔차 학습에 대한 연구가 공개된 지 일 년이 채 지나지 않아 주목할 만한 후속 연구가 다수 나왔다. Dropout 정규화 방법과 보다 큰 차원의 은닉 층으로 구성된 잔차넷이 제안되기도 하였고(Singh et al., 2016), 잔차 연결선을 재귀적으로 연결하여 성능을 향상시킨 연구도 있었다(Zhang et al., 2016). 또, 기존의 잔차넷을 멀티모달로 확장한 멀티모달 잔차 학습 방법은 시각적 질의응답 시스템을 구현하기 위해 적용되었다(Kim et al., 2016a).

12.3 멀티모달잔차넷(MRN)

여러 시각 과제에서 뛰어난 성능을 보이며 암묵적으로 앙상블 학습을 하는 딥잔차넷을 두 개 이상의 종류의 입력이 주어지는 멀티모달 학습으로 확장한 연구가 멀티모달잔차넷(Kim et al., 2016a)이다. 단일모달(이미지) 입력을 학습하는 딥잔

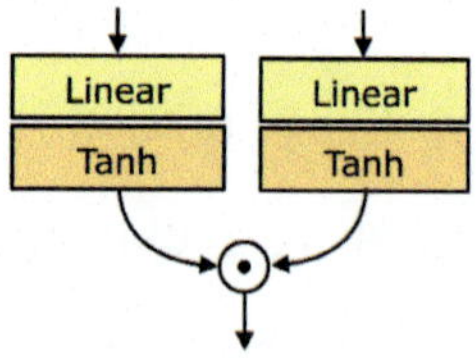

그림 12.9 멀티모달잔차넷에서 사용된 비선형 멀티모달 결합 함수. 기호 ⊙는 같은 크기의 두 벡터 간의 원소곱을 나타낸다(Kim et al., 2016a).

차넷을 멀티모달로 확장할 때 두 가지를 고려해야 하는데, 잔차 학습을 위한 비선형 멀티모달 결합 함수의 정의와 지름 연결선의 선택이다.

먼저 비선형 멀티모달 결합 함수 $f(x,y)$를 다음과 같이 정의한다. 각 입력을 선형 사영(linear projection) 후 하이퍼볼릭 탄젠트(tanh)를 활성 함수를 적용한다.

$$f(x, y) = \tanh(W_x x) \odot \tanh(W_y y)$$

이 때 선형 사영은 같은 표현 크기가 되도록 맞추어 준다. 그 뒤 원소곱(element-wise product, a.k.a. Hadamard product)을 이용하여 두 모달의 정보가 결합된 표현을 얻는다(그림 12.9 참조).

이러한 방법은 시각질의응답 데이터셋인 VQA[1]와 함께 공개된 기본 비교 모델[2]에서 사용된 방법과 유사하다. 이 모델의 차이점은 지름 연결선 없이 원소곱의 결과를 바로 선형 사영한 후 Softmax 함수를 이용하여 분류 정답에 대한 확률 분포를 계산하였다. Kim et al. (2017)의 후속 연구에서는 선형 사영과 활성 함수를 적용한 후 원소곱을 시행할 때 비선형 저계수 쌍일차 함수(nonlinear low-rank bilinear function)로 해석하며 이러한 함수가 멀티모달 학습에 유용함을 보였다.

다음으로 지름 연결선의 선택을 고려해보자. 여러 선행 연구들(Sukhbaatar et al., 2015; Rocktäschel et al., 2016; Yang et al., 2016)에서 지름 연결선으로 해석

---

1 http://visualqa.org

2 https://github.com/VT-vision-lab/VQA_LSTM_CNN

할 수 있는 구조가 질의 벡터에 대하여 연결된 것을 관찰할 수 있다(그림 12.10 참조). 이러한 연구 결과와 일관되게 멀티모달잔차넷에서도 적용되었고 다음의 식으로 표현될 수 있다.

$$f(Q,V) = \tanh(W_Q Q) \odot \tanh(W_V V) + W_S Q$$

지름 연결선은 $W_s Q$로 표현되었고 선형 사영 W_s는 출력 값의 차원 크기를 일치시키기 위해 사용되었다. 이러한 지름 연결선의 선택은 통제된 비교 실험을 통해 검증되었다(Kim et al., 2016a).

L개의 층을 가진 멀티모달잔차넷을 수식으로 표현하면 다음과 같다.

$$H_L(q,v) = W_q q + \sum_{l=1}^{L} W_{\mathcal{F}^{(l)}} \mathcal{F}^{(l)}(H_{l-1}, v)$$

(l)번째 층의 비선형 멀티모달 결합 함수 $\mathcal{F}^{(1)}$는 이전 층의 출력과 시각 정보 v를 입력으로 가진다. H_0은 질의 벡터로 정의한다. 지름 연결선으로 인하여 깊은 층에서 반복적으로 나타나는 비선형 멀티모달 결합 함수들은 덧셈 형태가 되며 지름 연결선으로 질의 벡터는 선형 사영 후 다시 더해진다. 여기에서 $W_{q'}$와 $W_{\mathcal{F}^{(l)}}$은 다음과 같이 정의 된다.

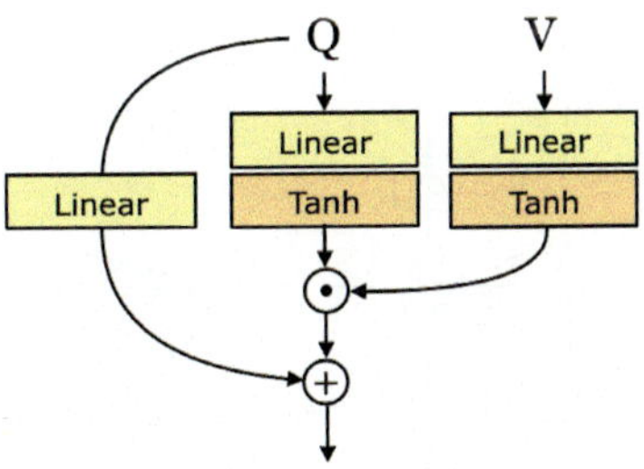

그림 12.10 멀티모달잔차넷에서 사용된 학습 단위 모델. 최종 모델에서는 3개의 층을 쌓고 각 층의 결과 벡터는 새로운 질의 벡터가 되며, 시각 정보는 각 층에 동일한 값을 다시 입력한다. 기호 ⊕는 같은 크기의 두 벡터 간의 덧셈을 나타낸다. Q와 V에 대한 설명은 본문을 참고한다 (Kim et al., 2016a).

$$W_{q'} = \prod_{l=1}^{L} W_{q'}^{\ l},$$
$$W_{\mathcal{F}(l)} = \prod_{m=l+1}^{L} W_{q'}^{(m)}$$

로 정의한다.

그림 12.11은 멀티모달잔차넷의 전체 구조를 도식화하여 보여준다. 이 최종 모델에서는 학습 단위 모델을 3개 층으로 쌓아 각 단위 모델의 결과물은 새로운 질의 벡터로 다음 단위 모델의 입력값으로, 시각 정보는 각 층에 동일한 값을 다시 입력한다. 그림에서는 회색 점선으로 표시하였다. Q는 자연어 텍스트 문장을 벡터로 임베딩한 값으로 RNN 모델의 마지막 은닉 벡터를 이용해서 그 값을 얻을 수 있다. 본 연구에서는 GRU (Cho et al., 2014)를 사용하였다. V는 시각 정보를 임베딩한 벡터로 CNN 모델을 사용하여 구할 수 있으며, ResNet-152 모델 (He et al., 2016a)의 마지막 컨볼루션 층의 출력 벡터를 이용하였다. 이 모델에서 특이한 점은 시각 정보를 위해 추가적인 선형 사영과 활성 함수를 적용한 부분이다.

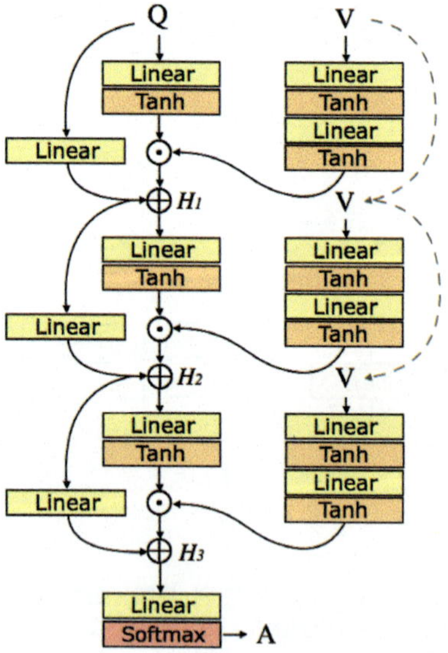

그림 12.11 멀티모달잔차넷의 전체 구조(Kim et al., 2016a)

그림 12.12 멀티모달잔차넷에서 질의 정보가 시각 정보에 어떻게 정보를 선택하는 지에 대한 시각화. 좌로부터 순서대로 입력 이미지, 첫 번째 원소곱, 두 번째 원소곱, 세 번째 원소곱에 의한 시각화이다. 'What sport is this?'라는 질문에 'surfing'이라는 답을 얻었다(Kim et al., 2016a).

시각 정보를 위한 CNN 모델은 시스템의 제약으로 파라미터 재조정을 하지 않는데 이 때문에 추가적인 선형 사영과 비선형 활성 함수를 이용해 시각 정보에 대한 학습 효율을 향상시켰다고 할 수 있다.

멀티모달잔차넷의 구조는 주어진 과제에 따라 잔차 학습을 위한 비선형 멀티모달 결합 함수와 지름 연결선의 결정을 다르게 할 수 있다. 하지만 원소곱을 이용한 멀티 모달 결합 함수를 앞에서 이야기한 비선형 저계수 쌍일차 함수로 정의할 때 효율적으로 학습할 수 있다는 점이 중요하다. 지름 연결선은 Veit et al. (2016)의 연구에서와 같이 암묵적인 앙상블 모델로서의 강점을 가진다고 해석될 수 있다.

멀티모달잔차넷이 정보를 학습하는 방식을 관찰하기 위해 경사도를 이용한 오류역전파 방법을 응용할 수 있다(Kim et al., 2016a). 멀티모달 결합 함수에서 사용된 원소곱을 하나의 입력 정보를 다른 입력 정보로 마스킹(masking)하여 정보를 변경시키는 연산자로 생각해보면, 시각 정보 $\mathcal{V}$는 질의 정보 Q와의 원소곱에 의해 중간 정보 $\mathcal{F}$를 출력한다. 시각 정보와 중간 정보의 차 값은 질의 정보에 의해 변화된 양을 나타내며 아래의 식을 이용해 변화된 양을 입력 이미지 $\mathcal{I}$로 역전파할 수 있다.

$$\mathcal{L}_{att} = \frac{1}{2}\|\mathcal{V} - \mathcal{F}\|^2 \qquad \frac{\partial \mathcal{L}_{att}}{\partial \mathcal{I}} = \frac{\partial \mathcal{V}}{\partial \mathcal{I}}(\mathcal{V} - \mathcal{F})$$

효과적인 시각화를 위해 $\mathcal{F}$를 고정된 상수 취급하여 계산하고, 도함수의 연쇄 법칙을 이용해서 역전파된 경사도의 절대값을 시각화하면 그림 12.12와 같은 결과를 얻을 수 있다.

12.4 응용 사례: 시각대화 챗봇

멀티모달잔차넷(MRN)의 응용사례로 카메라를 이용하여 상황을 인지하고 음성으로 질문한 내용에 답을 하는 로봇 캠봇(Cambot)으로 구현하였다(Kim et al., 2016b). 실내환경에서 사용자의 물음에 시각 정보를 바탕으로 답하도록 만들어진 캠봇은 무선 통신이 가능한 이동형 홈로봇 Aupair에 탑재되며 인터페이스를 제공하는 웹 서버 그리고 병렬 계산이 가능한 추론서버로 구성된다(그림 12.13).

먼저 로봇은 마이크와 카메라, 그리고 스피커 장치를 가지고 있다. 일반 PC 환경에서도 이 장치들을 갖추고 있으면 로봇과 같이 사용될 수 있으며, 각각의 장치를 통해서 사람처럼 보고 듣고 말할 수 있게 된다. 사용자는 로봇의 카메라가 보는 것과 관련하여 음성으로 질문을 하면, 구글 음성인식 서비스를 통해 음성 질의를 텍스트로 변환(Speech-To-Text)하고, 그와 함께 카메라를 통해 현재 상황을 사진으로 캡처하여 웹 서버로 전송한다.

웹 서버는 로봇과 추론서버를 연결하며, 추론서버의 멀티모달잔차넷이 영어로

그림 12.13 시각대화 챗봇인 캠봇(Cambot)의 구조도. 로봇을 통해 음성 질의와 시각정보가 웹서버를 통해 추론서버로 입력되고 이를 처리하여 다시 돌려주는 구조(Kim et al., 2016b).

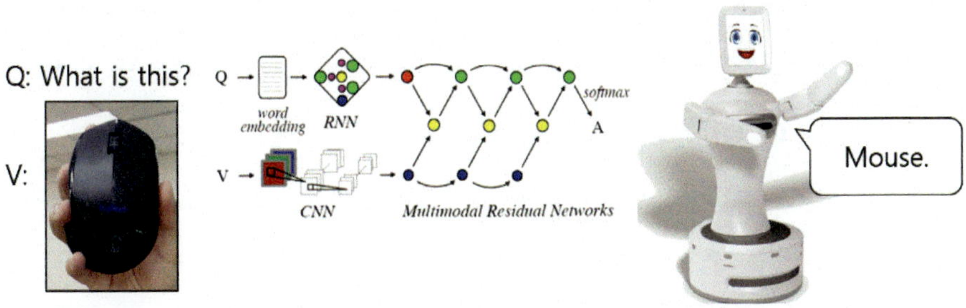

그림 12.14 캠봇(Cambot)의 개념도. 음성으로 주어진 질의는 Speech-To-Text API를 이용하여 텍스트로 변환되고 로봇에 장착된 카메라를 이용하여 주어진 상황을 이미지로 입력받는다. 멀티모달잔차넷을 통하여 추론된 결과는 발화 내용의 텍스트로 변환된 후 로봇의 스피커를 통해 들을 수 있다.

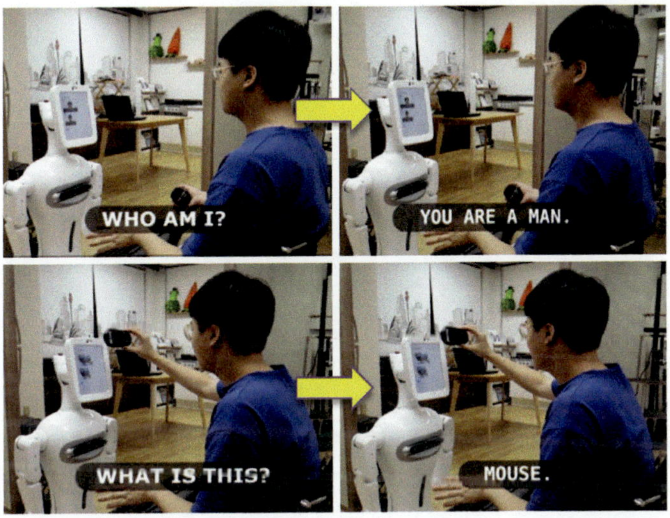

그림 12.15 멀티모달잔차넷을 활용한 캠봇 시연 장면. 로봇에 음성으로 질문을 하면 사진과 함께 추론하여 답을 한다(Kim et al., 2016c).

학습되었기 때문에 입력된 한국어 질의를 영어로 번역하는 과정을 거치게 된다. 이후 추론서버에서 영어로 답을 내어주면 웹 서버에서는 다시 한국어로 번역하여 로봇으로 정보를 전달해주는 역할을 한다.

추론서버에서는 웹 서버를 통해 입력된 영어 질의와 사진을 통해 답을 추론하게 된다. 이때 학습 된 멀티모달잔차넷을 사용하여 답을 추론하게 되며 이미지와 질의를 통해 추론된 답은 다시 웹서버로 보내게 된다. 학습 데이터로는 VQA데이터셋[3]과 MS-COCO[4]데이터셋을 활용하였다.

이 기술을 활용하여 시각이 불편한 사람들을 도와 물건을 찾거나 장애물을 식별하는데 도움을 줄 수 있다. 또한 SNS에 사진을 올릴 때 태그 및 각종 정보를 추가하면서 어떤 정보들이 있는지 도움을 줄 수 있으며, 대용량의 감시카메라 촬영 영상을 검색할 때 질의어를 사용해서 효율적으로 탐색이 가능하도록 도와줄 것이다.

---

3 http://visualqa.org

4 http://mscoco.org

참고문헌

Aizerman, M. A., Braverman, E. A., & Rozonoer, L. (1964). Theoretical foundations of the potential function method in pattern recognition learning. *Automation and Remote Control*, *25*, 821-837.

Amodei, D., Anubhai, R., Battenberg, E., Carl, C., Casper, J., Catanzaro, B., ⋯ Zhu, Z. (2016). Deep Speech 2: End-to-end speech recognition in English and Mandarin. In *Proceedings of International Conference on Machine Learning*. PMLR 48, 173-182.

Anthes, G. (2010). Automated translation of Indian languages. *Communications of the ACM*, 53(1), 24-26.

Arora, S., Bhaskara, A., Ge, R., & Ma, T. (2014). Provable bounds for learning some deep representations. In Proceedings of International *Conference on Machine Learning*, PMLR 32(1), 584-592.

Bengio, Y. (2009). Learning deep architectures for AI. *Foundations and Trends in Machine Learning*, 2(1), 1-127.

Bengio, Y., Courville, A., & Vincent, P. (2013). Representation learning: A review and new perspectives. *IEEE Transactions on Pattern Analysis and Machine Intelligence, 35*(8), 1798-1828.

Bishop, C. M. (1995). *Neural Networks for Pattern Recognition*. Oxford University Press.

Bishop, C. M. (2006). *Pattern Recognition and Machine Learning* Springer.

Cho, K., van Merrienboer, B., Bahdanau, D., & Bengio, Y. (2014). On the properties of neural machine translation: Encoder-decoder approaches. *arXiv preprint arXiv:1409.1259*.

Cho, K., Van Merriënboer, B., Gulcehre, C., Bahdanau, D., Bougares, F., Schwenk, H., & Bengio, Y. (2014). Learning phrase representations using RNN encoder-decoder for statistical machine translation. In *2014 Conference on Empirical Methods in Natural Language Processing*, 1724-1734.

Chung, J., Gulcehre, C., Cho, K., & Bengio, Y. (2014). Empirical Evaluation of Gated Recurrent Neural Networks on Sequence Modeling. *arXiv preprint arXiv:1412.3555v1*.

Clark, C. & Storkey, A. J. (2015). Training deep convolutional neural networks to play go. In *Proceedings of International Conference on Machine Learning*, PMLR 37, 1766-1774.

Clark, J., Koprinska, I., & Poon, J. (2003). A neural network based approach to automated e-mail classification. *Proceedings IEEE/WIC International Conference on Web Intelligence (WI 2003)*, 702-705.

Cortes, C. & Vapnik, V. (1995). Support vector machine. *Machine Learning*, 20(3), 273-297.

Coulom, R. (2007). Computing Elo ratings of move patterns in the game of Go. *ICGA Journal* 30(4), 198-208.

Cover, Thomas M., and Joy A. Thomas. (2006). *Elements of Information Theory*. 2nd Edition. Wiley-Interscience.

Cybenko, G. (1989). Approximation by superpositions of a sigmoidal function. *Mathematics of Control, Signals, and Systems*, *2*(4), 303-314.

Dahl, G. E., Yu, D., Deng, L., & Acero, A. (2012). Context-dependent pre-trained deep neural networks for large-vocabulary speech recognition. *IEEE Transactions on Audio, Speech and Language Processing*, *20*(1), 30-42.

Dayan, P., Hinton, G. E. E., Neal, R. M. M., & Zemel, R. S. S. (1995). The Helmholtz machine. *Neural Computation*, *7*(5), 889-904.

Dean, J., Corrado, G., & Monga, R. (2012). Large scale distributed deep networks. *Advances in Neural Information Processing Systems (NIPS)*, 1223-1231.

Donahue, J., Hendricks, L. A., Rohrbach, M., Venugopalan, S., Guadarrama, S., Saenko, K., & Darrell, T. (2017). Long-term recurrent convolutional networks for visual recognition and description. *IEEE Transactions on Pattern Analysis and Machine Intelligence,* 39(4), 677-691.

Donahue, J., Krähenbühl, P., & Darrell, T. (2016). Adversarial feature learning. *arXiv preprint arXiv:1605.09782*.

El Hihi, S. & Bengio, Y. (1995). Hierarchical recurrent neural networks for long-term Dependencies. *Advances in Neural Information Processing Systems (NIPS)*, 493-499.

Elman, J. L. (1990). Finding structure in time. *Cognitive Science, 14(2)*, 179-211.

Enzenberger, M. (2004). Evaluation in Go by a neural network using soft segmentation. In *Advances in Computer Games* (pp. 97-108). Springer.

Fareed, U. & Zhang, B.-T. (2010). MMG: A learning game platform for understanding and predicting human recall memory. *Lecture Notes in Artificial Intelligence*, *6232*, 300-309.

Fukushima, K. & Miyake, S. (1982). Neocognitron: A new algorithm for pattern recognition tolerant of deformations and shifts in position. *Pattern Recognition*, *15*(6), 455-469.

Gal, Y. & Ghahramani, Z. (2015). Dropout as a Bayesian approximation: Representing model uncertainty in deep learning. *In Proceedings of The International Conference on Machine Learning*, 1050-1059.

Gallant, S. I. (1990). Perceptron-based learning algorithms. *IEEE Transactions on Neural Networks*, *1*(2), 179-191.

Gers, F. A., Schmidhuber, J., & Cummins, F. (2000). Learning to forget: Continual prediction with LSTM. *Neural Computation*, 12(10), 2451-2471.

Glorot, X., Bordes, A., & Bengio, Y. (2011). Deep sparse rectifier neural networks. In *Proceedings of the 14th International Conference on Artificial Intelligence and Statistics*, *15*, 315-323.

Goodfellow, I., Bengio, Y., Courville, A. (2016). *Deep Learning*. MIT press.

Goodfellow, I., Pouget-Abadie, J., Mirza, M., Xu, B., Warde-Farley, D., Ozair, S., & Bengio, Y. (2014). Generative adversarial nets. In *Advances in Neural Information Processing Systems (NIPS)*, 2672-2680.

Graves, A. (2013). Generating sequences with recurrent neural networks, arXiv:1308.0850.

Graves, A. & Schmidhuber, J. (2005). Framewise phoneme classification with bidirectional LSTM and other neural network architectures. *Neural Networks*, 18(5-6), 602-610.

Graves, A., Liwicki, M., Fernández, S., Bertolami, R., Bunke, H., & Schmidhuber, J. (2009). A novel connectionist system for unconstrained handwriting recognition. *IEEE Transactions on Pattern Analysis and Machine Intelligence*, 31(5), 855-868.

Graves, A., Mohamed, A. R., & Hinton, G. (2013). Speech recognition with deep recurrent neural networks. In *IEEE International Conference on Acoustics, Speech and Signal Processing*, 6645-6649.

Graves, A., Wayne, G. & Danihelka, I. (2014). Neural Turing machines. *arXiv preprint arXiv:1410.5401*.

Greff, K., Srivastava, R. K., Koutník, J., Steunebrink, B. R., & Schmidhuber, J. (2017). LSTM: A search space odyssey. *IEEE Transactions on Neural Networks and Learning Systems*, (in press).

Ha, J.-W., Kim, K.-M. & Zhang, B.-T. (2015). Automated construction of visual-linguistic knowledge via concept learning from cartoon videos. In *Proceedings of the Twenty-Ninth AAAI Conference on Artificial Intelligence*. 522-528.

Ha, J.-W & Zhang, B.-T. (2011). Text-to-image generation based on crossmodal association with hierarchical hypergraphs. In *2011 NIPS Workshop on Integrating Vision and Language*.

Ha, J.-W., Kim, B.-H., Kim, H.-W., Yoon, W., Eom, J.-H., & Zhang, B.-T. (2009). Text-to-image cross-modal retrieval of magazine articles based on higher-order pattern recall by hypernetworks. In *The 10th International Symposium on Advanced Intelligent Systems*, 274-277.

Ha, J.-W., Lee, B.-J., & Zhang, B.-T. (2012). Text-to-image retrieval based on incremental association via multimodal hypernetworks. In *IEEE Conference on Systems, Man, and Cybernetics*, 3245-3250.

Haykin, S. (2008). *Neural Networks and Learning Machines*. New Jersey USA: Pearson Prentice Hall.

He, K., Zhang, X., Ren, S., & Sun, J. (2016a). Deep residual learning for image recognition. *Proceedings of the IEEE Conference on Computer Vision and Pattern Recognition*, 770-778.

He, K., Zhang, X., Ren, S., & Sun, J. (2016b). Identity mappings in deep residual networks. In *arXiv preprint arXiv:1603.05027*.

Hinton, G. E. (2002). Training products of experts by minimizing contrastive divergence. *Neural Computation*, 14(8), 1771-1800.

Hinton, G. E. (2012). A practical guide to training restricted Boltzmann machines. In *Montavon, G., Orr, G., Müller, K.-R. (eds.) Neural Networks: Tricks of the Trade*, 7700, 599-619. Springer Berlin Heidelberg.

Hinton, G. E., Dayan, P., Frey, B. J., & Neal, R. M. (1995). The "wake-sleep" algorithm for unsupervised neural networks. *Science*, 268(5214), 1158-1161.

Hinton, G. E. & Salakhutdinov, R. R. (2006). Reducing the dimensionality of data with neural networks. *Science*, 313(5786), 504-507.

Hinton, G. E., Srivastava, N., Krizhevsky, A., Sutskever, I., & Salakhutdinov, R. R. (2012). Improving neural networks by preventing co-adaptation of feature detectors. *arXiv preprint arXiv*:1207.0580

Hinton, G., Osindero, S. & Teh, Y. (2006). A fast learning algorithm for deep belief nets. *Neural Computation*, 18(7), 1527-1554.

Hochreiter, S. & Schmidhuber, J. (1997). Long short-term memory. *Neural computation,* 9(8), 1735-1780.

Hornik, K. (1991). Approximation capabilities of multilayer feedforward networks. *Neural Networks*, 4(2), 251-257.

Hutter, M. (2006). The human knowledge compression prize. http://prize.hutter1.net/

Ioffe, S., & Szegedy, C. (2015). Batch normalization: Accelerating deep network training by reducing internal covariate shift. In *Proceedings of the 32nd International Conference on Machine Learning*, PMLR 37, 448-456

Jensen, F. V. (1996). *Introduction to Bayesian Networks* (1st ed.). Secaucus, NJ, USA: Springer-Verlag New York.

Jordan, M. I. (1997). Serial order: A parallel distributed processing approach. *Advances in Psychology,* 121, 471-495.

Jozefowicz, R., Zaremba, W., & Sutskever, I. (2015). Empirical exploration of recurrent network architectures. In *Proceedings of the 32nd International Conference on Machine Learning*, 2342-2350.

Karpathy, A. (2015). The unreasonable effectiveness of recurrent neural networks. Blog post. http://karpathy.github.io/2015/05/21/rnn-effectiveness/.

Kim, H.-w. Kim, B.-H., & Zhang, B.-T. (2009). Evolutionary hypernetworks for learning to generute music from examples, *IEEE International Conference of Fuzzy Systems*, 47-52.

Kim, H. & Park, J. H. (2014). Hypergraph-based recognition memory model for lifelong experience. *Computational Intelligence and Neuroscience*, Article 20.

Kim, J. H., Lee, S. W., Kwak, D. H., Heo, M. O., Kim, J., Ha, J. W., & Zhang, B. T.

(2016). Multimodal residual learning for visual QA. In *Advances in Neural Information Processing Systems (NIPS) 29*.

Kim, J.-H., On, K.-W., Kim, J., Ha, J.-W., & Zhang, B.-T. (2017). Hadamard product for low-rank bilinear pooling. In *International Conference on Learning Representations (ICLR 2017)*.

Kim, J.-K., & Zhang, B.-T. (2007). Evolving hypernetworks for pattern classification. In *IEEE Congress on Evolutionary Computation (CEC 2007)*, 1856-1862.

Kim, K., Kim, J. H., & Zhang, B. T. (2016). Cambot: A visual conversation robot for interactive engagement. In *2016 International Symposium on Perception, Action, and Cognitive Systems: Beyond AlphaGo (PACS 2016)*, 73-74.

Kim, S.-J., Ha, J.-W., & Zhang, B.-T. (2013). Constructing higher-order miRNA-mRNA interaction networks in prostate cancer via hypergraph-based learning. *BMC Systems Biology*, *7*(1), 47.

Kim, S.-J., Ha, J.-W., & Zhang, B.-T. (2014). Bayesian evolutionary hypergraph learning for predicting cancer clinical outcomes. *Journal of Biomedical Informatics*, *49*, 101-111.

Kingma, D. P. & Welling, M. (2013). Auto-encoding variational Bayes. In *International Conference on Learning Representations. arXiv*:1312.6114.

Kingma, D. & Ba, J. (2014). Adam: A method for stochastic optimization. In *International Conference on Learning Representations*.

Koller, D. & Friedman, N. (2009). *Probabilistic Graphical Models: Principles and Techniques*. MIT Press

Krauth, W., & Mezard, M. (1987). Learning algorithms with optimal stability in neural networks. *Journal of Physics A: Mathematical and General*, *20*(11), L745.

Krizhevsky, A., Sutskever, I. & Hinton, G. E. (2012). ImageNet classification with deep convolutional neural networks. In *Advances in Neural Information and Processing Systems 25*, 1097-1105.

Kumar, A., Irsoy, O., Su, J., Bradbury, J., English, R., Pierce, B., ... & Socher, R. (2015). Ask me anything: Dynamic memory networks for natural language processing. arXiv preprint arXiv:1506.07285.

Lauritzen, S. L. & Spiegelhalter, D. J. (1988). Local computations with probabilities on graphical structures and their application to expert systems. *Journal of the Royal Statistical Society. Series B*, *50*(2), 157-224.

Le Roux, N. & Bengio, Y. (2008). Representational power of restricted boltzmann machines and deep belief networks. *Neural Computation*, *20*(6), 1631-49.

Learned-Miller, E., Huang, G. B., RoyChowdhury, A., Li, H., & Hua, G. (2016). Labeled faces in the wild: A survey. In *Advances in Face Detection and Facial Image Analysis* 189-248.

LeCun, Y. & Bengio, Y. (1995). Convolutional networks for images, speech, and time series. In M. A. Arbib (Ed.), *The Handbook of Brain Theory and Neural Networks.* MIT Press.

Lecun, Y., Bengio, Y. & Hinton, G. (2015). Deep learning. *Nature*, *521*(1), 436-444.

LeCun, Y., Boser, B., Denker, J. S., Henderson, D., Howard, R. E., Hubbard, W., & Jackel, L. D. (1989). Backpropagation applied to handwritten zip code recognition. *Neural Computation*, 1(4), 541-551.

LeCun, Y., Bottou, L., Bengio, Y., & Haffner, P. (1998). Gradient-based learning applied to document recognition. *Proceedings of the IEEE*, *86*(11), 2278-2324.

LeCun, Y., Cortes, C., & Burges, C. (1998). THE MNIST DATABASE of handwritten digits, http://yann.lecun.com/exdb/mnist .

Ledig, C., Theis, L., Huszár, F., Caballero, J., Aitken, A., Tejani, A., ... & Shi, W. (2016). Photo-realistic single image super-resolution using a generative adversarial network. In *arXiv preprint arXiv:1609.04802.*

Lee, H., Grosse, R., Ranganath, R., & Ng, A. Y. (2009). Convolutional deep belief networks for scalable unsupervised learning of hierarchical representations. In *Proceedings of the 26th Annual International Conference on Machine Learning (ICML)*, 609-616.

Lee, J.-H., Baek, C., Chun, H.-S., Ryu, J.-H., Deaton, R., & Zhang, B.-T. (2014). Use of symmetric internal loops for molecular pattern classification. In *International Conference on DNA Computing and Molecular Programming (DNA 20)* (p. 90).

Lim, H. W., Lee, S. H., Yang, K. A., Lee, J. Y., Yoo, S. I., Park, T. H., & Zhang, B.-T. (2010). In vitro molecular pattern classification via DNA-based weighted-sum operation. *BioSystems*, *100*(1), 1-7.

Lin, L. J. (1993). Reinforcement learning for robots using neural networks. Ph.D. Dissertation. Carnegie Mellon Univ., Pittsburgh, PA, USA. UMI Order No. GAX93-22750.

Mackay, D. J. C. (2003). *Information Theory, Inference and Learning Algorithms*. Cambridge University Press.

Maddison, C. J., Huang, A., Sutskever, I., & Silver, D. (2014). Move evaluation in go using deep convolutional neural networks. *arXiv preprint arXiv:1412.6564*.

Michalski, R. S. Carbonell, J., & Mitchell, T. M. (1983). *Machine Learning: An Artificial Intelligence Approach* (Vol 1). Palo Alt, California: Tioga.

Mikolov, T., Chen, K., Corrado, G. and Dean, J. (2013). Efficient estimation of word representations in vector space. In *Proceedings of the Annual Conference of International Speech Communication Association*, 1045-1048.

Mikolov, T., Karafiat, M., Burget, L., Cernocky, J., & Khudanpur, S. (2010). Recurrent neural network based language model. In *Proceedings of INTERSPEECH* (pp. 1045-1048).

Minsky, M. L. & Papert, S. A. (1969). *Perceptrons*. Cambridge, MA: MIT Press.

Mitchell, T. M. (1997). *Machine Learning*. McGraw Hill.

Mnih, V. et al. (2015). Human-level control through deep reinforcement learning. *Nature*, *518*(7540), 529-533.

Mnih, V., Kavukcuoglu, K., Silver, D., Graves, A., Antonoglou, I., Wierstra, D., & Riedmiller, M. (2013). Playing atari with deep reinforcement learning. arXiv preprint arXiv:1312.5602.

Mnih, V., Kavukcuoglu, K., Silver, D., Rusu, A. A., Veness, J., Bellemare, M. G., ... & Petersen, S. (2015). Human-level control through deep reinforcement learning. *Nature*, 518(7540), 529-533.

Mozer, M. C. (1989). A focused back-propagation algorithm for temporal pattern recognition. *Complex Systems,* 3(4), 349-381.

Nair, V. & Hinton, G. E. (2010). Rectified linear units improve restricted Boltzmann machines. In *Proceedings of the 27th International Conference on Machine Learning*. 807-814.

Neal, R. M. (1992). Connectionist learning of belief networks. *Artificial Intelligence*, *56*(1), 71-113.

Neelakantan, A., Le, Q.V. & Sutskever, I. (2015). Neural programmer: Inducing latent programs with gradient descent, *arXiv preprint arXiv:1511.04834.*

Ng, A. (2011). Sparse autoencoder. Stanford University CS294A Lecture Notes, 72, 1-19.

Pathak, D., Krahenbuhl, P., Donahue, J., Darrell, T., & Efros, A. A. (2016). Context encoders: Feature learning by inpainting. In *Proceedings of the IEEE Conf. on Computer Vision and Pattern Recognition*, 2536-2544.

Pearl, J. (1986). Fusion, propagation, and structuring in belief networks. *Artificial Intelligence*, *29*(3), 241-288.

Poggio, T. & Serre, T. (2013). Models of visual cortex. *Scholarpedia*, *8*(4), 3516.

Radford, A., Metz, L., & Chintala, S. (2015). Unsupervised representation learning with deep convolutional generative adversarial networks. In Proceedings *of the International Conference on Learning Representations.*

Reed, S., Akata, Z., Yan, X., Logeswaran, L., Schiale, B., & Lee, H. (2016). Generative adversarial text to image synthesis. In *Proceedings of the 33nd International Conference on Machine Learning*, PMLR 48, 1060-1069.

Reed, S.E. & Freitas, N.d. (2015). Neural programmer-interpreters, *arXiv preprint arXiv:1511.06279.*

Rissanen, J. (1984). Universal coding, information, prediction, and estimation. *IEEE Transactions on Information Theory, 30*(4), 629-636.

Rocktäschel, T., Grefenstette, E., Hermann, K. M., Kočiský, T., & Blunsom, P. (2016).

Reasoning about entailment with neural attention. In *International Conference on Learning Representations*.

Rosenblatt, F. (1958). The perceptron: A probabilistic model for information storage and organization in the brain. *Psychological Review*, *65*(6), 386-408.

Rosenblatt, F. (1962). *Principles of Neurodynamics*. Washington, DC: Spartan Books.

Rumelhart, D. E., Hinton, G. E., & Williams, R. J. (1986). Learning representations by back-propagating errors, *Nature*, 323(9): 533-536.

Rumelhart, D. E., McClelland, J. L., & PDP Research Group. (1986). *Parallel Distributed Processing*. Cambridge, MA, USA: MIT Press.

Sak, H., Senior, A., & Beaufays, F. (2014). Long short-term memory recurrent neural network architectures for large scale acoustic modeling. In *Proceedings of the Annual Conference of International Speech Communication Association*, 338-342.

Samuel, A. L. (1959). Some studies in machine learning using the game of checkers. *IBM Journal of Research and Development*, *3*(3), 210-229.

Schoelkopf, B., Burges, C., & Smola., A. (1999). *Support Vector Learning: Advances in Kernel Methods*, 2-5.

Schraudolph, N. N., Dayan, P., & Sejnowski, T. J. (1994). Temporal difference learning of position evaluation in the game of Go. *Advances in Neural Information Processing Systems*, 817-824.

Schuster, M. & Paliwal, K. K. (1997). Bidirectional recurrent neural networks. *IEEE Transactions on Signal Processing*. 45:2673-81.

Siegelmann, H. T. & Sontag, E. D. (1992y). On the computational power of neural nets. In *Proceedings of the 5th Annual Workshop on Computational Learning Theory*, 440-449.

Silver, D. (2015). Lecture slides of reinforcement learning course. Online. http://www0.cs.ucl.ac.uk/staff/d.silver/web/Teaching.html

Silver, D., Huang, A., Maddison, C. J., Guez, A., Sifre, L., Van Den Driessche, G., ... & Dieleman, S. (2016). Mastering the game of Go with deep neural networks and tree search. *Nature*, 529(7587), 484-489.

Silver, D., Sutton, R. S., & Müller, M. (2012). Temporal-difference search in computer Go. *Machine Learning*, 87(2), 183-219.

Singh, S., Hoiem, D., & Forsyth, D. (2016). Swapout: Learning an ensemble of deep architectures. In *Advances in Neural Information Processing Systems 29*.

Smolensky, P. (1986). Information processing in dynamical systems: Foundations of harmony theory. In *Parallel Distributed Processing: Explorations in the Microstructure of Cognition* Vol. 1, 194-281. MIT Press Cambridge, MA, USA.

Srivastava, N., Hinton, G. E., Krizhevsky, A., Sutskever, I., & Salakhutdinov, R. (2014). Dropout: A simple way to prevent neural networks from overfitting. *Journal of Machine*

Learning Research, *15*, 1929-1958.

Stern, D., Herbrich, R., & Graepel, T. (2006). Bayesian pattern ranking for move prediction in the game of Go. In *Proceedings of the 23rd International Conference on Machine Learning*. 873-880.

Sukhbaatar, S., Szlam, A., Weston, J., & Fergus, R. (2015). End-to-end memory networks. In *Proceedings of the 18th International Conference on Artificial Neural Networks, Part II*, 101-110.

Sutskever, I., & Nair, V. (2008). Mimicking Go experts with convolutional neural networks. In *International Conference on Artificial Neural Networks*. 101-110.

Sutskever, I. & Tieleman, T. (2010). On the convergence properties of contrastive divergence. In *Proceedings of the 13th International Conference on Artificial Intelligence and Statistics (AISTATS)*, 789-795.

Sutskever, I., Martens, J., & Hinton, G. E. (2011). Generating text with recurrent neural networks. In *Proceedings of the 28th International Conference on Machine Learning (ICML-11)*, 1017-1024.

Sutskever, I., Vinyals, O. & Le, Q. V. (2014). Sequence to sequence learning with neural networks. In *Advances in Neural Information Processing Systems*, 3104-3112.

Sutton, R. S. & Barto, A. G. (1998). *Reinforcement Learning: An Introduction*. Cambridge: MIT Press.

Sutton, R. S., McAllester, D. A., Singh, S. P., & Mansour, Y. (2000). Policy gradient methods for reinforcement learning with function approximation. In *Advances in Neural Information Processing Systems*, 1057-1063.

Szegedy, C., Liu, W., Jia, Y., Sermanet, P., Reed, S., Anguelov, D., ⋯ Rabinovich, A. (2015). Going deeper with convolutions. In *Proceedings of the IEEE Computer Society Conference on Computer Vision and Pattern Recognition*, 1-9.

Taigman, Y., Yang, M., Ranzato, M., & Wolf, L. (2014). DeepFace: Closing the gap to human-level performance in face verification. In *Proceedings of the IEEE Computer Society Conference on Computer Vision and Pattern Recognition,* 1701-1708.

Thrun, S., Burgard, W., & Fox, D. (2005). *Probabilistic Robotics*. MIT Press.

Valiant, L. G. (1984). A theory of the learnable. *Communications of the ACM*, *27*(11), 1134-1142.

Vapnik, V. N. (1998). *Statistical Learning Theory*. John Wiley & Sons.

Veit, A., Wilber, M., & Belongie, S. (2016). Residual networks are exponential ensembles of relatively shallow networks. In *Advances in Neural Information Processing Systems 29*.

Vinyals, O. & Le, Q. (2015). A neural conversational modal. *arXiv preprint arXiv:1506.05869*.

Vinyals, O., Toshev, A., Bengio, S., & Erhan, D. (2016). Show and tell: Lessons learned from the 2015 MSCOCO image captioning challenge. *IEEE Transactions on Pattern Analysis and Machine Intelligence*, 39(4), 652-663.

Vitanyi, P.M.B. (2009). Turing machine. *Scholarpedia.* 4(3), 6240.

Watkins, C. J. & Dayan, P. (1992). Q-learning. *Machine Learning*, 8(3-4): 279-292.

Werbos, P. J. (1988). Generalization of backpropagation with application to a recurrent gas market model. *Neural Networks,* 1(4), 339-356.

Weston, J., Chopra, S., & Bordes, A. (2014). Memory networks. In *Proceedings of International Conference of Learning Representations.*

Widrow, B. & Hoff, M. (1960). Adaptive switching circuits. *1960 IRE WESCON Convention Record.*

Widrow, B. & Lehr, M. A. (1990). 30 Years of adaptive neural networks: Perceptron, madaline, and backpropagation. *Proceedings of the IEEE, 78*(9), 1415-1442.

Williams, R. J. (1992). Simple statistical gradient-following algorithms for connectionist reinforcement learning. *Machine learning*, 8(3-4), 229-256.

Winston, P. H. (1975). Learning structural descriptions from examples. In *The Psycohlogy of Computer Vision.* New York: MCGraw-Hill.

Wolf, L., Hassner, T., & Maoz, I. (2011). Face recognition in unconstrained videos with matched background similarity. In *Proceedings of the IEEE Computer Society Conference on Computer Vision and Pattern Recognition,* 529-534.

Wolpert, D. H. (1992). Stacked generalization. *Neural Networks*, *5*(2), 241-259.

Wolpert, D. H. (1996). The lack of a priori distinctions between learning algorithms. *Neural Computation*, *8*(7), 1341-1390.

Wu, Y., Schuster, M., Chen, Z., Le, Q. V., Norouzi, M., Macherey, W., ... & Klingner, J. (2016). Google's neural machine translation system: Bridging the gap between human and machine translation. a*rXiv preprint arXiv:1609.08144.*

Xiong, C., Merity, S., & Socher, R. (2016). Dynamic memory networks for visual and textual question answering. arXiv preprint arXiv:1603.01417.

Yang, Z., He, X., Gao, J., Deng, L., & Smola, A. (2016). Stacked attention networks for image question answering. In *IEEE Conference on Computer Vision and Pattern Recognition*, 21-29.

Yeung, S., Russakovsky, O., Mori, G., & Fei-Fei, L. (2016). End-to-end learning of action detection from frame glimpses in videos. In *IEEE Conference on Computer Vision and Pattern Recognition*, 2678-2687.

Yin, H. (1996). *Perceptron-Based Algorithms and Analysis*. Montreal, Canada: Concordia University.

Zaremba, W., Sutskever, I., and Vinyals O. (2014). Recurrent neural network regularization.

arXiv preprint arXiv:1409.2329

Zhang, B.-T. (2008a). Cognitive learning and the multimodal memory game: Toward human-level machine learning. In *Proceedings of the International Joint Conference on Neural Networks*, 3261-3267.

Zhang, B.-T. (2008b). Hypernetworks: A molecular evolutionary architecture for cognitive learning and memory. *IEEE Computational Intelligence Magazine*, 3(3), 49-63.

Zhang, B.-T. (2013). Information-theoretic objective functions for lifelong learning. In *Lifelong Machine Learning: Papers from the 2013 AAAI Spring Symposium*, 62-69.

Zhang, B.-T. (2014). Ontogenesis of agency in machines: A multidisciplinary review. In *AAAI 2014 Fall Symposium on The Nature of Humans and Machines: A Multidisciplinary Discourse*.

Zhang, B.-T. & Mühlenbein, H. (1995). Bayesian inference, minimum description length principle, and learning by genetic programming. In *Proceedings of the 12th International Conference on Machine Learning (ICML'95) Workshop on Genetic Programming*, pp. 1-5.

Zhang, B.-T. & Mühlenbein, H. (1995). Balancing accuracy and parsimony in genetic programming. *Evolutionary Computation, 3*(1), 17-38.

Zhang, B.-T., Ohm, P. & Mühlenbein, H. (1997). Evolutionary induction of sparse neural trees. *Evolutionary Computation, 5*(2), 213-236.

Zhang, B.-T. & Kim, J.-K. (2006). DNA hypernetworks for information storage and retrieval. *Lecture Notes in Computer Science*, 4287, 298-307.

Zhang, B.-T., Ha, J.-W., & Kang, M. (2012). Sparse population code models of word learning in concept drift. *The 34th Annual Meeting of the Cognitive Science Society*, 1221 1226.

Zhang, K., Sun, M., Han, T. X., Yuan, X., Guo, L., & Liu, T. (2016). Residual networks of residual networks: Multilevel residual networks. In *arXiv Preprint arXiv1608.02908*, 2016.

장병탁. (2007). 차세대 기계학습 기술. 정보과학회지, 25(3), 96-107.

장병탁. (2011). SNU Videome Project - 인간수준의 비디오 학습 기술. 정보과학회지, 29(2), 17-31.

장병탁. (2015). 딥하이퍼넷 모델. 정보과학회지, 33(8), 11-24.

장병탁, 여무송. (2012). 인지컴퓨팅 I: Multisensory perceptual intelligence in real-world - 실세계 지각행동 지능. 정보과학회지, 30(1), 75-87.

장병탁, 이동훈. (2012). 인지컴퓨팅 Ⅱ: Machine vision-language learning in real-life - 실생활 시각언어 학습. 정보과학회지, 30(1), 88-100.

장병탁, 이동훈. (2012). 인지컴퓨팅 Ⅲ: Deep dynamic prediction in real-time - 실시간 예측결정 추론. 정보과학회지, 30(1), 101-111.

찾아보기

■ N

■ O

■ P

■ Q

■ R

■ S

■ T

■ U

■ ㅇ

■ ㅈ

정가 25,000원

장교수의 딥러닝(Deep Learning)

2017년 9월 8일 초판 인쇄
2017년 9월 15일 초판 발행
저 자 : 장병탁
발행자 : 우명찬 · 송 준
발행처 : 홍릉과학출판사
주 소 : 서울시 강북구 인수동 455-60
01093
등 록 : 1976년 10월 21일 제5-66호
전 화 : (02) 999-2274~5, 903-7037
팩 스 : (02) 905-6729
e-mail: hongpub@hongpub.co.kr
http://www.hongpub.co.kr
ISBN: 979-11-5600-539-1

서자와의
협의하에
인지생략